本书为广州市教育系统创新学术团队“语言生态与服务研究”(1201620012)、广东省普通高校创新研究团队“语言服务与汉语传承”(2019WCXTD002)成果

语言服务与语言生活丛书编委会

语言服务书系

语言服务与语言生活丛书
屈哨兵 主编

Language Ecology and Language Services

语言生态与语言服务

褶健聪 主 编　　马 喆 副主编

中国·广州

图书在版编目（CIP）数据

语言生态与语言服务 / 禤健聪主编；马喆副主编．—广州：暨南大学出版社，2022.5（2022.11 重印）

（语言服务与语言生活丛书/屈哨兵主编）

ISBN 978－7－5668－3304－4

Ⅰ.①语…　Ⅱ.①禤…②马…　Ⅲ.①语言学—文集　Ⅳ.①H0－53

中国版本图书馆 CIP 数据核字（2021）第 248823 号

语言生态与语言服务

YUYAN SHENGTAI YU YUYAN FUWU

主　编：禤健聪　副主编：马　喆

出 版 人：张晋升
策划编辑：杜小陆　黄志波
责任编辑：刘宇韬
责任校对：周海燕　刘小雯
责任印制：周一丹　郑玉婷

出版发行：暨南大学出版社（511443）
电　　话：总编室（8620）37332601
营销部（8620）37332680　37332681　37332682　37332683
传　　真：（8620）37332660（办公室）　37332684（营销部）
网　　址：http://www.jnupress.com
排　　版：广州良弓广告有限公司
印　　刷：佛山市浩文彩色印刷有限公司
开　　本：787mm×960mm　1/16
印　　张：15.25
字　　数：280 千
版　　次：2022 年 5 月第 1 版
印　　次：2022 年 11 月第 2 次
定　　价：59.80 元

总序　让成果从我们自己的土壤中生长起来

习近平总书记2016年出席了哲学社会科学工作座谈会，在谈到我国的哲学社会科学研究应当具有原创性和时代性的特点时，他引用了毛泽东主席在1944年说过的一段话，“我们的态度是批判地接受我们自己的历史遗产和外国的思想。我们既反对盲目接受任何思想也反对盲目抵制任何思想。我们中国人必须用我们自己的头脑进行思考，并决定什么东西能在我们自己的土壤里生长起来”。在我看来，毛泽东主席的这段话就是对他一贯主张的“古为今用、洋为中用”的最好阐释，习近平总书记加以引用，意在强调要以我国实际为研究起点，提出具有主体性、原创性的理论观点，构建具有自身特质的学科体系、学术体系、话语体系。广州大学国家语委国家语言服务与粤港澳大湾区语言研究中心（以下简称“粤港澳语言中心”）决定组编“语言服务与语言生活丛书”，我作为中心的首席专家，有责任为丛书写一个总序。在拟定总序的主题时，我想起了习近平总书记引用的这段话，并将它化用成总序的标题。我认为，这套丛书编辑的最重要的价值取向就应该是：用自己的头脑进行思考，让成果从我们自己的土壤中生长起来。

粤港澳语言中心，是国家语委2020年正式设立的科研机构。作为一个与大学教学教育同体发展的学术机构，粤港澳语言中心在构建具有中国特色的学科体系、学术体系和话语体系中能起到多大的作用，还很难说。但是以中国哲学社会科学发展的新时代要求作为我们的价值追求，却是我们应该做出的选择。要把这套丛书编好，我认为要在以下几个方面谋划好、统筹好。

第一，做好语言服务的系统研究。国家语言文字事业服务于国家经济社会发展，这是一篇大文章。2022年4月25日，习近平总书记到中国人民大学进行考察，其中专门提到高校是哲学社会科学研究的“五路大军”中的重要力量，强调要扎根中国大地办大学，走出一条中国特色世界一流大学新路。这话虽然只是对中国人民大学说的，但其对哲学社会科学的要求却具有普遍性。习近平总书记说要“加快构建中国特色哲学社会科学，归根结底是建构中国自主的知识体系。要以中国为观照、以时代为观照，立足中国实际，解决中国问题”。这里的“立足中国实际，解决中国问题”，就应该包括语言文字工作如何服务于社会主义现代化强国的研究实践问题。

这让我想起了中国人民大学的首任校长吴玉章先生。吴玉章先生是一位革命家、教育家，也是“延安五老”之一，但我们还应该记得他另外一个身份——一位语言文字学家，他也是中华人民共和国成立的文字改革委员会的第一任主任。在长期革命教育实践中，吴玉章倡导根据文字的科学化、国际化和大众化原则，推行汉字简化和汉语拼音方案，以利扫除文盲、普及教育和推广普通话，他还著有《中国文字的源流及其改革的方案》《中国新文字的文法》。他的教育实践和学术著作无不带有强烈的服务于国家语言文字事业发展的追求。学习 21 世纪以来尤其是“十三五”“十四五”国家语言文字事业发展规划和国家语委的“十三五”“十四五”科研规划，我们可以发现，以服务作为国家语言文字事业价值导向的色彩非常浓厚，其涉及的领域与面临的挑战既广且多。我们应该看清这样的大势，以此作为语言服务研究的最大背景，科学地确定我们的研究领域，系统地梳理语言服务研究的各类课题，在新时代通过陆续的学术产出表明我们在跟进这个时代，服务这个时代。

第二，做好语言生活的观察建设。语言生活是这套丛书的另外一个关键词。粤港澳语言中心的一个重要任务就是要研究粤港澳大湾区的语言生活。从 2006 年开始，我国的一批语言学人推出了《中国语言生活状况报告》，我当时以领域语言生活报告作者的身份受邀参与其中，我们中心前后有好几位同志受邀参与《中国语言生活状况报告》的研制编写工作。随着十几年来这项工作的坚持开展，这种立足中国大地、关注社会生活的语言学人的行动，为国家语言生活的和谐发展做出了不可替代的贡献，形成了一批重要的学术成果，产生了一系列具有学派特色的研究范畴与概念，也催生了一批新的学术研究队伍在全国各地竞相跟进。毫无疑问，粤港澳语言中心是在这样的大背景下才得以发展并最终形成的。进行国家和区域语言生活观察是我们粤港澳语言中心与生俱来的一种学术使命。我们虽然已经有相应的《粤港澳大湾区语言生活状况报告》，但这可能还不足以完全展示我们应该有的时代担当。我们要以更加坚定的态度和坚实的行动来做语言生活观察的有心人和语言生活发展的建设者。2022 年 5 月 1 日，中央电视台第 13 频道“吾家吾国”栏目播出了我国著名语言学家陆俭明、马真两位先生的访谈。访谈讲的第一件事就是两位先生在 20 个世纪参加编写《汉语成语小词典》的故事。正是因为他们当年观察他们所处时代的语言生活，发现中小学生缺少一本用白话文普通话编写的成语词典，促使两位先生和他们的同学一起为帮助中小学生语文学习而投入这种词典的编写工作，在语言生活观察有心人的基础上成为建设者。我们编写这套丛书，要做的也就是这种有心人和建设者的工作。

第三，做好中华优秀传统文化的传承创新。我们注意到，进入21世纪以来，国家语委将传承中华优秀传统文化作为国家语言文字工作的一个重要组成部分，具有一种鲜明的政治自觉。尤其是十八大以来，如何传承中华优秀传统文化以坚定我们文化自信的立场，越发成为我们推动语言文字事业发展的重大命题。一方面，语言文字本身就是文化和文化传承最重要的载体，需要我们不断的研究；另一方面，面临这百年未有之大变局，我们更离不开语言文字从文化传承创新角度的更大作为。如何能够在中华优秀传统文化的创造性转化和创新性发展中发挥更好的作用？这需要我们做更多的语言生活中的传承观察，进行更有针对性的建设创新。我们希望今后在这套丛书中陆续有这方面的成果产生出来。作为粤港澳语言中心，针对湾区文化背景多元，城市区域治理方式多元，社会制度多元，经济制度多元，教育实践多元，国际交往合作多元，历史文化表现多元，如何在这种多元共生的大环境中做好中华优秀传统文化的传承创新则更是当务之急。我们尤其希望有和大湾区语言文化有关的高水平学术成果的产出，在这方面能体现出鲜明的参与语言服务和语言生活的学术品质。

第四，做好中心学科学术的响应号召。这种响应可以从分为大小两个方面。先说小的方面，我们首先要做好粤港澳语言中心研究团队的经营和建设。虽然说，广州大学的办学历史可以追溯到20世纪20年代，但现在我们所在的广州大学与新世纪同龄，是在原来的几所市属高校的基础上合并组建而成的，可以称得上是一所“年轻”的大学。因为年轻，我们可能并无多少学术传统可以依靠，这在某种意义上是一种不足，但换个角度看，这也刚好带来了另外一种优势，即我们可以在这所与新世纪共生的学校里从容谋划建设我们的学术领地，努力形成我们的学术研究品牌。语言服务和语言生活研究就是我们着力建设的学术领地和学术品牌。由于广州市正在推动广州大学进行高水平大学建设，并将其置于国家“双一流”大学建设的大背景之中，哲学社会科学的建设当然是其中不可缺少的内容，我们应该抓住这样的机会做出我们的努力和贡献。粤港澳语言中心建设所秉持的国家队意识、大湾区意识、集体作战意识、语言服务成果意识和学术创新意识，就是我们这种努力和贡献的一种体现。广州大学的爱国传统应该体现在我们的学术实践之中。这也是“用我们自己的头脑进行思考，并决定什么东西能在我们自己的土壤里生长起来”的一种必然要求。粤港澳语言中心团队成员大都来自国内各知名高校，好些同志都师出名校名门，接受过良好的学术训练。大家从五湖四海来到广州大学，如果在这所大学仍然只是按照各自原有的研究领域深耕细作，固然也能做出成绩，但对于一个学术机构而言则多少有些遗憾。如果我们集合在一个大家能共同经营的平台上共同做些事情，那一定会产生更好的学术反响，就像各位同事在我们接受名校名师学术训练时接触到的学术响应一样。建立共同的学科建设与学术研究的平台应该成为我们的一种选择，事实上，这也是近些年我们努力的方向，我们的建设也逐渐得到国内同行的肯定。几年前我在政府工作的时候，几位年轻的同志和我一起吃饭聊天，我说我们应该从“抱团取暖”走向“抱团发展”，现在看来这条路走得还是比较扎实的。希望丛书平台的搭建能够为团队的发展增加新的动力。从大的方面来讲，我们这个中心和平台还应该担负起国家语委的科研任务，发挥好特定领域的号召整合的作用，寻求区域内外、领域内外各种资源的支持，尤其是注意推动粤港澳大湾区四大中心城市各相关高校和研究机构构建起互相呼应合作的机制，这也是国家语委赋予我们的任务。中心研究平台和丛书出版平台也应该具有开放性质，聚集更多、更好的学术成果。

习近平总书记在哲学社会科学工作座谈会上还有一段话，我特别愿意把它引用出来作为我这篇序言的结尾，“要围绕我国和世界发展面临的重大问题，着力提出能够体现中国立场、中国智慧、中国价值的理念、主张、方案，我们不仅要让世界知道‘舌尖上的中国’，还要让世界知道‘学术中的中国’‘理论中的中国’‘哲学社会科学中的中国’，让世界知道‘发展中的中国’‘开放中的中国’‘为人类文明作贡献的中国’”。这些宏大的目标我们未必能与闻其建，就像我在这篇总序的开头说的那样，我们进行的各种学术探究在构建具有中国特色的学科体系、学术体系和话语体系中能起到多大的作用还很难说，但这并不意味着我们就该放弃这方面的思考和努力。恰恰相反，我们应该用自己的头脑进行思考。我希望这套“语言服务与语言生活丛书”能够成为我们生活在中国这片土壤上的一个证明。

是为总序。

屈哨兵

2022 年 5 月 2 日于广州

前　言

2016年我被意外推选为教研室主任。当时应承下来，主要是因为自2010年进入广州大学以来，我一直备受各位老师关照，便觉得要为大家做些服务工作。上任后苦于教研室没有经费，向禤健聪老师（时任中文系主任）汇报后，联系了几位语言学"小青椒"，申报了广州大学社科学术项目"广州语言生态多样性研究学术团队"。参加完答辩后，我们几位聚在一起吃午餐（商业中心现博联超市处），边吃边聊今后的发展：当时负责语言服务研究中心工作的郭杰老师开始筹划《广州语言生活状况报告》，晓苏老师在考虑汉语国际教育专业实习实践工作怎样才能做得更好，迎宝老师因为晚到，被安排了团队财务的工作，从此饱受煎熬，语言学科的会议"最好不要缺席，不要迟到"成为笑谈。席间禤老师专门发来微信，关心答辩的情况，他当时正在北京做访问学者，不能亲自参加团队答辩。以这个校内团队建设为起点，接下来禤老师又带领着大家一起申报了广州市教育系统创新学术团队"语言生态与语言服务"（后又获批广东省学术创新团队"语言服务与汉语传承"），参与申报的骨干成员为禤健聪、马喆、郭杰、周清艳（国际教育学院）、张迎宝、王毅力、魏琳（时在新闻与传播学院）、张晓苏8人，当时均为40岁以下的青年教师，且无一有正高级职称，申报书上的说法是"以新为主，以老辅新"。团队组建时，我们内部的说法是"抱团取暖"；后来，时任广州市教育局局长的屈哨兵教授专门请我们几位青年教师吃饭予以鼓励，并将"抱团取暖"改为"抱团发展"。

2016年下半年屈哨兵教授回归广州大学，语言学科的老师更加有了主心骨。同年，屈哨兵教授主编、语言学团队为编写组主要成员编著的《语言服务引论》也由商务印书馆出版。2017年，根据学院布局，语言学系成立，多位新同事先后加入，使得广大语言学的队伍更加壮大，语言学科获得飞速发展：2018年、2020年、2021年，《广州语言生活状况报告》《中国语言服务发展报告》《粤港澳大湾区语言生活状况报告》相继出版；学科平台也获得了跨越式的发展，在2012年广州大学与教育部语言文字应用研究所合作共建的"语言服务研究中心"的基础上，2018年获批广东省社科研究基地"粤港澳大湾区语言服务与文化传承研究中心"，2020年获批国家语委科研中心"国家语言服务与粤港澳大湾区语言研究中心"。中心通过语言服务高级论坛、语言服务圆桌会议、广大语言学青年论坛和广大语言学讲堂等形式邀请学界同仁共同探讨，广州大学语言学科的发展得到兄弟院校各位专家的大力支持。《语言服务引论》荣获 2019 年广东省哲学社会科学优秀成果二等奖、2020 年教育部第八届高等学校科学研究优秀成果奖（人文社会科学）二等奖。教育部田学军副部长在国家语委“十四五”科研工作会议讲话中提及的多项工作是由广州大学语言学团队承担的，这是对我们团队的肯定与激励，可以说广州大学语言学团队在学界已形成广泛影响。

广州大学语言学团队以人文学院为主，联合了国际教育学院、研究生院、语委办等校内单位的语言力量，团队成员毕业于国内不同高校，覆盖汉语言文字学、理论语言学、国际中文教育、计算语言学、语言经济学等领域，团队凝聚力强、肯于钻研、甘于奉献。在语言学系王毅力、张晓苏两任支部书记的带领下，语言学系党支部获得广东省三型党支部、学习型支部称号，张晓苏老师本人也荣获“广东好人”称号。2021 年，语言学团队荣获广州大学“黄大年式教师团队”称号。在教学方面，语言学团队表现也非常突出，张迎宝老师荣获广东省“课程思政示范课堂”称号，张迎宝、张晓苏、郭杰先后荣获广州大学青年教师课堂教学竞赛一等奖等奖励，禤健聪老师主讲的“古代汉语”、张迎宝老师主讲的“现代汉语”多次荣获广州大学“星级课程”称号，王海兰老师荣获广州大学“课程思政优秀教师”称号。禤健聪、马喆、郭杰、张迎宝、张晓苏先后荣获广州大学课堂教学优秀奖、“广州大学最受欢迎教师”等。青年教师王苗、王文豪在各项工作中表现也都非常突出，快速成长。

在自身做好榜样的同时，语言学团队注重立德树人，在人才培养方面也做出了突出的成绩，重点是回应国家需求，培养学生心怀国之大者。第一，做好学生学术团队的建设，皮书编撰已经形成了老师指导学生深度参与的模式，师生共同做好国家语言服务，为粤港澳大湾区建设贡献力量。第二，在语言扶贫、推普助力乡村振兴等实践活动中，语言学团队指导的多支团队表现突出，获得教育部语用司、团中央青年发展部的表扬。第三，疫情期间，汉语国际教育硕士生迎难而上，逆流而行，奔赴意大利帕多瓦孔子学院担任汉语教师志愿者，为传播中国文化做出贡献。

2022 年初，广州大学发布《广州大学关于推进新时代语言文字工作高质量发展的意见》及《广州大学关于进一步提升学生语言能力素养行动方案》《广州大学关于深化推进中华优秀传统文化传承发展行动方案》，并成立广州大学语言文化工作领导小组，全面加强新时代语言文字工作。未来，语言学团队将在国家语言服务、粤港澳大湾区语言研究、全校学生语言素质提升、语言学科人才培养等方面承担更多的责任。屈哨兵教授在多次会议中强调，团队要有国家队意识、大湾区意识、集体作战意识、语言服务成果意识、学术创新意识。我们相信，广州大学语言学团队可以不负使命。

本书收录论文22篇，近一半论文此前未正式发表。论文内容涉及语言服务与语言生活、汉语发展与文化传承、语言教学与汉语传播等领域，一是语言应急与应急语言、城市语言服务的理论探索，二是不同领域或区域语言状况的实证调查，三是汉语语法现象的专题讨论，四是文献语言个案的发覆与新证，五是汉语国际传播的多角度探讨，六是语言文化的传承保护分析，大体上涵盖了广州大学语言学团队学术研究涉及的范围，坚持语言本体与语言应用的互动，聚焦汉语的历时演变与当代传播，体现家国情怀和学术自觉、理论探索和服务实践的结合。

本书是广州市教育系统创新学术团队"语言生态与服务研究"的总结，故由当年团队的主要发起人禤健聪老师和我担任主编。本书作为国家语委国家语言服务与粤港澳大湾区语言研究中心（广州大学）组编的"语言服务与语言生活丛书"的第一种出版，若能发挥一定的承前启后作用，将是我们的荣幸。

马　喆

2022年4月24日于广州

目 录

语言应急和应急语言*

屈哨兵①

摘　要：本文主要根据2020年我国新冠肺炎疫情防控过程中语言服务的相关事实来讨论语言应急和应急语言。全文共五个部分：第一部分是引言，提出语言应急和应急语言的分野问题；第二部分讨论语言应急，认为可以从自发应急和自觉应急两个方面来进行观察研究，它们各有自己的表现与特征；第三部分讨论应急语言，认为可以从需求、规划、使用三个角度来进行观察研究，它们也有各自不同的特征维度与表现；第四部分讨论应急速率和应急质量，应急速率关乎语言应急，应急质量关乎应急语言，它们各有自己的影响因素；第五部分提出申论与建议，分别从基于语言应急和提高应急速率、基于应急语言和提高应急质量目的、基于语言应急和应急语言的一体化推进更好服务于社会主义现代化强国三个角度提出了八点申论和建议，主要目的是想在语言应急学科学术建设尤其是国家体制建设方面提出笔者的一些看法。

关键词：语言应急；应急语言；新冠肺炎；语言服务

一、引言

在第一轮新冠肺炎疫情防控的总体战中，从2020年初至4月上旬，习近平总书记先后九次召开政治局常委会议，同时还有其他若干次专题会议和一系列重要讲话与指示批示，其中一个反复出现的主题就是应急保障和应急管理，最为集中的论述至少两次。一次是2020年2月3日在中央政治局常委会会议研究应对新型冠状病毒肺炎疫情工作的讲话，总书记指出这次疫情暴露出重点卫生防疫物资（如防护服）储备严重不足，在其他储备方面还可能存在类似问题，要系统梳理国家储备体系短板，科学调整储备的品类、规模、结构，提升储备效能。另一次在2月14日召开的全面深化改革委员会第十二次会议上，总书记就这个问题再次进行了强调，进一步

---

* 本课题研究得到国家语委“十三五”科研规划2019年度委托重大项目“粤港澳大湾区语言状况及规划研究”（项目编号：WT135－58的资助）。主要内容曾在教育部语信司召开的“中国应急语言服务团建设研讨会”（2020年4月22日，北京，视频会议）上做过发言，原文发表在《华南农业大学学报（哲学社会科学版）》2020年第6期。论文写作过程中李宇明教授提出过重要建议，谨致谢忱。

① 作者简介：屈哨兵，广州大学人文学院、国家语委国家语言服务与粤港澳大湾区语言研究中心、粤港澳大湾区语言服务与文化传承研究中心教授，博士生导师。

提出要健全统一的应急物质保障体系，把应急物质保障作为国家应急管理体系建设的重要内容，按照集中管理、统一调拨、平时服务、灾时应急、采储结合、节约高效的原则，尽快健全相关工作机制和应急预案。

伴随着这次防控新冠肺炎的总体战阻击战的推进，来自全国各地的医护队伍驰援湖北武汉及相关地市，其中也包括来自广东的医护队伍，他们在驰援湖北的救援行动中产生了针对医患沟通的语言服务需求。因应这种需求，一批来自东西南北的以语言学人为核心的队伍站了出来，他们以“战疫语言服务团”的及时组建与行动为标志，以《抗击疫情湖北方言通》为基础，迅速推出包括微信融媒体版等七种方式的语言服务。随着疫情的进一步蔓延，又是这支中国力量及时推出了《疫情防控外语通》，选择合适载体陆续推出超过 28 个语种的语言服务，体现出一种强烈的责任意识与作为担当。这次疫情防控过程中的语言服务渐次展现，既有偌大的成绩，同时也给我们提出了好些值得进一步思考的问题，本文从语言服务这个角度分别谈一谈与语言应急及应急语言有关的几个问题。

国内学界较早关注并讨论语言应急和应急语言方面问题的是李宇明，他在讨论国家语言能力中谈到如何科学制订中国语言规划的时候提出了应急语种这个概念，他认为紧急情况下（如反恐、缉毒、维和、救灾等）使用的语种，称“应急语种”[1]；屈哨兵等在相关著述中专门列出“灾异领域的语言服务”一节讨论和语言应急有关问题[2]；这一次新冠疫情发生后，我国再一次以应急语言服务为主题展开了一系列具有建设性的反思与讨论[3]；《语言战略研究》2020 年第 2 期还专门开辟了“突发公共事件语言应急多人谈”专栏，刘丹青、冯志伟等学者从新冠肺炎命名、社会应急语言能力、中文首发等不同角度发表了一系列重要观点[4]；有些专家团队的思考还比较系统深入[5]；国内一些学术期刊如《语言战略研究》（2020 年第 3 期）、《广州大学学报（哲学社会科学版）》（2020 年第 4 期）、《云南师范大学学报（对外汉语教学与研究版）》（2020 年第 4 期）等还就语言应急问题设立专题或专栏进行了深入讨论，国家语言文字管理部门正在积极推动语言应急相关平台及运行机制的建设，一些重要共识正在逐渐形成。

二、语言应急：自发应急和自觉应急

语言应急和语言应该是一对彼此联系而又互有区别的概念。客观而论，不论是在一个多语种环境还是在一个多方言环境，甚至在某些单一语言背景下、不同的社会方言环境中，人们在遇到某些困难、处于某种困境之中时，如果需要求助，就势必需要沟通，如果这种沟通不能顺利达成，那么这个时候一定会产生语言应急。

（一）语言应急的“源”

这里的“源”指发生源。语言应急行为从发生源看应该有两个：受困方和施救方。

发生源一：受困方，即发生源是受困者。受困者源于自身脱困的需要，通过语言表达的方式来求援求救，这种情况在人类生活中经常出现，因为太过平常，我们通常不会把这看成语言应急的一种表现，原来在学术话语体系中也较少使用这个概念，但事实上它确实存在。在这一次疫情发生现场，数以万计的患者生病需要救治，在这种寻求救治和接受救治的过程中，他们发出种种言语求救的行为是再正常不过了，这应该看成一种语言应急。

发生源二：救援方，这一方既包括知晓了受困者的某些信息然后把它通过及时有效的方式转达出去的行为方，也包括救援者直接选择最为适切的语言与受困者进行沟通从而达到施治施救目的言语行为方。以施治施救为目的的言语行为更应该看成语言应急。

（二）自发应急

从语言应急发生体应急反应的性质来看，语言应急应该分成两种：一种可以称之为自发应急，另一种可以称之为自觉应急。

所谓自发应急，就是指人们在灾异现场陷于语言困境时，会自然而然想到用最为适切的沟通方式来寻求帮助以脱困或者帮助解困，临时性是其最主要的特征。例如前些年玉树地震中藏语小学生为前来搜救的人员提供现场翻译帮助就是属于这种情形。我们有理由相信这种语言应急不是事先有所准备的，而是在灾异语言困境现场因为某种需要而“临时”发生的，是一种自发应急。

在这次抗击疫情的战斗中，钟南山院士在某个救治现场的一段视频对话广为流传。这是钟院士 2016 年接受央视专栏采访留下的一个视频，视频里钟南山院士进入病房前首先询问的话是“他（指患者）讲什么话”[6]，旁边的同志介绍是“讲普通话也可以，广东话也可以”。在知晓患者能讲普通话后，钟院士才全程用普通话与患者沟通，进行病情问询，鼓励并安抚患者会好起来的。这个细节或许是一种自发的行为，也可以看成语言自发应急的一个例证。当然，这种自发应急的前提是当事者应该具有操持或听懂某种语言或方言的能力，钟院士是广东人，广州话没有问题，普通话当然也没有问题。在这次疫情全球蔓延应对过程中，钟院士又选择流利的英语与其他国家疫情现场的同行进行交流，介绍中国经验，这也不妨看成语言自发应急的又一种表现。

来自受困者的自发语言应急的例证比较少，但一定是真实存在的，因为人们在处于灾异现场的时候，只要有可能就会发出呼救，这种呼救就是一种语言自发应急，我们上面提到的钟南山院士在病房与患者对话时，患者对钟院士说的“麻烦你们了，救救我啊”就可以看成这种受困者的语言自发应急的表现。

（三）自觉应急

我们讨论的重点是自觉应急，这是我们目前工作的短板。这里的自觉强调的是在灾异发生存在语言困境的时候，来自救援施治一方的积极主动、系统有效的语言应急，借用一个哲学术语来讲，这应该是一种从必然王国跨越到自由王国之后出现的样态。自觉的“觉”在这里是一种掌握了规律的“觉”。

我们认为语言自觉应急应该具有三个基本特征。

特征一：在灾异事故发生前，我们应该有一个针对某类灾异事故的应急系统，有相对完备的资源清单和应急能力。在这个应急系统的资源储备的目录清单里，保存有相应的应急语言的基本种类，同时相关的当事方或者组织方都具有这方面的语言应急意识和基本的应急能力。在疫情防控阻击战中，相对的资源清单储备是我们的一个短板，但相应的应急能力并迅速形成语言应急清单则可以看出一种应急自觉。来自山东大学齐鲁医院呼吸科的主管护师张静静学习黄冈当地方言后便着手制作一个手册，用简单明了的文字表达医护们的意思，一开始只有20页，后来几经修改补充，形成了一本《护患沟通手册》。张静静回到山东隔离期满后不幸突发疾病去世，但她这种自发的语言应急表现体现了一种非常可贵的语言应急的素质与能力。同样是来自山东第五批援助湖北医疗队，在进驻武汉48小时内，齐鲁医院医疗队成员就组织编写出了《武汉方言使用手册》及其配套的方言音频材料[7]。被称为火神山ICU硬核唠叨护士长的陈静有着31年军龄，也同样制作了一本《新冠护患沟通手册》，有字也有图，方便易懂，护士能通过手册迅速了解患者诉求，更好地照顾患者[8]。这些都是自觉应急能力的出色表现。

特征二：在灾异事故发生后，我们应该有快速聚集和组织调度的机制，这种机制受到相关法律法规的保障，能够保证在尽可能短的时间内到达第一现场并发挥作用。这一次新冠肺炎疫情发生后，语言学及相关专业行业领域的力量迅速行动起来，在国家语委指导下形成的“战疫语言服务团”，根据语料库统计和医用场景调研，用不到 3 天的时间研制出了《抗击疫情湖北方言通》，包括微信版、网络版、融媒体口袋书、迷你视频版、抖音版、在线服务系统、即时翻译软件等，并在语言服务实施的过程中不断进行灵活的调整与扩展，充分体现了一种来自体制机制层面上的自觉应急。下一步，我们应该在法律法规及国家机制层面进一步予以明确，为这种语言自觉应急建立更多的支持与保障。

特征三：在灾异事故结束后，应当有一套进行相对规范的行为检视，这种检视包括对灾异事故所涉及的各种语言应急发生的资源进行集合提升。应该有这样一个基本判定：现有的语言应急储备与可能发生的灾异事故所需求的可能资源之间是有比较大的资源缺口的，我们没有理由对已经发生的各种语言应急成果弃之不顾，应该借每一次灾异事故的应对，使相关的资源储备库更加丰富完善，要防止各种语言应急成果的丢失，同时也要适时做好相应的学术研究和学科建设，按照平战结合的原则把各项工作落到实处。只有这样，我们才可以说做到了一种比较完善彻底的自觉应急。

三、应急语言：需求、规划、使用

如果说语言应急是一种基于行为选择视角的考量，那么应急语言就是一种基于符号系统视角的考量。应急语言至少应该考虑如下几个问题：一是应急语言的需求问题，二是应急语言的规划问题，三是应急语言的使用问题。应急语言的需求实质上是要回答“要不要”这个问题，应急语言规划实质上是要回答“要多少”这个问题，应急语言使用实质上是要回答“通过什么方式达成”这个问题。

（一）需求：要不要

需不需要进行应急语言建设，这在我国语言文字事业中原来是不作为一个问题存在的。在人们一般的语言生活中则更不会将其当成一个问题提出来。相比其他更重要的国计民生大问题而言，人们潜意识中会觉得应急语言可能不是一个需要提上议程的大问题，但随着国家语言能力建设任务的提出，我们认为有此需要，理由有三。

理由一：当代社会对人的生命价值更加重视的必需。应急语言建设是我们建设中国特色社会主义现代化强国、新时代以人民为中心的发展理念基础上的一种必然选择，出于保障人民生命安全的目的，当他们因为在灾异现场陷于某种语言困境而不能获得帮助救治，后果是我们难以想象的。

理由二：当今社会面临的各种灾害应对的必需。现在的各种灾害包括自然灾害、事故灾难、公共卫生事件、社会安全事故等，这些都需要有应急语言。很多灾害的发生在相当程度上是和人类生活的现代化进程密切相关的。突发公共卫生事件、安全生产事故，包括很多自然灾害的发生在很大程度上是受人类社会和人类生活影响而产生的。较之以往，一体化世界背景下的某些事故一旦发生，其速度与规模影响常常非常惊人，这次新冠肺炎作为全球第一个冠状病毒大流行就是明证。如果人类要在尽可能短的时间内作出反应，进行全球范围内的救治，就需要有信息共享和经验分享，这势必需要应急语言来提供更加及时的语言服务。

理由三：人口流动生存的必需。世界现代化的进程中，人口人群跨区域甚至是跨国界流动已经成为一个常态，中国的农民工进城是一个例子，世界经济全球化人员跨国界流动更是一个大势。当人们在某时某地遇到了他本身难以解决的困难而陷于语言困境时，我们并无一种可以在任何情况下都通行无阻的交际工具，即使英语作为国际语言也难以解决，因为并不是人人都会英语。各种应急语言不仅是人类社会的众多成员的生存需要，也是现代化和全球化过程中必须具备的条件。

（二）规划：要多少

应急语言规划要回答“需要多少”的问题，对这个问题我们此前也没有进行过专门的梳理和思考，要回答好这个问题，至少也要从三个不同维度进行审视。

一是空间维度。这里主要考虑国际国内两个层面，基于我们现在对国际国内两个层面有多少种语言及相关语料库的准备，可以依据一定的标准提出要进行多少种应急语言的计划。这里的相关标准既包括对各种语言（包括方言）使用人群规模的划分，也包括对不同空间区域风险发生历史及风险发生概率的判断，当然也包括现有资源组织能力的掌握与使用的能力水平。

二是类型维度。这里的类型主要是指灾害类型，稍加思索我们便会发现，由于可能发生的各种灾害类型的不同，我们有针对性地进行应急语言准备的内容可能是不一样的。例如自然灾害中的地震灾害，我国是一个地震多发的国家，处于地震带上的区域各有不同，相应的语言环境也各不一样，灾害一旦发生，我们就应该第一时间进行有针对性的应急语言的力量调配。在我们的应急救援体制机制中就应该有这方面的准备。一方有难八方支援，如果这方面的机制没有跟上，很可能会对救援效果产生不良影响。当然，如果是区域性的灾害，我们首先应该考虑的是本土救援力量的投入，本土语言或者方言就自然成为应急语言的首选，必须充分利用好。又如城市大型建筑设施发生重大安全事故，鉴于城市本身人群聚集和使用国家通用语言的普遍性，应急语言的选择自然和偏远地区的选择不一样，但是同样也会涉及如何使用更加简易有效的应急语言符号系统。同样是城市公共设施，如果是在国际化程度较高的地区或者他国人士居住、活动较为集中的地区，我们在应急语言储备预案的设计中也应该有所不同。可以这样说，针对不同的风险事故类型，我们现有的应急语言意识及相应的体制机制还谈不上建全，更谈不上清晰。

三是精细化维度。在各种灾异困境中，应急语言精细化到什么样的程度才比较理想？从理论上说，当然是精准到具体的每一个自然人所能操持的语言（方言）为最好，以这次白衣战士驰援湖北所使用的《湖北方言通》为例，战疫语言服务团能够做到的就是精准到湖北几个主要方言片的代表点上，通常都是在地市一级，为一线医患人员彼此之间的沟通交流提供了有力的支持。但从精细化的角度看，如果能够做到更加精准细化当然更好，“战疫语言服务团”成员在这方面也做了一个尝试，在《抗击疫情湖北方言通》的基础上，以荆州话片为范围，“战疫语言服务团”的相关成员利用自身的资源组织优势及时推出了荆州六个县级市的医患沟通普通话与方言对照材料[9]，收到了比较好的效果，得到了前去驰援湖北荆州的广东医疗团队的好评。

应急语言精细化要做到更加细致的程度不是一件容易的事情。拿这次“战疫语言服务团”的实践来说，首先，本次抗疫阻击战前后持续两个月有余，还有容得下语言服务的现场进行资源组织的时间，如果是更加紧急的现场救援，例如自然灾害或者重特大安全事故之类，恐怕就不会有这样的机会了；其次，恰巧有在地资源和专业人士进行组织，如果没有在地资源一时间也没有专业人士，那么就会对我们平时的应急语言的资源储备及机制预案提出更高的要求。

（三）使用：怎样达

我们不得不承认一个现实，不管是国内还是国外，以现在的救援体制机制以及学科学术力量和社会动员力度，很多事故场合是难以精细化到“一人一策、一人一语”的水平的。我们还得换个思路，在一定的应急资源条件保障的基础上，增加另外的路径角度来考虑语言达成问题，这里面就包括各种类型各种方式的简易应急语言的设计及其替代方式的使用。下面举这次疫情阻击战中的四个例子。

例子一：通过应急语言基础资源表达。

这次“战疫语言服务团”在研制推出语言服务产品的过程中，以北京地区和武汉地区的专家团队为主紧急研制的《抗击疫情湖北方言通》，能够把湖北九个地市（后来又增加了两个）涉及医患之间重要的沟通场景及可能出现的词语一一列出，进行普通话和方言的对照，这就是应急语言基础资源，为前线医护人员与湖北各地的患者沟通搭建了一个最为重要的基础平台。这是对“怎样达”的最好阐释。

例子二：通过文字书写表达。

媒体报道武汉的一个叫老肖的重症患者要转运到重症监护室，在转运出发之前，这位呼吸不稳的患者用颤巍巍的手写下了两行大字：“我的遗体捐国家，我老婆呢?”这就是一种应急语言的载体，他无法用口语来表达，就选择用文字书写的方式来传声[10]。

例子三：通过语言科技表达。

考虑到一线医护人员很难有机会拿着手机点击屏幕选取相应的场景语句对照，李宇明、赵世举等根据前线反馈的“按钮不方便”提出能否改成语音指挥，并尝试在翻译软件中实现，这得到了科大讯飞与传神科技的关注与支持。语言应急过程支援支持系统的研究目前还没有引起大家足够的重视，有的技术和手段实际上在我们原来语言生活中已经实现，我们要做的工作就是要及时进行集成，有的我们可能在既往的语言生活中还没有进行准备，这就需要我们尽快加以研究创造。语言科技助力应急语言发力达成大有可为。

例子四：其他可以利用的肢体语言表达。

由于医用口罩的密闭性，医护人员正常呼吸都已感到费劲，言语交流着实不易。与患者共同抗击疫魔，又不允许有一丝一毫的疏忽大意。山东支援湖北医疗队创造了一套应急手语，用肢体动作代替言语交流：右手搭在左臂上，意思是“测血压”；手掌塞在腋下，代表着“量体温”；双手一高一低举过头顶，示意“更换输液瓶”……在无声中提高了工作效率，从而更好地救治患者[11]。

四、应急速率和应急质量

整体看来，应急速率是一个侧重语言应急行为的概念，应急质量则是一个侧重应急语言规划的概念。前者重时间速度，后者重内涵布局。

（一）应急速率

无论如何，灾异事故发生需要语言应急的时候，应急速率是要优先考虑的。影响应急速率有四个因素。

一是灾异事故的范围和程度。很显然，灾异事故波及的范围越广，程度越深，其对来自外地的各种救援力量的倚重就越大。自然，救援力量抵达的速率受到的影响和制约也就越多，对语言应急能否及时达到的挑战就越大。这次疫情中，湖北很多地方尤其是武汉，一段时期内是疫情严重地区，来自全国各地的医疗资源在党中央的坚强领导下，坚定信心、同舟共济、科学防治、精准施策，在应急速率上有着非常出色的表现，但很多医疗队到达驰援目的地后都发现与当地新冠肺炎患者存在沟通困难的问题，这就需要我们及时作出语言应急反应。事实上，在抗击疫情的阻击战中，好些省市的医疗队在一线救援现场也在及时作出反应。通过媒体我们可以看到，湖南、山东、广东等很多地方都不约而同在做着这方面的工作，如果把这个语言服务的观察范围扩大到翻译或者是语言宣传、激励口号方面，那几乎可以说全国东西南北都有着非常及时生动的表现。

二是灾异事故发生地区与人群。如果发生灾异事故的现场是一个同语同言的地区，或者是国家通用语言通行程度很高的地区，那么，当灾异事故发生时，语言应急的速率自然会比较高，但如果发生在一个国家通用语言通用程度不高的地区，或者受困者是对国家通用语言掌握程度不高的人群，例如这次新冠肺炎袭击的重要对象很多是六十岁以上的老人，他们很多人可能不太会说普通话，那么这个时候语言应急的速率就会因为寻找和组织沟通资源的过程而受到影响。

三是灾异事故类型。前文也提及过，灾异事故有不同的类别，至少包括自然灾害、事故灾难、公共卫生事件、社会安全事故等。从严格意义上讲，每一类灾异事故只要涉及人，就可能产生语言应急的需求，但如果从应急速率的影响这个角度看，有可能突发的公共卫生事件对这方面的要求更为迫切，因为这类灾异事件中最直接的被损害主体就是人，并且如果随着灾害流行范围的扩大，还有可能超出特定的区域而扩散开去，就像这次新冠肺炎疫情在全球蔓延一样。

四是灾异事故所需要的语言资源的储备水平和应急反应机制。实事求是地说，这一次新冠肺炎疫情发生后，国家语委指导下形成的“战疫语言服务团”在应急速率上可以说表现比较出色，“战疫语言服务团”根据语料库统计和医用场景调研，用不到 3 天的时间研制出《抗击疫情湖北方言通》。以商务印书馆出版的《抗击疫情湖北方言通》融媒体书为例，分诊疗常用语句、诊疗常用词汇两部分共 156 个词语、76 个短句。每个对应语句、词汇都以普通话、方言和音频二维码分别标识，供医疗工作者和有关人员参考使用[12]。

我们之所以能够在不到 3 天的时间内研制推出《抗击疫情湖北方言通》，和中国语言文字事业规划中的中国语言资源保护工程所奠定的语言资源基础分不开。另外也和近年来我国正在逐步形成的中国语言生活派的队伍的学术价值取向分不开。在国家遭逢新冠肺炎疫情的袭击之后，各方力量能够比较迅速地集结起来，分合有度，隔空互动，尤其是得到像商务印书馆、科大讯飞这样具有社会责任感的文化科技企业的实质性支持，形成了一种良好的运行机制，成为应急速率的重要支撑。当然，从更大范围来看，语言应急速率的影响机制更直接地受到语言受困现场的抵达与使用方面的考验。在这方面，本次语言应急通过各种努力取得了较好的效果，但是如果要将其做得更好，我们应该在通达机制的预备、一线施救人员的语言应急资源的预备及能力素质等方面做得更充分一些，这是国家应急体系建设方面的一个短板，需要补齐。

（二）应急质量

前文说过，如果说应急速率更多的是从语言应急行为的角度来进行考量，那么应急质量则更多的是从应急语言规划的角度来进行考量。影响应急质量的因素也有四个。

一是应急语言对应度。这里的对应度是指施救方所使用的应急语言与语言受困者能够理解并进行沟通能力的对应程度。我们知道，要求完全像本地人那样的无障碍沟通在很多应急救援现场是不可能的，否则就不会有应急语言选择的需要了，所以我们认为在对应度上应该首先保证应急语言有一个能大致对应的基准，这次在湖北选择有代表性的地市推出《抗击疫情湖北方言通》，大体上遵照的就是这个思路。这个思路是可取的。当然，这也会给我们提出一个课题，面对各种可能发生的灾异事故，应当能够快速进行语言受困者的语言需求确认并进行及时适当的应急语言的针对性选择。

二是应急语言的容易度。容易度考量有三个含义：①最容易理解的应急语句。例如美国的“平易英语（Plain English）”，日本的“简约日语”“减灾日语”“平易日语”都属于此类[13]。②最容易理解的应急符号。例如国际通用求救信号 SOS，现场反复发出三长三短的声音信号，三声短三声长再三声短的摩斯电码，还有各种应急现场的手语显示、旗语显示，像面向聋哑人士的应急救援手语、人民防空警报手语[14]，还有在紧急情况下将一面旗子或一块色泽亮艳的布料系在木棒上呈横向“8”字形持续挥舞的旗语等都属于此类。当然也包括直接用文字表现出来的符号，例如在雪地海滩草地上留下 SOS（求救）、SEND（送出）、DOCTOR（医生）、

HELP（帮助）、INJURY（受伤）、TRAPPED（发射）、LOST（迷失）、WATER（水）这样的显著文字标记，这些是国际民航统一规定的地空联络符号[15]。③最容易转达的呈现方式。严格意义上说，这不属于应急语言的范畴，而是应急行为路径的选择，如这次“战疫”语言服务过程中，医护人员选择微信、网络、抖音、迷你视频，尤其是借助科大讯飞这样的语言科技企业的产品进一步方便医患之间的了解沟通，提高了应急语言的一线抵达的效率。

三是应急语言覆盖度。应急语言的覆盖度要回答两个方面的问题：有多少种应急语言（方言）？这些语言（方言）覆盖了多少灾异场景和语言受困者最需要表达的受困内容以及施救者最需要表达的施救信息？这两个方面的问题也可以说成一总一分两个问题，实事求是地说，我们目前对这两个问题都难以交出令人满意的答卷。关于多少种应急语言，是指在我们的应急物资储备系统中可以有多少种应急语言（方言）。事实上，我们现在连与之相关的储备清单概念都还没有，更谈不上需要储备有多少种应急语言（方言）了。这次《抗击疫情湖北方言通》涉及九种湖北地区的方言，是国内学人根据“战疫”需要迅速加工出来的，后来在实际工作中又增加了两种，即大冶和恩施。这种增加一方面说明我们有基础，另一方面也说明我们并没有现成的储备。因为这次湖北疫情波及区域广并且延续时间超过两个月，所以我们才有后续进行资源组织并追加应急语言清单的可能。鉴于世界上还有很多事故的延续时间不会那么长，很多大灾难发生得十分突然，在短时间内形成严重的灾害会产生十分紧迫的语言应急需求，如果没有覆盖面适当的应急语言，那我们一定会错失救援良机。基于这次湖北抗疫的语言服务的启发，如果我们要在全国范围内建立起一个应急语言（方言）的清单，再进一步推而广之，在“一带一路”沿线国家甚至全球范围内建立应急语言清单，那将又是一个什么样的格局呢？当然，有的不一定是一个国家能够担负得起的责任，但人类命运共同体的追求使得我们应该在这方面有更多的思考，这是十分有必要的。

关于可能涉及灾异场景和语言受困者最需要表达的受困内容以及施救者最需要表达的施救信息这方面的语言（方言）覆盖，意味着我们应该有多少种词表、句表。由于灾异事故种类繁多，我们在这方面的应急语言准备上还有大量系统性的工作要做。以自然灾害事故为例，像我国易发多发地震、地质灾害、洪涝、干旱、极端天气事件、海洋灾害、森林草原火灾等重特大自然灾害。通常这些灾害分布地域广、造成损失重、救灾难度大，一旦涉及人员伤亡和语言抒困需求，我们相应的应急语言就应该迅速跟上去，这里面当然不排除有大量应急受困人员的一些具有共性特征的词语、句子，但也一定会有不同灾害场景中特定的语言抒困的需求。不管是共性的还是特定的，我们目前都要加强这方面的应急语言清单的建设覆盖，这是我们国家保护人民生命财产安全方面必须尽快补齐的一块短板。

四是应急语言的层级度。我们知道，自然灾害、事故灾难、公共卫生事件按严重程序分为特别重大（Ⅰ级）、重大（Ⅱ级）、较大（Ⅲ级）、和一般（Ⅳ级）4 个级别（社会安全事故不分级），这启发我们思考一个问题，应急语言内部是否也需要分层分级？例如分成一级应急语言词句表、二级应急语言词句表，甚至三级、四级，如果要进行这样的分层分级，那么每一个层级的尺度该如何确定？它们与相应的灾害事件类型及级别具有一种什么样的对应关系？很显然，机械地一一对应可能并不合适，每一个层级的应急语言的具体内容是哪些，其实我们现在心中也还不甚了了，需要进行进一步的梳理研究。我们不希望在发生各类灾异事件之后再去进行检验，我们可以通过一定程度的沙盘推演将这个工作提前做得更充分一些，这样在真正需要应急语言的时候，我们才有可能提供更加具有针对性的语言服务，尽最大可能救人于困境，渡人获新生。

五、申论与建议

基于上面所讨论的关于语言应急和应急语言的几个基本问题，本文在这里再作三方面的申论与建议。

（一）基于语言应急和提高应急速率的目的的申论与建议

一是要加强语言应急教育演练培训。鉴于各类灾异事件现场呼救和施救的紧迫性，身处困境的双方都应该具有起码的语言呼救的技能、语言应急的意识及基本的语言应急的技能。在国家应急法规及预案关于培训演练的要求中，除开各种语言应急标识的设置使用外，鲜有语言应急行为方面的设计与安排，这不能不说是我们教育培训演练系统中的一个缺陷，需要及时补足补齐。其中也包括及时编撰相应的语言应急培训手册，要做好这方面的工作，需要我们首先做好相应的学科学术方面的准备和体制机制上的建设，我们将在下面的申论与建议中提出来。

二是要切实建立起一支关键时刻能冲得上去的语言应急队伍。为了应对各种各样的自然灾害、事故灾难、公共卫生事件、社会安全事故，我们得常备或者临时组建各种各样的抢险救灾的专业队伍，但在这诸多队伍中，我们唯独缺少一类语言应急队伍。这次新冠肺炎应对实践表明，关键时刻有一支能够冲得上去的语言应急队伍是多么重要，它可以极大提高我们的语言应急速率和质量，至于这支队伍和主场其他队伍之间的关系，当然是以有机地结合为好，就像这次疫情防控总体战中我们很多前线医疗队中设有防止医护人员发生院感的专门力量和岗位一样，语言应急队伍必要时也可以并且应该成为各种救援队伍中不可缺少的保障力量。

三是要有一个具有平战结合特征的语言应急机制。语言应急从本质上讲和其他应急并无实质性的区别，但由于语言本身具有的工具性和嵌入性，我们很多时候对其重视不够，语到用时方恨少。如何破解这个难题？建立平战结合的语言应急机制应该是一个思路。除开人才队伍储备之外，我们想强调另外一个重点，就是如何利用现在人工智能和大数据时代提供的条件，使我们能够有意识地做好现代语言技术在应急中的集成工作。这里面既包括信息传递和力量动员，也包括迅速整合应急语言资源并根据灾异现场的需要随时派上用场，现在摆在我们面前的问题不是技术层面上是否能够达到，而是应用需求层面我们能否提得出更加有针对性的应急需求，至少我们现在还缺少基于语言应急问题导向的系统演练，人工智能基础上的语言技术机制集成也还有不少工作要做。

（二）基于应急语言和提高应急质量的目的的申论与建议

一是我们要分门别类地建立系统的应急语言（方言）清单。这已在上文应急语言讨论规划问题中提及，对关涉应急质量的四个度（对应度、容易度、覆盖度、层级度）判断标准不同，我们应急语言（方言）的清单也不同，所以我们在这里提出要分门别类地建立应急语言清单。目前的当务之急是要建立起基本清单目录并确定优先序列，这里包括：①多少种语言：跨境语言视角下和一带一路视角下的应急语言目录优先；②多少种民族应急语言：灾害事故多发地区且一般救援力量难以组织的区域的语言优先；③多少种方言：各种事故频发多发地区领域的方言优先；④多少个场景：不同类型的事故最常见的语言受困的内容优先。在优先目录确定之后进行清单内容整理，然后在此基础上根据语言应急质量的四个度进行扩展细化。这是一个系统工程，在信息化时代，尤其要重视人工智能基础上的清单反应与数据抓取遴选，这样才会在各类突发事件发生时能够迅速有效地组织资源，使语言应急行动更加精准及时。

二是要加强应急语言人才培养并科学做好相应的应急语言人才储备和相关的研究基地的建设储备。国家语委在这次疫情防控语言应急表现的基础上及时组建“战疫”语言服务团，可以说在国家语言服务历程上具有标志性意义。这个服务团为突发公共事件相关的预案制定、防控处置、恢复重建、国际协作等方面的紧急语言需求提供支持，重点进行相应的队伍建设、产品建设、资源建设和学术建设。我们寄希望于我国应急语言人才的储备和相关的建设能够成为中国故事和中国话语表现的一个生动例证和有力支持。

三是要加强语言应急和应急语言研究，适时提出应急语言学的建设任务。鉴于中国语言生活派的使命责任意识和相应学术旨趣及学科基础，我们认为应该及时提出应急语言学的建设问题，使其在语言学领域中占有一席之地。目前我们应急语言学的内部学科学术机理还没有进行全面系统的梳理，但毫无疑问其作为一个新的学科研究的分支所需要的时代与社会需求已经显著存在，作为学界应该对此作出学术回应。本文从语言应急及应急语言两个角度所进行的相关观察例说与思考分析，大体上也可以看成和应急语言学建设有关问题的一些初步探讨，作为一门看起来呼之欲出的学科研究的分支，可能也只是一个小小的破题。下一步全面系统地建设这一工程绝非某个部门或者几位学人就能胜任，相信这个新的研究领域将会成为语言学界及其他相关学科领域共同关心的话题，我们可以在这里提出一个应急语言学研究的基本学术使命，那就是在我国社会主义现代化强国实现过程中语言强国的贡献不曾缺席。

（三）基于语言应急体制机制建设目的的申论与建议

一是要尽快推动语言应急机制和应急语言建设尽快成为我国“十四五”应急专项规划建设的有机组成部分。我们现有的应急体系建设规划中是没有明确将语言应急和应急语言纳入其中的[16]，因此要明确语言应急产品和服务的发展方向。虽然相对其他的应急物资储备而言，语言（方言）资源作为物资储备有其特殊性的一面，似乎并不存在一个物理空间将其“存放”到那里，但是如果我们没有一个随时可以应急启用的资源系统，包括应急人才队伍的储备，我们一定会在各种不断发生的灾异事故中出现不能及时进行语言抒困的情形。我们在进行相关储备的时候要更加用力用心，将语言应急列入各类事故应急的目录清单，将应急语言储备列入应急物资储备的目录清单，使其成为国家专业应急救援队伍应急救援能力的有机组成部分，成为国家综合应急保障能力的有机组成部分。

二是要推动语言应急机制和应急语言及相关产品储备成为国家应急法制体系的有机组成部分。以《中华人民共和国突发事件应对法》[17]为例，该应对法第十七条的内容是“国家建立健全突发事件应急预案体系”，根据这一条的规定，“国务院制定国家突发事件总体应急预案，组织制定国家突发事件专项应急预案；国务院有关部门根据各自的职责和国务院相关应急预案，制定国家突发事件部门应急预案”，“地方各级人民政府和县级以上地方各级人民政府有关部门根据有关法律、法规、规章、上级人民政府及其有关部门的应急预案以及本地区的实际情况，制定相应的突发事件应急预案”，“应急预案制定机关应当根据实际需要和情势变化，适时修订应急预案。应急预案的制定、修订程序由国务院规定”，我们现在有必要建议国家及地方各级人民政府在进行总体应急预案、部门应急预案或者具体地区的突发事件应急预案的时候，将语言应急作为预案的一个内容明确列入，在有多种措施可供选择的前提下，根据“应当选择有利于最大限度地保护公民、法人和其他组织权益的措施”（第十一条）的原则，应该将应急语言（方言）的选择作为一种有力措施列入，根据“人民政府应当加强专业应急救援队伍与非专业应急救援队伍的合作，联合培训、联合演练，提高合成应急、协同应急的能力”（第二十六条）的要求，应该在应急预案或者地方相关法律条例中将语言应急能力纳入合成应急协同应急的培训演练内容。与此同时，该应对法第三十二条规定“国家建立健全应急物资储备保障制度，完善重要应急物资的监管、生产、储备、调拨和紧急配送体系”。《突发事件应急预案管理办法》[18]中也应该留有关于语言应急的一席之地。该管理办法第十一条规定“政府及其部门、有关单位和基层组织可结合本地区、本部门和本单位具体情况，编制应急预案操作手册，内容一般包括风险隐患分析、处置工作程序、响应措施、应急队伍和装备物资情况，以及相关单位联络人员和电话等”，第十五条规定“编制应急预案应当在开展风险评估和应急资源调查的基础上进行”，“全面调查本地区、本单位第一时间可调用的应急队伍、装备、物资、场所等应急资源状况和合作区域内可请求援助的应急资源状况，必要时对本地居民应急资源情况进行调查，为制定应急响应措施提供依据”，这也要求我们主动作为，进一步加强论证及相关建设，推动应急语言及相关的应急语言产品纳入应急物资储备保障范围、语言应急队伍进入应急资源序列。此外，也可以考虑先启动语言文字管理部门的相关应急预案的制定。

参考文献

[1] 李宇明．国家语言能力问题［N］．中国科学报，2013－02－25（7）．

[2] 屈哨兵．语言服务引论［M］．北京：商务印书馆，2016：290－294.

[3] 李宇明，王春辉．为抗疫救灾架起语言之桥［EB/OL］．［2020－04－17］．http：//guancha. gmw. cn/2020－02/10/ content_33541940. htm.

[4] 刘丹青，冯志伟，王辉，等．突发公共事件语言应急多人谈［J］．语言战略研究，2020（2）：5－14.

[5] 北京语言大学王立非教授研究团队．面对新冠疫情，语言应急服务研究不能缺位［EB/OL］．［2020－04－17］．http：//mlzg. jhnews. com. cn/html/2020/jinhuanews_on-

line_0226/519928. html.

［6］《大家》栏目组.《大家》20161012 呼吸病学专家 钟南山［EB/OL］.［2020－04－19］. http://tv. cntv. cn/video/ C10309/e1a4077333044f9190d23fb35879e5a2.

［7］萧海川，闫祥岭，潘林青. 病房手语、方言手册、护患沟通本：细数山东支援湖北医疗队的暖心妙招［N/OL］.［2020－04－14］. http://news. iqilu. com/china/gedi/2020/0216/4452803. shtml.

［8］解炜. 护士制作超萌《新冠护患沟通手册》，每一页都很有爱［N/OL］.［2020－04－19］. http://k. sina. com. cn/ article_5637065453_v14ffecaed01900smzt. html.

［9］周宇. 广州大学再造战疫交流"神器"，发布湖北荆州各县市方言对照表［N/OL］.［2020－04－15］. https://www. sohu. com/a/373809610_161795.

［10］赵友平."我的遗体捐国家，我老婆呢?"无语凝噎!［EB/OL］.［2020－04－19］. http://www. hubei. gov. cn/ zhuanti/2020/gzxxgzbd/ys/202002/t20200219_2139324. shtml.

［11］张聪聪. 不到3天"火速"上线.《抗击疫情湖北方言通》以语言服务战疫［N/OL］.［2020－04－19］. http:// www. cnpubg. com/news/2020/0224/51004. shtml.

［12］韩涛. 日本的"平易语言"政策［R］//郭熙. 中国语言生活状况报告（2019）. 北京：商务印书馆，2019：283－288.

［13］潘娣. 人防警报手语诞生记［N/OL］.［2020－04－19］. http://www. 81. cn/jwgz/2018－01/03/content_7893396. htm.

［14］佚名. 应急：野外生存的求救信号［N/OL］.［2020－04－19］. http://www. huaxia. com/sh/zyzz/2005/388363. html.

［15］国务院办公厅. 国家突发事件应急体系建设"十三五"规划：国办发〔2017〕2号［S/OL］.［2020－04－18］. http://www. gov. cn/zhengce/content/2017－07/19/content_5211752. htm.

［16］全国人民代表大会常务委员会. 中华人民共和国突发事件应对法：2007年8月30日第十届全国人民代表大会常务委员会第二十九次会议通过［S/OL］.［2020－04－19］. http://www. gov. cn/ziliao/flfg/2007－08/30/con- tent_732593. htm.

［17］国务院办公厅. 突发事件应急预案管理办法：国办发〔2013〕101号［S/OL］.［2020－04－19］. http://www. gov. cn/zwgk/2013－11/08/content_2524119. htm.

城市公共语言服务的内涵与评估框架构建*

王海兰①

摘　要：本文立足城市化进程中城市语言文字工作面临的新形势和语言生活新需求，提出城市公共语言服务应包括语言规划服务、语言咨询服务、语言教育和培训服务等十大内容。本文同时指出，在新的历史方位下，需要在城市语言文字工作评估的基础上，开展城市公共语言服务评估，全面了解和把握当前我国城市公共语言服务现状，助力建立现代城市语言服务体系，尝试构建城市公共语言服务评估体系框架。

关键词：语言服务能力；城市语言服务；语言环境；评估

一、问题的提出

党的十九大报告指出，我国“城镇化率年均提高一点二个百分点，八千多万农业人口转移成为城镇居民”，城镇化率超过50%。这意味着我国已经由农业社会转变为城市社会。城市化的快速发展带来了许多语言问题，如农民工语言问题[1]、少数民族语言问题[2]、方言与普通话的协调问题等。这些问题如果处理不好将影响我国的城市化进程，影响城市居民美好生活的实现。这些问题能否解决，能解决到什么程度，很大程度上取决于城市政府的语言服务能力和语言服务水平，从根本上说就是取决于政府提供语言服务的数量、种类和质量。当前我国正在倡导文明城市、健康城市和智慧城市建设，每一个城市发展目标的实现，都离不开语言服务的支撑，语言服务本身在某种程度上就是城市建设的重要内容。例如，文明城市建设包含语言文明问题，健康城市建设包含语言康复和语言治疗，智慧城市建设有赖于语言信息化的发展等。《国家语言文字事业“十三五”发展规划》（以下简称“十三五”规划）将“提升国家语言文字服务能力”列为重点任务，明确了语言服务在国家语言文字事业发展中的关键地位。城市是语言服务需求最旺盛的区域，城市语言服务能力在很大程度上影响

---

* 本文为2016年度国家语委语言文字科研项目优秀成果后期资助项目“语言、语言规划与经济发展：一个理论分析框架”（项目编号：HQ135-3）的阶段性成果。原刊于《云南师范大学学报（哲学社会科学版）》2018年第2期。

① 作者简介：王海兰，博士，广州大学人文学院、国家语委国家语言服务与粤港澳大湾区语言研究中心副教授，研究方向为语言经济学、语言服务。

着国家的语言服务能力。研究城市语言服务问题，提升城市语言服务能力，对城市建设和语言文字事业发展都具有现实意义。

中国政府历来非常重视城市的语言文字工作，将城市语言文字管理列为语言文字工作的重点。这是由城市的地位、作用以及语言文字工作自身的特点和规律所决定的。1999 年教育部、国家语委颁布了《关于进一步发挥城市的中心作用，全面推进语言文字工作的意见》（以下简称《意见》）。《意见》明确了我国城市语言文字工作的目标是：2010 年以前“初步普及”普通话，汉字社会应用“基本规范”；工作的重点包括四个方面，即党政机关、学校、新闻媒体和主要的服务性行业。根据《意见》，2001 年起教育部、国家语委在全国开展了城市语言文字工作评估，有力推动了国家通用语言文字在城市的普及和规范使用，加强了对语言文字的依法管理，发挥了城市的引领和示范作用。

但社会发展对城市的语言使用和语言交际提出了新需求，城市出现了新的语言问题，这要求对城市语言文字工作的重点任务要有所拓展。在普及国家通用语言文字和语言文字规范化的基础上，要着力全面提升城市语言服务能力；工作目标需要“升级”，在实现普及普通话和汉字社会应用基本规范的基础上，要全方位满足城市发展的各项语言需求，构建城市美好语言生活，服务城市经济、政治和文化等各领域的发展。什么是城市语言服务，在当前的历史方位下，城市语言服务的主要任务和主要内容有哪些，这些问题有待进一步明确。

我国当前的城市语言服务现状如何，政府提供了哪些语言服务，公众对这些语言服务是否满意，政府在提供语言服务方面存在哪些问题和短板，这些问题也急需得到回答。只有全面了解和把握城市语言服务现状，才能找到提升城市语言服务能力的针对性方案。

我国自 2001 年开始开展城市语言文字工作评估，评估的主要内容是国家通用语言的普及和社会用字规范，未涵盖城市语言服务的全部内容，不能完整呈现城市语言服务的现状。因此，我们认为有必要在现有城市语言文字工作评估的基础上升级和深化城市语言服务，将“城市语言文字工作评估”升级为“城市语言服务评估”，更全面地把握当前我国城市语言服务状况，助力构建现代城市语言服务体系。

本文在厘清城市公共语言服务内涵，明确当前城市公共语言服务的主要内容和主要任务的基础上，探讨开展城市公共语言服务评估的意义，试图搭建城市公共语言服务评估框架，为建立具体评估指标体系尝试进行一些探索。

二、城市语言服务的内涵

（一）城市语言服务的界定

语言服务是一个发展中的概念。2005 年上海世博会语言环境国际论坛上，屈哨兵等学者提出语言服务的说法，响应者众多。此后一些学者从不同视角对语言服务进行界定，并展开相关探讨。徐大明（2008）认为，“语言服务应该是指国家为人民提供的语言服务，它是国家全部服务的一部分”[3]。赵世举（2012）指出，“语言服务是行为主体以语言文字为内容或手段为他人或社会提供帮助的行为和活动”[4]。李宇明（2014）认为，“语言服务是利用语言（包括文字）、语言知识、语言艺术、语言技术、语言标准、语言数据、语言产品等等语言的所有衍生品，来满足政府、社会及家庭个人的需求”[5]。同时，一些学者还对语言服务进行了分类讨论。李现乐（2010）认为语言服务包括宏观和微观两个层面，宏观层面是指国家或政府部门所提供的语言服务，微观层面是指群体或个体提供的语言服务[6]。屈哨兵（2012）提出语言服务是一个概念系统，由资源系统、业态系统、领域系统、层次系统和效能系统组成[7]。陈鹏（2014）根据语言服务提供方的性质，将语言服务分为专业语言服务和行业语言服务，其中专业语言服务又分为营利性语言服务和公益性语言服务[8]。李德鹏、窦建民（2015）主张按照服务领域将语言服务分为语言服务政治，语言服务经济和语言服务文化三个方面。[9]

这些研究对我们明晰语言服务的范畴和边界非常有帮助。综合时贤观点，我们可以将语言服务界定为：行为主体为满足其他主体的语言生活需求，以有偿或无偿的方式向他人或社会提供语言知识、语言技术、语言工具等，以及所有语言衍生品的行为或活动。

城市语言服务与农村语言服务相对应，是一个区域语言服务概念，有广义和狭义之分。广义的城市语言服务，是指城市内所有行为主体为满足城市内各主体的语言生活需要和城市发展的语言需求而提供语言知识、语言技术、语言工具、语言咨询，以及所有语言衍生品的活动或行为。广义的城市语言服务概念中，在供给主体上，政府、非营利性组织、企业、个体等都是提供者；在供给方式上，既包括无偿的语言服务，也包括有偿的语言服务，既包括由行为主体专门提供的基本语言服务，也包括伴随性语言服务；在内容方面，语言知识、语言技术、语言工具、语言环境、语言政策以及语言的所有衍生品都是城市语言服务的内容；在受众方面，城市内的各主体，政府、企事业单位、家庭和个人都是接受者。

狭义的城市语言服务，主要指以政府为主的公共服务部门提供的各种语言服务，也就是城市公共语言服务。城市公共语言服务一般为无偿语言服务，接受者消费语言服务时无须支付费用。其中有专业语言服务，也有伴随性语言服务。例如，政府提供的语言文字政策、语言培训、语言教育等语言服务属于专业语言服务，政府职员接待公众时所提供的语言服务属于伴随性语言服务。政府是语言服务重要且特殊的供给者和需求者，在构建城市语言服务体系中扮演重要角色，发挥重要作用。提供数量充足、品种丰富、质量优良的语言服务，建设城市美好语言生活，是现代城市治理的重要内容，也是现代政府的重要责任。本文主要探讨城市公共语言服务。

（二）新形势下城市公共语言服务的主要内容

城市公共语言服务的目的是满足城市各种语言需求。政府应该提供什么样的语言服务，要从社会发展需求来考虑。社会发展需要什么语言服务，政府就应该提供什么语言服务；社会发展对语言使用和服务提出了哪些新要求，政府在语言服务的内容和方式上就需要有所跟进。城市公共语言服务的主要任务和主要内容应该根据城市发展的新形势和新需求来确定。

当前我国城市语言文字工作面临五大新形势。一是农业人口的大规模涌入问题。人口大规模涌入带来许多语言问题，农民工和农村转入的“新市民”如何掌握城市语言，融入城市生活，“需要从语言政策和规划上重新审视”[10]，需要语言文字工作部门提供语言培训和语言指导。此外，与之相伴随的还有农民工子女的教育问题、方言传承和保护问题等。二是文化多元化问题。城市越发展，文化多元化的特征就越显著。随着城市化的发展，农民涌入城市，西部人口流入东部，国外人员来到中国，城市成为一个城乡文化、中外文化混合的区域。多元文化下就难免有文化冲突，不仅城市移民需要融入城市文化，城市市民也需要适应外来移民进入带来的城市生活的新变化。例如，当前城市中的家政服务主要由进城务工人员提供，市民购买和享受家政服务也需要适应农民工的语言和生活。如何通过语言的桥梁促进多元文化的和谐共处，这是语言文字工作所不能回避和忽视的问题。三是信息化问题。人类80%的信息由语言承载，信息化的基础是语言信息化。“智慧城市”“数字城市”的发展需要语言信息化的支撑。四是语言问题和语言冲突激增。一个国家经济发展到一定程度，开始重视文化时，语言矛盾就容易激化，我国目前已经进入语言问题和语言冲突的高发期[11]。城市又是语言问题和语言冲突的高发区域。2005年杭州出租车司机要求懂杭州话引发的争议、2010年广州的“撑粤语运动”等都是影响较大的城市语言冲突现象。这些语言问题和语言冲突处理不当、处理不及时会影响到城市的和谐稳定。五是国际化问题。国际化是城市发展的战略选择。城市国际化需要城市语言服务的国际化，例如建设国际语言环境[12]、市民的多语能力、政府部门使用多语发布信息等。

回应当前城市语言文字工作面临的新形势和城市语言生活的新需求，结合“十三五”规划的重点任务，我们认为一般的城市公共语言服务应当包括但不限于以下主要内容：

第一，语言规划服务。根据城市发展需要，制定符合城市实际的城市语言规划。一些城市已经在这方面有所行动。例如北京市制定了《首都国际语言环境建设规划（2011—2015）》，西安市制定了《西安市加强国际语言环境建设工作实施意见》等。第二，语言咨询服务。“十三五”规划指出，要“面向社会开展全方位的文字政策法规、规范标准、基础知识和社会应用等咨询服务”，开展语言政策法规的普及和语言科普服务。第三，语言教育服务。包括基础教育的国家通用语言文字教育，也包括外语教育。第四，语言培训和语言测试服务开展普通话培训服务，特别是针对农民工、外来移民的普通话培训，以及根据城市发展需要，面向公共服务部门人员提供外语培训服务等。开展普通话水平测试、汉语能力测试和外语水平测试等。第五，语言环境建设。包括实体的语言好建设和网络语言环境建设。政府机构以及公共场所的语言标识、语言指引等，政府网站建设等。第六，特殊人群语言服务。面向盲人、聋哑人等群体开展盲文、手语培训，面向失语症、自闭症、听力障碍患者等提供语言治疗和语言康复服务。在图书馆开设盲文阅读区等。第七，城市方言传承和保护服务。第八，语言舆情监测和统计服务。对城市的语言使用、语言舆情等进行监测，并建立相关数据库。第九，语言科研服务。政府通过向专家学者购买服务的方式，开展城市语言问题专项研究。第十，语言信息化服务。包括两个方面：一是加强语言信息化建设，二是加强对语言信息化成果的应用。例如城市街道名称与电子地图中街道名称相匹配，促进城市交通信息化。此外，一些开放型城市，如国家中心城市、沿海城市、“一带一路”节点城市等，还应主动承担汉语国际传播任务，提供汉语国际传播服务。同时，政府还应引导组织建立城市语言服务志愿者队伍，建立语言人才储备机制，为城市举行大型会议、体育活动和紧急事务处理提供特殊语言服务。

三、城市公共语言服务评估问题思考

（一）开展城市公共语言服务评估的必要性和重要性

1. 开展城市公共语言服务评估是贯彻落实国家语言文字事业发展规划的需要

“十三五”规划是当前我国语言文字事业发展的行动纲领，其所制定的各项任务的落实、目标的实现都取决于各行动主体的实际行动，而且很多任务需要分区域落实。城市是“十三五”规划实施的重点区域，城市政府是承担“十三五”规划任务的重要主体。“十三五”规划中有的任务明确提出在城市开展，如主要任务第一项“普及国家通用语言文字”第四小项“加强语言文字规范化建设”提出“完成城市语言文字规范化建设目标，促进已达标城市保持并不断提高语言文字规范化水平”。此外，还有很多任务虽然没有明确提出在城市开展，但事实上也需要在城市先行发展。一方面要继续发挥城市的辐射和引领作用，另一方面城市更具备承担这些任务的条件和能力。例如主要任务第三项“提高国家语言文字服务能力”第一小项“提高保障国家战略和安全的语言文字服务能力”提到的“分区域、行业、领域和人群开展语言国情调查”，第二小项“创新语言文字服务方式”提到的“建立应急和特定领域专业语言人才的招募储备机制，为大型国际活动和灾害救援等提供语言服务，提升语言应急和援助服务能力”，第三小项“服务特殊人群语言文字需求”中提到的“培育和发展手语、盲文社会服务机构”“加强各类语言障碍研究和语言康复治疗技术开发应用”“继续推进并完善视障、听障人员普通话培训测试”等。此外，“弘扬传播中华优秀语言文化”中的一些具体任务也主要需要由城市承担，或城市先行承担。开展城市公共语言服务评估是对这些任务执行情况和执行效果的调查和检验，促进相关部门加快落实“十三五”规划的相关任务。

2. 开展城市公共语言服务评估有助于激发大众语言消费意识，推动语言服务进入公共服务体系，发挥语言服务参与城市治理的功能

自党的十八大报告明确指出“必须加快建立政府主导、覆盖全民、可持续的基本公共服务体系”以来，推进城市公共服务体系建设，开展城市公共服务评估成为一个热点话题。目前由中国社会科学文献出版社出版的城市公共服务类蓝皮书就有三部，评估内容主要涉及公共交通、医疗卫生、基础教育等九大基本公共服务领域。语言服务内含于各公共服务领域之中，在现有公共服务满意度评估体系的指标设定中，有的就涉及语言问题。例如“政府部门工作人员的态度”“政府部门办理事务前的流程指引

或要求提示”[13]“指示路牌是否清晰”“路牌书写”[14]等，这些指标都是对语言服务情况的考察。语言服务作为社会服务的重要方面，不完全是与公共交通、基础教育、医疗卫生等基本公共服务并列的服务范畴，它内含于其他服务，同时也是其他服务的效果得以实现的重要保障。随着社会的发展，城市对语言服务的需求日益旺盛，语言生活在公众生活中的比重不断增加，这也就意味着公共服务体系的构建越来越需要语言服务的参与。开展城市公共语言服务评估，有助于激发公众的语言消费意识，推动语言服务进入公共服务体系，参与城市治理。

3. 开展城市公共语言服务评估是对城市语言文字工作评估的补充和升级，是建立现代城市语言服务体系的需要

城市语言文字工作评估是在国家颁布实施《国家通用语言文字法》，确立了普通话和规范汉字的“国家通用语言文字”的法定地位的历史背景下启动的。该项评估的目的是推动实现“‘初步普及’普通话、汉字的社会应用‘基本规范’”的城市语言文字工作目标，评估范围主要是党政机关、学校、新闻媒体和公共服务行业四个领域，评估内容包括综合管理、普及普通话和社会用字管理。评估采用机构自评、国家或省级语委审核材料、实地考察、委派观察员等方式。这项评估是对城市语言文字工作本身的评估。

城市公共语言服务评估是对城市语言文字工作评估的一种补充和升级，体现在以下几个方面：在评估内容上，城市语言服务评估包括普通话使用和汉字规范问题，也考察外语使用和外语译写的规范问题，外语教育、外语环境建设、外文译写规范、工作人员的多语能力等也是语言服务评估的重要内容；不仅包括对普通话培训和测试服务的评估，还包括对语言咨询、语言科研、语言规划、语言调查等各项语言服务内容的评估。在评估范围上，语言文字工作部门不是作为城市语言文字工作评估的评估者，而是成为语言服务评估的重要对象，考察其作为城市语言服务主要供给者所提供的语言服务状况。在评估方式上，由国家语委委托第三方机构组织力量进行评估，不仅要评估相关部门语言服务的供给情况，还要从需求方入手，评估公众对城市语言服务的满意度。在评估目的上，公共语言服务评估相比于对语言文字工作本身的评估，更重视对语言文字工作效果的评估。通过评估，可以全面了解和把握当前城市公共语言服务现状，便于发现问题，为提升城市公共语言服务能力和服务水平提出有针对性的政策建议和行动指南。

（二）城市语言服务评估的框架

1. 评估目的

一是调查评估掌握当前城市公共语言服务供给现状、公众对城市公共语言服务的满意度，助力现代城市语言服务体系构建。二是“以评促优”，通过评估促进城市政府机构发现问题，为提升城市公共语言服务能力和服务水平提出有针对性的建议和举措。

2. 评估方式

采用第三方评估。建议由国家语委统筹，委托第三方机构组织力量开展评估，确保评估的客观性和高效性。在评估手段上，采取实地调查与问卷调查相结合，评估主体对语言服务的供给情况考察和公众对语言服务的满意度相结合，客观指标评估和主观指标相结合等方法。客观指标是指该指标的数据来源于统计资料对该服务水平的客观描述或者调查者对该内容的现场考察和记录，如对语言标识的考察。主观满意度的数据来源于问卷或者由调查者获得的主观评价和感受。公众满意度是面向城市居民以问卷调查或深度访谈了解公众对城市公共语言服务的满意度情况。

3. 评估体系框架

城市语言服务评估与城市语言文字工作评估一致，分三类城市进行评估，不同类型的城市在具体的评估指标和评估标准上有所差异。评估体系以新公共服务理论为理论依据，“以公众需求为导向”，分为语言文字工作部门的语言服务和公共部门的语言服务两个维度，每个维度下设若干基本指标，每个基本指标下又分若干三级指标要素，每个三级指标要素又分为公共语言服务统计指标和公众满意度指标。语言文字工作部门评估的基本指标包括语言培训服务、语言教育服务、语言咨询服务等 10 个基本指标，公共部门包括公共交通、基础教育、公立医院等，对每个部门的评估涉及语言环境、公职人员语言态度、网站建设和文字材料的语言服务等基本指标。

我们建立的城市语言服务评估框架如表 1，今后再进一步构建城市语言服务评估的指标体系。

表1　城市语言服务评估框架

维度	项目	项目说明
语言文字工作部门的语言服务	语言教育服务	中小学普通话教育、外语教育情况，包括师资配备、开设语种、课时量等
	语言培训和测试服务	组织公务员、教师、农民工、其他社会人员的普通话培训、外语培训情况，包括培训次数、培训规模等，组织普通话测试的情况等
	特殊群体语言服务	针对语言障碍人士提供的手语、盲文培训和测试、语言康复机构的建立情况
	语言咨询服务	面向社会提供的语言政策、语言法律等的咨询，提供语言学习指导等的情况
	语言科研服务	科研项目设立、组织或支持语言学术会议的情况
	语言规划、政策和规范化服务	制定和执行城市语言发展规划的情况，以及城市语言服务产业政策、城市语言志愿者建设政策等有关政策的制定情况，制定和推广有关语言规范标准的情况
	语言调查服务	组织开展城市语言生活、语言使用调查、城市语言资源数据库建设情况
	语言保护服务	开展城市语言保护工程的情况
	语言信息化服务	包括对语言信息化建设的投入情况和对语言信息成果的应用情况
其他公共服务部门的语言服务，主要包括党政机关、基础教育、公共交通、公立医院、新闻媒体、文化体育等	语言环境	在办公机构或其他公共区域提供的语言标识情况，包括是否有语言标识、语言标识使用的语种、语言标识文字使用是否规范等
	网站建设	主管部门网站信息发布的语言文字使用情况，包括是否提供多语网页、语言文字使用是否规范等
	公职人员的语言服务	工作人员的多语能力，普通话、城市方言和外语的掌握情况，服务态度是否积极，语言使用是否文明等
	文字说明材料	部门所提供的语言文字说明材料的语言使用情况，包括语言种类、语言文字使用是否规范等

四、结语

语言服务具有区域性。不同区域的语言服务在供给主体、内容、方式和接受者等方面都具有较大差异性，有必要对语言服务进行区域研究。城市是语言服务研究需要重点关注的区域。城市化的快速发展，使我国城市语言文字工作面临着新形势，各种语言生活需求旺盛。提供数量充足、种类丰富和质量优良的语言服务，构建现代城市语言服务体系是现代政府的重要责任，关系到城市化进程和城市美好生活的实现。本文立足新形势提出当前城市语言服务的主要内容，呼吁在城市语言文字工作评估的基础上，开展城市公共语言服务评估。本文尝试构建了一个城市公共语言服务评估体系框架，还有待进一步建立具体的、可操作的评估指标体系。受篇幅所限，本文只探讨了以政府为主体提供的公共语言服务情况。事实上，语言服务企业、服务行业等都是城市语言服务的重要提供者，都值得学界深入研究。本文的目的在于“抛砖引玉”，希望更多学者能研究城市语言服务问题，政府部门能关注和论证城市公共语言服务的调查与评估事项。

参考文献

［1］谢俊英．城市化进程中的农民工语言问题［J］．云南师范大学学报（哲学社会科学版），2011（3）．

［2］才让旺秀．城市少数民族流动人口语言文字诉讼的法律实现［J］．贵州民族研究，2014（3）．

［3］徐大明．语言资源管理规划及语言资源议题［J］．郑州大学学报（哲学社会科学版），2008（1）．

［4］赵世举．从服务内容看语言服务的界定和类型［J］．北华大学学报（社会科学版），2012（3）．

［5］李宇明．语言服务与语言消费［J］．教育导刊，2014（7）．

［6］李现乐．语言资源和语言问题视角下的语言服务研究［J］．云南师范大学学报（哲学社会科学版），2010（5）．

［7］屈哨兵．语言服务的概念系统［J］．语言文字应用，2012（1）．

［8］陈鹏．行业语言服务的几个基本理论问题［J］．语言文字应用，2014（3）．

［9］李德鹏，窦建民，当前我国语言服务面临的困境及对策［J］．云南师范大学学报（对外汉语教学与研究版），2015（2）．

［10］宋晖．关注中国城市化进程中的语言问题：访国家语言文字工作委员会副主任、教育部语言文字信息管理司司长李宇明［N］．中国社会科学报，2011－04－12（2）．

［11］李宇明．语言规划研究的新形势：上海“第二届中国语言政策研究特点与趋势研讨会”学术总结［EB/OL］．［2018－01－27］．http：//xw. qq. com/amphtml/20180127GOO

KSTOO.

［12］张伟，郑中原．国际化城市的语言服务环境建设思路［J］．重庆工商大学学报（社会科学版），2004（6）．

［13］钟君．中国城市基本公共服务力评价［M］．北京：社会科学文献出版社，2016.

［14］何艳玲．中国城市政府公共服务能力评估报告［M］．北京：社会科学文献出版社，2016.

农村学龄前留守儿童普通话能力发展状况调查[*]

杨　敏　许沛然　林帆　张迎宝①

摘　要：留守儿童与非留守儿童的普通话能力水平存在着差距，留守儿童的倾听能力、理解能力、表达能力与同龄的非留守儿童相比，有着明显的短板与不足。学龄前留守儿童的普通话能力的发展受家庭环境、幼儿园环境和儿童自身语言发育的情况影响。提高学龄前留守儿童的普通话水平可以从改变家长育儿模式、提供语言环境、丰富儿童语言实践、整合利用各类资源、规范言语行为等方面入手。

关键词：留守儿童；非留守儿童；普通话能力；影响因素

一、引言

语言能力是儿童成长过程中的重要一环，与其身心健康、智力发展密切相关，因此一直是学界与社会的关注焦点。目前，学界对儿童的语言能力、普通话使用与发展研究主要集中在以下三个方面：一是儿童语言能力发展研究。此类研究主要从语音能力、语言理解能力、语言表达与交流能力等方面入手，探索儿童语言能力构成参项的发展状态或留守儿童的语言使用状况（李静，2014；王苏苏，2014；姚婷婷，2016；李金凤、何洪峰、周宇亮，2017）。二是儿童语言能力发展的差异性研究。该类研究主要在社会学、心理学的框架下探讨儿童语言能力发展的差异性状态以及影响要素。从收集到的文献看，其发展差异主要与以下几个要素相关：家庭经济状况、父母的文化程度、家庭嘈杂度等（何丽君，2019）。三是儿童语言能力发展干预研究。该类研究主要在心理学、教育学、社会学、病理语言学的框架下，针对儿童语言能力发展存在的问题，探索有效的干预方式与策略。在已有成果中，较具代表性的有伏干（2016）、李圆圆（2017）等人的研究。总的来看，学界关于儿童语言能力发展的研究，角度多元，成果丰富，为我们了解儿童的普通话能力发展提供了观察的窗口。当然，

---

* 本文是广州大学大学生创新创业项目“农村学龄前留守儿童的语言能力发展状况与语言服务策略”（项目编号：S201911078014）的阶段性成果。

① 作者简介：杨敏，广州大学汉语言文学专业 2017 级本科生。许沛然，广州大学汉语言文学专业 2017 级本科生。林帆，广州大学汉语言文学专业 2017 级本科生。张迎宝，博士，广州大学人文学院讲师，研究方向为社会语言学、语言服务、汉语二语教学。

已有的研究也存在一些问题，比如对学龄儿童关注较多，对学龄前儿童关注较少，对农村留守儿童这一特殊群体探讨不够深入等。这些问题为我们的进一步探索留下了空间。

鉴于以上，本文拟在前人研究基础之上，综合采用量表测试、对比、问卷调查等实证方法，对农村学龄前留守儿童这一特殊群体的普通话能力进行测量与调查，揭示其发展特点，分析其中存在的问题，并以之为基础提出相应的策略。

二、调查设计

（一）调查对象

本文的调查对象是 19 名 3 ~ 7 周岁的农村学龄前留守儿童。调查地点为广东省英德市西牛镇培英幼儿园，该幼儿园坐落于该镇的中心地带，教学语言为普通话。同时，为了更为深入地把握留守儿童的语言发展状态，研究小组还随机选择了该幼儿园内的 14 名非留守儿童组成了本研究的对照组。

（二）调查方法

本文主要采用了量表测试法、对比法和问卷调查法三种研究方法。

1. 量表测试法

研究小组所选用的量表为天津大学出版社出版的《学龄前儿童语言能力测试图册》中“36 ~ 84 个月儿童语言能力测试题”这一部分内容。测试内容涉及语音、词汇、语义、语法、流利度、复杂度、准确度等，测试方法有快速命名、复述故事、快速跟读、听故事回答问题等，对儿童的倾听能力、语言理解能力以及运用语言的能力进行了全面而具体的考查。测试过程中，测试者结合儿童叙述语气的使用、对话的特点、词汇水平、句子结构等对测试过程进行综合考量与记录。量表的测量维度与题型见表 1：

表 1　量表的测量维度与题型

测量维度	普通话倾听能力	普通话理解能力	普通话表达能力
大题组数	7 组	9 组	7 组
小题合计	146 道	164 道	119 道

（续上表）

测量维度	普通话倾听能力	普通话理解能力	普通话表达能力
题型	听题指图、指图问答、讲故事问答、看图复述故事、快速重复、回答问题、听指令做动作	听题指图、指图问答、快速命名、讲故事问答、看图复述故事、看图讲故事、快速重复、回答问题、听指令做动作	指图问答、快速命名、讲故事问答、看图复述故事、看图讲故事、快速重复、回答问题

同时，研究小组参考了2012年教育部发布的《3～6岁儿童学习与发展指南》围绕“普通话倾听能力”“普通话理解能力”和“普通话表达能力”三个维度制定了幼儿普通话能力发展水平评价标准。具体见表2：

表2　幼儿普通话能力发展水平评价标准

能力项目	A（好）	B（中）	C（稍弱）
普通话倾听能力	1. 专注倾听老师的讲话，并积极主动地作出回应 2. 能提出自己的疑惑或不懂之处 3. 能正确理解含有因果关系、含有多个动词或双重否定等较为复杂的句子	1. 安静倾听老师的讲话，大部分能作出回应 2. 能结合语境体会不同语气、语调的句子所表达的意思 3. 能正确理解部分含有因果关系、含有多个动词或双重否定等较为复杂的句子	1. 在老师的引导下能安静倾听老师的讲话并作出回应 2. 在老师的引导下能结合语境体会不同语气、语调的句子所表达的意思 3. 能正确理解少部分含有因果关系、含有多个动词或双重否定等较为复杂的句子
普通话理解能力	1. 能够正确理解测试者所提问题及相关动作指令，并正确地作出反应，动作较为迅速、灵敏 2. 对画面内容有自己的理解和发现，能够正确读懂图片信息及连续画面所表示的含义，并将自己的理解流畅地表达出来	1. 能够听懂测试者的指令，并按要求作出动作反应 2. 对图画中出现的图案感兴趣，并知道它们表示一定的意义。能根据连续画面提供的信息，看懂故事情节的发展，并能简单地进行复述	1. 能听懂测试者的指令，并按要求作出动作，有时需要提示 2. 能注意到画面中出现的元素 3. 能判断出画面人物和动物的动作及所处方位

（续上表）

能力项目	A（好）	B（中）	C（稍弱）
普通话理解能力	3. 能根据连续画面提供的信息，读懂故事的情节发展，并有一定的心理表述准备	3. 能随着测试者讲述故事的展开产生喜悦、担忧等相应的情绪反应，体会故事所表达的情绪	
普通话表达能力	1. 语言表达时音量合适、流畅自然，普通话基本规范 2. 能集中注意力听故事，并说出主要内容，词汇表达较丰富 3. 能根据画面的线索猜想故事情节的发展，或续编故事，能根据故事情境使用恰当的语言 4. 对图画和故事有明显的兴趣，并能积极与老师交流自己的想法	1. 语言表达时音量合适，有时会表现出犹豫，普通话不太规范 2. 能根据连续画面提供的信息，大致说出故事的情节，讲述较连贯 3. 愿意主动回答问题，较清晰地表达自己的想法 4. 对图画内容较有兴趣，基本能够配合老师完成整个调查	1. 语言表达时音量较小，回答问题不够主动，词汇较单一，普通话不太规范 2. 在老师讲述故事或描述图画内容后，需要在老师的提醒下勉强进行表达或依然拒绝表达 3. 能看懂画面内容，用简短的语言讲述其中的一些关键信息 4. 喜欢通过指图代替口头语言来表达一定意思

2. 对比法

本文设置对比测试，以“是否为留守儿童”为变量，将农村学龄前留守儿童的普通话水平现状设置为实验组，将农村学龄前非留守儿童的普通话水平现状设置为对照组，通过两者的对比把握农村学龄前留守儿童的普通话能力发展状况。

3. 问卷调查法

为了更好地掌握英德市西牛镇培英幼儿园儿童的家庭语言教育现状，本研究还制作了《儿童语言发展环境信息调查问卷》，以便更好地分析影响儿童普通话发展的家庭因素，提出有针对性的建议。

（三）调查过程

从 2019 年 6 至 2020 年 5 月，研究小组在广东省英德市培英幼儿园进行了实地调查。测试分为两个小组，实验组为留守儿童，共 19 名；对照组为非留守儿童，共 14 名。每个儿童的测试时间为 25～30 分钟。为了保证测试的质量，正式测试前，研究小组对所有的测试员与记录员进行了前期培训，并从实验小组之外选取了 5 名儿童进行实验前试测，以使测试者和记录员熟悉测试流程与操作规范。所有测试人员熟悉测试流程并能正确操作实验之后，研究小组进入正式测试。测试完毕后，研究小组按照儿童语言倾听能力、理解能力和表达能力的相关评价标准对参与测试的 33 位儿童的普通话能力数据进行整理与汇总。

三、调查结果与分析

本部分，研究小组将从“普通话倾听能力”“普通话理解能力”和“普通话表达能力”三个维度呈现本研究的调查结果。

（一）普通话倾听能力

对比留守儿童和非留守儿童的两组测试结果可以发现，整体上留守儿童的普通话能力比非留守儿童的要差一些。在倾听能力方面，留守儿童达到水平 A（好）的孩子有 5 人，占 26%；达到水平 B（中）的孩子 8 人，占 42%；水平 C（稍弱）的孩子 6 人，占 32%。而非留守儿童达到水平 A（好）的孩子有 6 人，占 43%；达到水平 B（中）的孩子 5 人，占 36%；水平 C（稍弱）的孩子 3 人，占 21%。

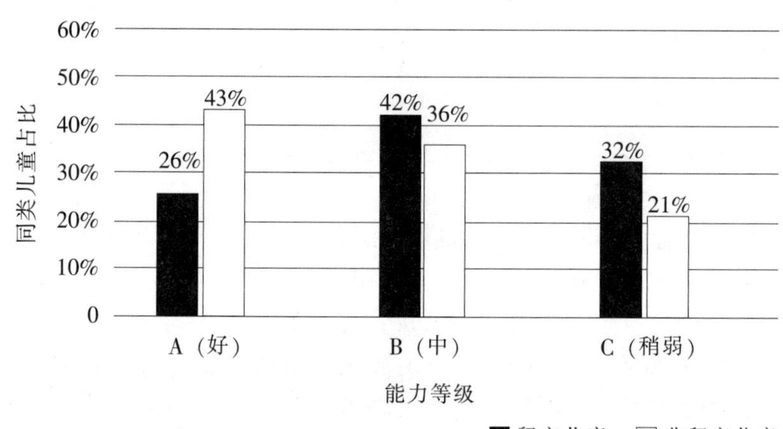

图 1　留守儿童与非留守儿童的普通话倾听能力

从图 1 可以看出，在倾听能力方面，非留守儿童中能力等级人数占比最大的是水平 A（好），而留守儿童能力等级人数占比最大的却是水平 B

（中），同时处于水平 C（稍弱）的儿童也显然是留守儿童占比更大。而且从测试过程中孩子们的反应来看，留守儿童中有更多的孩子表现出不愿接受测试的情绪倾向，需要测试人员反复以言语鼓励或赠送小礼物来诱导他们将注意力集中在测试上。所以总体来说，留守儿童普通话倾听能力稍弱于非留守儿童。

（二）普通话理解能力

在理解能力方面，留守儿童达到水平 A（好）的孩子有 3 人，占 16%；达到水平 B（中）的孩子 6 人，占 32%；水平 C（稍弱）的孩子 10 人，占 53%。而非留守儿童达到水平 A（好）的孩子有 8 人，占 57%；达到水平 B（中）的孩子 3 人，占 21%；水平 C（稍弱）的孩子 3 人，占 21%。

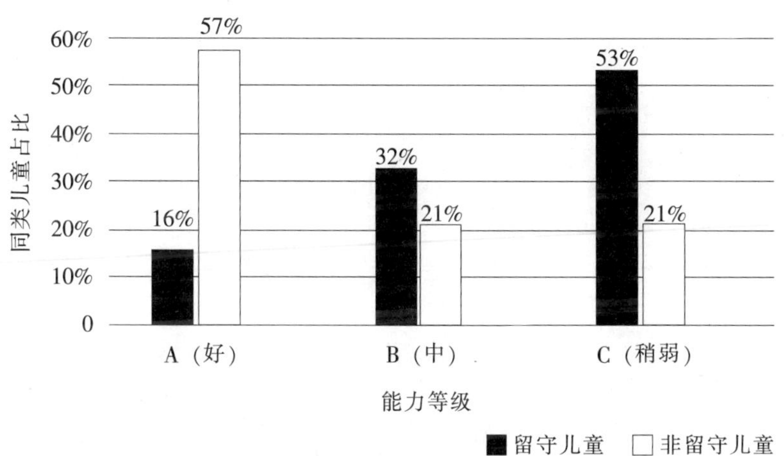

图 2　留守儿童与非留守儿童的普通话理解能力

从图 2 可以看出，在普通话理解能力方面，留守儿童和非留守儿童各能力等级人数占比差距非常明显，非留守儿童中达到水平 A（好）的孩子人数过半，而留守儿童则恰与之相反，过半数的儿童都处于水平 C（稍弱）。研究者们发现，大多数留守儿童答题的正确率显然低于非留守儿童，如第八组无图问答中，留守儿童中正确率在 60% 以上的仅 6 人，占总数 32%；而非留守儿童中正确率在 60% 以上的有 7 人，占总数 50%。所以总体来看，留守儿童普通话理解能力弱于非留守儿童。

（三）普通话表达能力

在表达能力方面，留守儿童达到水平 A（好）的孩子有 6 人，占

32%；达到水平 B（中）的孩子 8 人，占 42%；水平 C（稍弱）的孩子 5 人，占 26%。而非留守儿童达到水平 A（好）的孩子有 7 人，占 50%；达到水平 B（中）的孩子 5 人，占 36%；水平 C（稍弱）的孩子 2 人，占 14%。

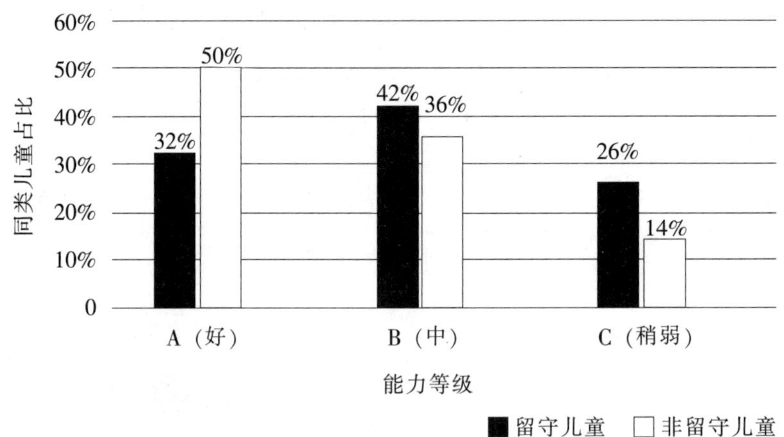

图 3　留守儿童与非留守儿童的普通话表达能力

从图 3 可以看出，在普通话表达能力方面，留守儿童和非留守儿童中各能力等级人数占比差距不是很明显。但是也可以看出，非留守儿童中达到水平 A（好）的孩子占比情况依然比留守儿童的情况好，而处于水平 C（稍弱）的孩子也依然是留守儿童更多。研究者们在实际测试过程中也发现，在需要孩子讲故事的题型中，有更多的留守儿童讲述或复述情况欠佳。如第五组题中，留守儿童中讲述字数低于 20 字的孩子有 6 个，占比 32%；而非留守儿童中讲述低于 20 字的孩子有 3 个，占比 21%。第六组中，留守儿童中讲述字数低于 20 字的孩子有 7 个，占比 36%；而非留守儿童中讲述低于 20 字的孩子有 4 个，占比 29%。这两组题表现较差的人数更多的均是留守儿童。此外，这些孩子都无法讲述完整的句子，如其中一个孩子复述道："小白兔看到个苹果，去摘，摔下去，捡。"从内容来看，她提到了故事的关键信息，可见基本理解了故事大意，但无法完整流畅地说出来，掌握的词汇量较少，表达能力不足。其他留守儿童也多见类似的情况，甚至有的孩子完全没有说到主语"小白兔"而直接以"摔跤""摘苹果"这样的词语或短语进行描述。由此可见，留守儿童中部分孩子的普通话表达能力较弱，且总体上弱于非留守儿童。

从以上数据分析可以发现，留守儿童在普通话倾听能力、理解能力和表达能力上达到水平 A（好）的比例都不及非留守儿童，而处于水平 C

（稍弱）的比例又都明显高于非留守儿童。由此可见，农村留守儿童的普通话能力确实比农村非留守儿童的稍弱。当然，由于本次测试全程以普通话进行，测试过程中也发现部分孩子试图以当地方言回答问题，但在测试人员再次以普通话询问后放弃方言表达，因而可能存在孩子方言表达能力不差，但受制于自身普通话水平而在测试中表现欠佳的情况。

四、农村留守儿童普通话能力发展的影响要素

留守儿童与非留守儿童普通话水平差异的影响因素是多方面的，无论是生活环境、活动背景，还是接触的人或事物，都对儿童的普通话水平有着一定的影响。

首先，家庭环境是影响儿童普通话能力发展的一大因素。无论是留守儿童还是非留守儿童，语言环境的限制让他们缺乏足够的普通话实践机会。调查发现：儿童的语言教育存在的普遍问题是家长与儿童交流较少，且家长一般会使用居住地方言与儿童进行交流，很少会同儿童讲普通话，儿童接触普通话局限在特定的情境之下，比如在课堂上、观看电视节目之时……学龄前留守儿童长期不与父母生活在一起，陪伴孩子的大多是家里的其他亲人，无论是与孩子的日常沟通交流还是对孩子语言能力情况、心理状态等各方面的关注都有所欠缺。儿童与父母间频繁且高质的交流对儿童的语言能力发展能够起到很好的促进作用，父母与孩子相处的时间越长，有效的语言输入就越多，孩子的语言能力发展得也越快，而留守儿童与父母之间缺乏经常性的普通话交流，父母未能及时有效地对留守儿童的普通话能力发展进行干预和指导；同时，一般和留守儿童生活在一起的是较为年迈的爷爷奶奶，而农村大多数老人的普通话水平并不高，无法与孩子很好地进行普通话交流，且由于年龄差距过大，爷爷奶奶和孩子间存在代沟，导致孩子的语言环境受限，普通话能力发展受到影响。在测试过程中，经常会出现这样一种现象：对于同一事物，一些儿童能用居住地方言流利地进行表达，改用普通话则会出现一些表达障碍。这些都说明儿童的普通话水平相比方言水平较差，这与家长的言语行为习惯以及对儿童普通话水平的关注度有关。

模仿是儿童的天性，儿童会模仿身边人的发音、用词以及说话的语气，因此家长在孩子面前要表现出良好的语言行为习惯，给孩子起到良好的示范作用，让孩子在潜移默化中习得规范的语言。同时，家长也要有意识地关注和发展儿童的普通话能力，随机教学，扩大孩子的社交活动范围，增加孩子和他人互动与交往的机会，并通过各种方法给孩子提供能进行普通话交流的语言环境，让孩子尽可能多地接收普通话及试讲普通话，在潜移默化中提高自己的普通话水平。

在调查中研究者还发现，有机会进行亲子阅读的儿童无论是倾听能力还是表达能力都比留守儿童略强，前者在测试过程中的专注度及对问题的理解程度与无亲子阅读习惯的儿童相比略好。因此，在日常生活中，家长应适当地与孩子进行阅读互动，锻炼孩子的听读能力和理解能力。

家长的文化水平也是影响儿童语言能力发展的重要因素，家长的受教育程度不同，其教育观念及育儿方式存在一些差异，文化水平较高的父母相应地会采用一些科学有效的育儿方法，这类家长在教育孩子方面会较多地采用以鼓励和肯定为主的“民主型”教育方式，这种教育方式比苛责的教育方式更能调动起孩子说话的积极性，有利于孩子语言能力的发展。而留守儿童大多是由爷爷奶奶代为抚养，大多数爷爷奶奶的文化水平并不高，他们在教育方式的选择上缺乏科学性，这在一定程度上也导致留守儿童的语言能力发展存在一些滞后的现象。因此，要在全社会广泛推广成熟的教育模式，更新家长的教育态度和教育方法，让他们掌握良好而科学的教养技巧，以促进孩子的语言能力发展。

另外，家庭的经济状况在一定程度上也会影响孩子的语言能力发展。一般来说，父母的经济收入高，这样的家庭少有经济压力，父母在促进孩子发展方面也会相应地加大投入，比如相关电子学习设备的使用、儿童读物的购入等，这些都能对学生语言能力的提高发挥一定的作用。相较于非留守儿童而言，留守儿童的家庭经济条件相对较差，父母大多忙于外出打工，投入儿童语言学习的时间和金钱相对较少，这在一定程度上也影响了儿童的普通话水平。解决以上问题需要家庭、学校、社会合作，为留守儿童家庭提供各类支持性服务，同时丰富并整合学校、社区、乡镇的公共资源，充分利用图书馆、文化馆等公共文化场馆，形成“家庭 + 社会 + 学校”的全程关怀。

除了家庭方面的因素，幼儿园各方面的情况对学生普通话能力的发展也有很大的影响。幼儿园是除了家庭之外，孩子活动的又一主要场所。幼儿园的课程安排及活动安排与孩子的言语实践有着密切的联系，比如教学过程中的朗诵活动、歌唱活动等，能够给孩子提供较多的语言实践机会，有利于孩子普通话能力的发展。另外，幼儿园中孩子与教师的互动交流以及孩子间的交往互动，也会影响儿童普通话能力的发展。因此，教师要增加普通话学习相关课程的设计与安排，通过各种方式让学生乐于表达、敢于表达、自由表达，在语言实践中提高儿童的普通话能力。同时，社会也应给予关注，帮助组建相关的志愿者服务团队进入幼儿园，通过开展各种活动来让孩子接触更多的新事物，为孩子提供多样的语言环境，提高其语言能力。

儿童普通话的发展水平还与儿童自身的性格、倾听习惯、表达习惯等有关。通过与培英幼儿园的儿童接触，笔者发现与非留守儿童相比，大多数留守儿童会显得比较腼腆和内向，在与不熟悉的人接触时也会显得比较拘谨。性格较为开朗大方的儿童，会相对比较喜欢表达并且敢于表达；而性格较为安静的儿童则偏好保持沉默或者用动作来代替言语回答。两者相比较，乐观开朗的儿童表达能力较强，内向安静的儿童表达能力则较弱，但后者的倾听能力及专注度比性格活泼的儿童更优胜。在调查中笔者还发现，虽然性格安静的儿童不善于表达自己的观点，但是他们通过肢体语言所展示出来的答案也有较高的正确率。其原因在于：性格活泼的孩子往往比较好动，不能静下心来思考问题或者未经仔细考虑就急于回答问题，虽然思维灵敏，但是正确率难有保证。在调查中，笔者还发现，一些儿童习惯使用一些婴儿语言，例如车车、猫猫、兔兔等，当测试人员将“车车”“兔兔”这些替换成“车子”“小白兔”时，部分儿童则不能意识到两者指示的是同一事物。因此，家长及教师应尽量避免过于频繁地使用婴儿语言，虽然适度地使用婴儿语言可以增添趣味性，提高儿童的学习兴趣，但在使用的同时，家长及老师也要注意引导儿童正确地认识事物，尝试使用规范的语言进行表达。

五、结语

本研究通过访谈、观察与测试等方式，了解了学龄前儿童普通话能力发展的现状，同时将留守儿童和非留守儿童进行比较，进而推知前者的普通话水平总体上略低于后者的普通话水平。就留守儿童而言，他们无法像一般儿童一样有父母长期陪伴在身边，心理上的失衡可能会使他们更加内向寡言，同时又缺少与长辈的普通话沟通，因而其普通话能力发展存在更多的问题，需要其家庭、幼儿园和社会给予更多关注。大多数留守家庭经济条件较差，其父母一方或双方不得不外出打工以维持正常家庭生活，而目前对于留守儿童语言发展的改善又主要依赖于其父母，因此各种实施办法推行难度较大。我国留守儿童基数大、分布范围广，未来如何真正有效地促进留守儿童的语言发展，仍是一个值得深入研究的课题。

参考文献

［1］伏干．父母外出打工对农村儿童语言使用影响的研究：以江苏省阜宁县为例［J］．语言文字应用，2016（1）．

［2］何丽君．家园合作背景下学前儿童语言能力发展研究［D］．南昌：江西科技

师范大学，2019.

［3］李静．4－5岁幼儿词汇水平与叙事能力的相关性研究［D］．南京：南京师范大学，2014.

［4］李金凤，何洪峰，周宇亮．语言态度、语言环境与农村学前留守儿童语言使用［J］．语言文字应用，2017（1）.

［5］李凌燕．国外父母教育观念研究综述［J］．学前教育研究，1995（6）.

［6］李圆圆．小组工作介入农村留守儿童能力素质拓展的应用研究［D］．贵阳：贵州大学，2017.

［7］刘璐．农村留守幼儿言语能力发展问题研究［D］．武汉：华中师范大学，2009.

［8］王苏苏．4岁幼儿执行功能与语言能力关系研究［D］．重庆：西南大学，2014.

［9］姚婷婷．4－6岁幼儿词汇水平和会话能力的相关性研究［D］．南京：南京师范大学，2016.

毛南族的多语能力与语言和谐

魏　琳①

摘　要：通过对毛南族语言生活状况的调查，笔者发现，作为人口较少的毛南族人总体上处于母语为本、多语并存、分工明确、功能互补的语言生态。毛南族人多数使用双语或多语，不同的语言在不同的语境中分工明确；普通话基本普及，且普通话学习意愿较高；毛南族人的语言能力与其收入水平呈现明显正相关性。对于毛南族等基本实现普通话普及的人口较少的民族而言，应着重做好多语种能力的提升，构建和谐语言社区，推动民族地区经济文化发展。

关键词：人口较少民族；毛南语；多语能力；语言和谐

一、引言

语言生态（language ecology）这一概念最早由美国语言学家 Einar Haugen 于 1972 年提出。语言生态学将语言环境隐喻成生物生态环境，主要研究“特定语言与环境之间的相互关系”。我国的民族分布普遍呈“大杂居，小聚居”特点，这决定了少数民族地区语言生态的多样性和复杂性。同一个语言生态系统中，可能并存着普通话、少数民族语言、汉语方言等，理想的状态是多语和谐发展。

语言和谐是指一个国家、一个地区的不同语言（包括不同方言）在使用中各就各位，和谐共处；在和谐中各尽其责，共同发展（戴庆厦，2008）。陈章太（2016）认为，当下中国的语言生态具有多样性特点，多样性的体现之一是各民族语言文字、方言土语并存分用、和谐发展，建设和谐语言生态是研究、制定语言政策、语言战略和语言规划的重要而紧迫的任务。

多语环境造就掌握多语种的人。戴曼纯、潘巍巍（2018）认为，从语言社会分工角度看，个人多语能力一般指个人掌握一定数量的语言且达到在不同场合与他人沟通的水平。多语能力有助于多语和谐。历史经验表明，语言是民族特征中一个最为敏感的特征，语言和谐有助于民族和谐、

---

① 作者简介：魏琳，博士，广州大学新闻与传播学院讲师、粤港澳大湾区语言服务与文化传承研究中心研究员。

社会和谐（戴庆厦，2014）。

我国的55个少数民族中，人口较少民族有28个，多数分布在经济相对欠发达地区。随着社会发展，普通话逐步普及，外出务工的青壮劳动力不断增多，这些地区的语言生态，尤其是语言使用状况发生了变化。人口较少民族面临着民族语言文化保护和代际传承的压力。本文基于对毛南族的实证调查，探讨人口较少民族语言和谐、语言传承与社会发展的可能路径。

毛南族是我国人口较少民族之一，2010年全国人口普查总人口数量为101 192人①。主要聚居在广西环江毛南族自治县及周边地带，贵州也有少量分布。毛南语属汉藏语系侗台语族侗水语支，没有文字，长期与壮语、汉语密切接触。毛南族多数为双语或多语人，语言使用由毛南语、壮语双语（1982）② 逐渐变成毛南语、汉语方言桂柳话（以下简称“桂柳话”）、壮语三语（2012）③，到如今趋于毛南语、普通话、桂柳话三语（2019）。

本调查选点为广西环江下南乡，该地具有毛南族群的典型特征。广西环江上南、中南、下南乡一带，是毛南族世居地，共有毛南族人口6.39万人④，其中以下南乡的民族语言和文化风貌保持最完好，下南乡的南昌屯更是毛南族的发祥地。

调查内容具体包括：①基本情况：受访者性别、年龄、文化程度、职业和收入来源、收入水平等；②语言能力：会讲哪些语言或方言，对国家通用语言文字的听、说、读、写能力的自我判定等；③语言使用：不同语境下的语言使用情况；④语言态度：对不同语言或方言在不同语境中的重要性的判断，以及对学习普通话的动机和态度意愿。

调查采用一对一问卷调查和访谈的方式，分两次完成、回收有效问卷159份。第一次为2018年7月26日至8月1日，回收有效问卷113份，调查对象主要是在本地居住、工作的人员；第二次为2019年2月11日至15日，回收有效问卷46份，调查对象全部是春节返乡的外出务工人员。⑤

问卷样本概况如下：

---

① 数据来源于中国国家统计局网站2010年第六次全国人口普查：http：//data. stats. gov. cn/work-space/index? a = q&type = global&dbcode = hgnd&m = hgnd&dimension = zb&code = A01050211®ion = 000000&time =2010，2010.

② 郑贻青．中国少数民族语言使用情况［M］．北京：中国藏学出版社，1994：862 –863.

③ 来源于内部资料：广西壮族自治区世居少数民族语言文字使用现状调查报告（2012）.

④ 广西壮族自治区地方志编纂委员会办公室．广西年鉴2017［M］．南宁：广西年鉴社，2017.

⑤ 基于首次调查113个样本的毛南族语言生活状况，已作简要分析，见魏琳，禤健聪．毛南族语言生活状况［C］//中国语言服务发展报告（2020）．北京：商务印书馆，2020. 本节增加第二次调查的46个样本，外出务工者共53人，数据比例已有所不同。

（1）性别。男性 85 人（53.5%），女性 74 人（46.5%），男性略多于女性。

（2）年龄。16～25 岁 40 人（25.2%），26～35 岁 36 人（22.6%），36～45 岁 41 人（25.8%），46～55 岁 34 人（21.4%），56～65 岁 7 人（4.4%），66 岁及以上 1 人（0.6%）。青壮年劳动力占比最多。

（3）文化程度。专科或本科及以上 33 人（20.8%），高中或中专 33 人（20.8%），初中 65 人（40.9%），小学 19 人（11.9%），小学肄业 4 人（2.5%），未上学 5 人（3.1%）。以初中文化水平占比最高。

（4）职业。在家务农 48 人（30.2%），进城务工 53 人（33.3%），留乡创业 10 人，公务员 3 人，教师 10 人，其他 24 人，没有固定工作 11 人。其中，“其他”包括运输工、泥水工、乡村医生、企事业单位临聘人员等。进城务工人员在外务工时长绝大多数超过 1 年，36 人在 3 年以上。

（5）个人收入。月收入在 500 元及以下的 27 人（17.0%），501～1 000 元（含）30 人（18.9%），1 001～3 000 元（含）52 人（32.7%），3 001～5 000元（含）28 人（17.6%），5 000 元及以上 7 人（4.4%），收入不固定 4 人（2.5%），无收入 11 人（6.9%）。根据访谈所知，处于 1 001～3 000 元（含）区间的 52 人绝大部分收入在 1 500 元左右。广西壮族自治区 2018 年最低工资标准分为三档：1 680 元（南宁、柳州等市）、1 450 元（贵港、河池等市）、1 300 元（各县、县级市，自治县）。调查对象处在较低收入水平的占比较大，属于登记在册贫困家庭的有 34 人（21.4%）。

二、并存分用的多语状态

（一）母语稳固，多语并用

毛南族长期与周边的汉族、壮族密切接触，形成了以毛南语为主要语言，兼用汉语、壮语的语言状况，大部分是双语或多语人。汉语的使用，又主要包括普通话和桂柳话。毛南族个体的语言掌握情况有 9 类（参见表 1）。

表 1　毛南族人语言掌握情况

序号	毛南语	普通话	桂柳话	壮语	其他	数量（人）	占比（%）
1	√	√	√	—	—	91	57.2
2	√	√	√	√	—	51	32.1
3	√	√	—	—	—	6	3.8

（续上表）

序号	毛南语	普通话	桂柳话	壮语	其他	数量（人）	占比（%）
4	√	√	—	√	—	2	1.3
5	√	√	—	—	√	2	1.3
6	√	√	√	—	√	2	1.3
7	√	√	√	√	√	2	1.3
8	√	—	√	—	—	2	1.3
9	√	—	—	—	—	1	0.6
数量（人）	159	156	148	55	6		
占比（%）	100	98.1	93.1	34.6	3.8		

注：纵列表示某种语言毛南族个体的掌握情况，横列表示毛南族个体单语/多语掌握情况。

如表1所示，所有调查对象均掌握毛南语；除1人仅会毛南语外，其余至少掌握普通话或桂柳话。具体而言，能同时使用毛南语、普通话和桂柳话的占57.2%，能同时使用毛南语、壮语、普通话和桂柳话的占32.1%，两类合计达89.3%。掌握普通话或桂柳话的比例均超过90%；掌握壮语的人数相对较少，比例为34.6%。

历史上毛南语与壮语接触最密切，毛南语里存在较多壮语借词。随着经济社会的发展，毛南族社区逐步开放，原本相对封闭的壮族、毛南族杂居状态被打破，掌握桂柳话和普通话的人越来越多，兼用壮语的人数逐渐减少。掌握壮语的群体年龄普遍偏大，调查的55人中63.6%在46岁以上；青少年群体普遍有使用毛南语、汉语双语沟通的能力。

（二）分工明确，功能互补

虽然毛南族多数为双语或多语人，但不同语域的语言使用趋于单语，较少多语兼用。大部分语域单用毛南语、普通话或桂柳话，总体单用比例在70%以上；仅“外族”“社区（集贸市场）”两种语域因接触的对象多元，因此多语兼用的比例较大（参见表2）。

表 2　毛南族人不同语域的语言使用情况

语域		毛南语		普通话		桂柳话		壮语		其他或无此情况	
		数量（人）	占比（%）	数量（人）	占比（%）	数量（人）	占比（%）	数量（人）	占比（%）	数量（人）	占比（%）
家庭		108/152	95. 6	2/39	24. 5	1/34	21. 4	2/8	5. 0	0/2	1. 3
工作	政府部门	21/34	21. 4	59/94	59. 1	39/74	46. 5	0/1	0. 6	2/3	1. 9
社区	集贸市场	64/105	66. 0	31/62	39. 0	12/53	33. 3	3/10	6. 3	0/3	1. 9
族群	同族	104/120	75. 5	28/40	25. 2	6/22	13. 8	0/4	2. 5	1/1	0. 6
	外族	4/37	23. 3	74/133	83. 6	14/75	47. 2	1/25	15. 7	0/2	1. 3

注："/" 前数据表示单用此语种的人数，"/" 后数据表示单用兼用此语种的合计人数。百分比统计的是单用和兼用此语种的合计人数占调查总人数的比例。

毛南语在非工作语域占据主导。毛南语是毛南族家庭内部、同族人乃至社区（集贸市场）交流的主要语言，单用和兼用均占绝对优势。此外，毛南语在与外族人交流和到政府部门办事时，也有相当的使用比例。

普通话在工作语域中使用较多。普通话是到政府部门办事时使用最多的语言，占比接近60%。此外，普通话也是与外族交流时最常用的语言。

桂柳话维持在一定范围内使用。历史上毛南族习得的汉语曾主要是桂柳话。目前毛南族与外族交流及在政府部门、集贸市场等场合均仍较多使用桂柳话，这与他们周边多为讲桂柳话的汉族群众有关。

壮语只限于与壮族交流时使用。壮语在毛南族多语使用中的重要地位，已被普通话和桂柳话取代。

（三）语言态度，群体有别

多数毛南族人意识到语言能力与工作就业有较重要的关联。就目前工作而言，54. 1%的人认为普通话最重要，毛南语次之，两种语言的第一重要性合共占比超过90%。对在本地工作，超过50%的受访者认为毛南语最重要，普通话次之，说明在当地工作语言环境中，毛南语的使用稳定（参见表3）。

表3　毛南族人对工作语言的态度

语言	目前工作		本地工作		外出务工	
	数量（人）	占比（%）	数量（人）	占比（%）	数量（人）	占比（%）
毛南语	57	35.8	80	50.3	5	3.1
普通话	86	54.1	65	40.9	147	92.5
桂柳话	14	8.8	13	8.2	5	3.1
壮语	1	0.6	0	0.0	0	0.0
其他语言或方言	0	0.0	0	0.0	1	0.6
都不重要	1	0.6	1	0.6	1	0.6

将受访者按当地居住和外出务工分开考察，在乡居住生活者均认为毛南语最重要，外出务工者均认为普通话最重要。外出务工者对普通话重要性的认可度远远高于毛南语（参见表4）。

表4　两类群体对语言重要性的看法差异

群体	目前工作				本地工作			
	毛南语		普通话		毛南语		普通话	
	数量（人）	占比（%）	数量（人）	占比（%）	数量（人）	占比（%）	数量（人）	占比（%）
在乡者（106人）	54	50.9	45	42.5	67	63.2	34	32.1
外出者（53人）	3	5.7	41	77.4	13	24.5	31	58.5

绝大多数受访者意识到普通话对外出务工的重要性。普通话无疑是毛南族对外交际的主要媒介。认为外出务工毛南语最重要的5人中，4人年龄较大，文化水平在初中以下，月收入在500元以下，缺乏离乡外出的经历；另1人职业为公务员，熟练掌握普通话，自称“担心学普通话对我的母语有影响”，所作判断更多出于感情因素。认为目前工作毛南语最重要的3名外出务工者，务工地在环江县城或周边地区，所处语言环境仍是毛南语占优势。

桂柳话虽然也是使用较多的工作语言，但绝大多数调查对象认为桂柳话不重要，语言的实际使用情况与其重要性评价并不对等。

三、普通话能力及影响因素

（一）普通话基本普及

目前，毛南族人已基本普及普通话。毛南族人对普通话能力的自我评价，由高到低分别为：听、读、说、写。听、读能力较强，说、写能力偏弱（参见表5）。

表5 毛南族人普通话能力的自我评价

评价项目	掌握程度	数量（人）	占比（%）
听	1. 完全能听懂	120	75.5
	2. 大部分能听懂	29	18.2
	3. 基本能听懂	9	5.7
	4. 能听懂一些日常用语	1	0.6
读	1. 能读书看报	99	62.3
	2. 能看懂家信或简单文章	28	17.6
	3. 能看懂便条或留言条	17	10.7
	4. 只能看懂个别词语	10	6.3
	5. 完全看不懂	5	3.1
说	1. 能流利准确地交谈	50	31.4
	2. 能熟练地交谈但有的发音不准	27	17.0
	3. 能熟练地交谈但发音不准	67	42.1
	4. 基本能交谈但不太熟练	13	8.2
	5. 会说一些日常用语	2	1.3
写	1. 能写文章或其他作品	46	28.9
	2. 能写家信或其他文章	53	33.3
	3. 能写便条或留言条	32	20.1
	4. 只会写个别字词	21	13.2
	5. 完全不会写	7	4.4

1. 听

普通话听力水平较高，绝大部分达到“基本能听懂”或以上层级，超过75%的人自评为“完全能听懂”，仅1人表示只能听懂一些日常用语。

2. 读

62.3%的人达到“能读书看报”的最高层级；有9.4%的人未达到基本阅读水平，其中5人自评“完全看不懂”。调查对象有82.5%具有初中及以上文化程度，有7人则未上过学，普通话阅读能力主要通过学校教育获得。

3. 说

31.4%的人自评用普通话“能流利准确地交谈”，主要为公务员、教师和外出务工人员等。公务员、教师职业有一定的普通话能力准入要求，外出务工人员有用普通话与人沟通的现实需要。近60%的人虽自评“发音不准”或“有的发音不准”，实际上已具备普通话口语交际能力。大部分人普通话发音不标准，与南方农村汉族人群的情况基本一致。

4. 写

82.3%的人达到“能写便条或留言条”或以上层级，掌握书写表达能力；其余17.6%的人不具备基本汉字书写能力。

毛南族人主要通过学校习得普通话，其次是社会交往和广播电视媒介（参见表6）。学校无疑是“推普”的主阵地。普通话非从学校习得的人，36岁以上占89.5%，总体年龄偏高；近年当地中小学普通话教育水平已有很大提升。社会交往是传统的语言习得途径，如加上外地务工类，社会交往习得普通话的总比例达62.9%，反映了毛南族社区开放程度提高和向外流动性加大。通过广播电视、网络媒介习得普通话的也有相当比例，可见新媒介对普通话学习有促进作用。受家人影响习得普通话者，多数年龄较大，主要受家中学龄儿童影响接触并跟随学习使用普通话。

表6　毛南族人普通话习得途径（多选）

习得途径	数量（人）	占比（%）
1. 学校学习	121	76.1
2. （本地）社会交往	83	52.2
3. 看电视（电影）、听广播	55	34.6
4. 家里人影响	43	27.0
5. 在外地（交往、务工）	46	28.9
6. 培训班学习	21	13.2
7. 上网学习	21	13.2

（二）普通话能力的相关因素

调查显示，毛南族个体的普通话能力与其文化程度、职业状况、收入水平有较明显的正相关关系。普通话能力较强者，其文化程度较高（大学学历及以上），职业状况较理想稳定（公务员、教师等职业）。如果按当地居住和外出务工来划分，后者总体的普通话能力高于前者，尤其是“说”的能力远远高于除公务员以外的其他职业者。

毛南族人收入状况与普通话能力也有一定的相关性，以月收入 1 000 元为界，收入高于 1 000 元的群体，总体普通话能力明显强于收入低于 1 000元的群体。界线上下的不同收入区间群体之间的能力差别则不明显。

以听、说、读、写的最高能力层级进行统计，具体情况可见表 7、表 8、表 9。

表 7　毛南族人文化程度与普通话能力的相关性

文化程度	普通话能力							
	完全能听懂		能流利准确地交谈		能读书看报		能写文章或其他作品	
	数量（人）	占比（%）	数量（人）	占比（%）	数量（人）	占比（%）	数量（人）	占比（%）
大学以上（33 人）	32	97.0	25	75.8	29	87.8	23	69.7
高中（中专）（33 人）	29	87.8	13	39.4	25	75.8	14	42.4
初中（65 人）	47	72.3	11	16.9	40	61.5	8	12.3
小学及以下（28 人）	12	42.9	1	3.6	5	17.9	1	3.6

表 8　毛南族人职业状况与普通话能力的相关性

职业状况	普通话能力							
	完全能听懂		能流利准确地交谈		能读书看报		能写文章或其他作品	
	数量（人）	占比（%）	数量（人）	占比（%）	数量（人）	占比（%）	数量（人）	占比（%）
在家务农（48 人）	25	52.1	0	0.0	20	41.7	5	10.4
自己创业（10 人）	8	80.0	1	10.0	6	60.0	0	0.0
公务员（3 人）	3	100	3	100	3	100	3	100.0
教师（10 人）	10	100	5	50.0	10	100	8	80.0

（续上表）

职业状况	普通话能力							
	完全能听懂		能流利准确地交谈		能读书看报		能写文章或其他作品	
	数量（人）	占比（%）	数量（人）	占比（%）	数量（人）	占比（%）	数量（人）	占比（%）
其他（24人）	21	87.5	6	25.0	19	79.2	12	50.0
职业不固定（11人）	7	63.6	1	9.1	6	54.5	3	27.3
外出务工（53人）	46	86.8	34	64.2	35	66.0	15	28.3

表9　毛南族人收入水平与普通话能力的相关性（$N=144$①）

收入水平	普通话能力							
	完全能听懂		能流利准确地交谈		能读书看报		能写文章或其他作品	
	数量（人）	占比（%）	数量（人）	占比（%）	数量（人）	占比（%）	数量（人）	占比（%）
500元以下（27人）	12	44.4	1	3.7	10	37.0	5	18.5
501～1 000元（30人）	17	56.7	0	0.0	14	46.7	3	10.0
1 001～3 000元（52人）	46	88.5	17	32.7	40	76.9	19	36.5
3 001～5 000元（28人）	25	89.3	20	71.4	17	60.7	9	32.1
5 000元以上（7人）	7	100	6	85.7	1	14.3	3	42.9

四、普通话使用态度及影响因素

（一）普通话使用态度总体积极

对毛南族学习普通话的态度，调查分5个层级认同度设计了一组项目。毛南族人就普通话对个人学习工作重要性的认知，由高到低依次为：帮助了解外界信息>外出务工>找工作>上学>在工作中更受重视>获得更高收入（参见表10）。

① 只统计明确回答了收入水平区间的144人，未明确回答收入水平的15人不纳入统计。

表 10　毛南族人对学习普通话的态度

问题	完全同意		同意		不太清楚		不同意	
	数量（人）	占比（%）	数量（人）	占比（%）	数量（人）	占比（%）	数量（人）	占比（%）
1. 我很想学普通话	67	42.1	38	23.9	11	6.9	43	27.0
2. 普通话对我找工作很有帮助	86	54.1	51	32.1	14	8.8	8	5.0
3. 普通话对我上学很有帮助	78	49.1	50	31.4	22	13.8	9	5.7
4. 普通话对我外出务工有帮助	95	59.7	44	27.7	14	8.8	6	3.8
5. 普通话可以帮助我了解更多外面的信息	102	64.2	43	27.0	10	6.3	4	2.5
6. 普通话可以让我在工作中更受重视	84	52.8	37	23.3	26	16.4	12	7.5
7. 普通话可以让我获得更高的收入	40	25.2	33	20.8	53	33.3	33	20.8
8. 因为不懂普通话，我会失去一些工作机会	50	31.4	37	23.3	40	25.2	32	20.1

关于学习普通话的意愿（问题 1），持“完全同意”或“同意”两项积极态度的占 66.0%，持消极态度的占 27.0%。大部分毛南族人认同普通话的重要性，但学习普通话的意愿并不算高。有受访者认为自己已经熟练掌握普通话，不需要继续学习；也有人表示“学了普通话没有什么用”。

题项 7“普通话可以让我获得更高的收入”，超过 33% 的人未能确定，有超过 20% 的人持否定态度，多名受访者认为，影响收入的是文化程度，而非普通话能力。题项 8 普通话能力与工作机会的关联性，54.7% 的人肯定了两者存在正相关性，但 20.1% 的人持否定态度，同时 25.2% 的人未能作出判断。

（二）普通话使用态度的影响因素

将表 10 中存在较大分歧的题项 1、7、8 再按文化程度、职业状况和收入水平加以分析，情况见表 11、表 12、表 13。不同文化程度的群体学习普通话的意愿差别不大，处于 55% ~75%；文化程度越高的群体，认同普通话有助于增加收入和找工作的比例越高（参见表 11）。外出务工群体对 3 个项目的认同度均明显高于在乡居住工作的各类职业人员（参见表 12）。

表 11　毛南族人文化程度与对普通话态度的相关性

文化程度	认同度					
	我很想学普通话		普通话可以让我获得更高的收入		因为不懂普通话，我会失去一些工作机会	
	数量（人）	占比（%）	数量（人）	占比（%）	数量（人）	占比（%）
大学以上（33 人）	23	69.7	21	63.6	23	69.7
高中（中专）（33 人）	25	75.8	18	54.5	20	60.6
初中（65 人）	40	61.5	28	43.1	35	53.8
小学及以下（19 人）	12	63.2	5	26.3	8	42.1
小学肄业或未入学（9 人）	5	55.6	1	11.1	1	11.1

表 12　毛南族人职业状况与对普通话态度的相关性

职业状况	认同度					
	我很想学普通话		普通话可以让我获得更高的收入		因为不懂普通话，我会失去一些工作机会	
	数量（人）	占比（%）	数量（人）	占比（%）	数量（人）	占比（%）
在家务农（48 人）	32	66.7	15	31.3	20	41.7
自己创业（10 人）	4	40.0	2	20.0	3	30.0
公务员（3 人）	2	66.7	2	66.7	2	66.7
教师（10 人）	5	50.0	1	10.0	4	40.0
其他（24 人）	12	50.0	10	41.7	12	50.0
职业不固定（11 人）	8	72.7	4	36.4	7	63.6
外出务工（53 人）	42	79.2	39	73.6	39	73.6

总体而言，收入越高，学习普通话的意愿越高，越认同普通话在找工

作和增加收入方面的重要性。但收入在 1 001 ~3 000 元区间的群体较为不同，他们继续学习普通话的意愿最低，不少人认为自己的普通话已经足以应付目前的生活和工作，不需要继续学习，这可能与此收入区间群体囿于现状、发展上升空间受限有关。

表 13　毛南族人收入水平与对普通话态度的相关性

收入水平	我很想学普通话		普通话可以让我获得更高的收入		因为不懂普通话，我会失去一些工作机会	
	数量（人）	占比（%）	数量（人）	占比（%）	数量（人）	占比（%）
500 元以下（27 人）	16	59. 3	6	22. 2	9	33. 3
501 ~1 000 元（30 人）	21	70. 0	9	30. 0	14	46. 7
1 001 ~3 000 元（52 人）	29	55. 8	24	46. 2	28	53. 8
3 001 ~5 000 元（28 人）	24	85. 7	19	67. 9	21	75. 0
5 000 元以上（7 人）	6	85. 7	6	85. 7	6	85. 7

五、结论及讨论

（一）毛南族语言状况的样本意义

毛南族的语言状况，对人口较少民族乃至其他民族地区的语言生活建设，都有重要的样本意义。

1. 多语社区构建：母语传承与普通话普及并进

戴庆厦（2008）认为，语言互补是构建语言和谐的重要途径，功能互补能够解决社会交际能力不足的矛盾。毛南语、普通话、桂柳话、壮语等多种语言在毛南族语言社区通行，形成相对稳定的通行语域，实现了交际功能的互补。在家庭语域中，毛南语地位稳固，因而语言传承较好；在公众语域中，普通话已基本普及，使用率持续提高；在其他个别语域中，壮语、桂柳话等成为与其他民族沟通的交际手段。总体而言，毛南族的多语能力及其分工使用，处于较为理想的状态。

毛南族作为人口较少民族，其母语并未因语言接触和普通话推广而走向濒危，可见就语言生态和谐的角度而言，普通话的推广与民族语言、方言的保护并不对立。

2. 多语能力培养：个体发展的资源与优势

调查显示毛南族个体的多语能力（主要是母语和普通话）与文化程度、职业状况、收入水平有较明显的正相关关系。其中，对毛南族经济发展贡献较大的外出务工群体，普通话认同度明显高于在乡居住工作的群体。一方面，外出务工群体文化程度相对较高；另一方面，他们的接触面更广，对语言能力有更深的认识。毛南族的情况表明，语言因素在扶贫减贫效应上发挥了优势。

多语能力建设应是语言保护、民族发展的基本途径，多语构建的理想状态应是“母语＋国家通用语＋其他语言或方言”。

（二）人口较少民族多语能力构建的建议

2020 年 5 月，毛南族实现整族脱贫。对此，习近平总书记作出重要指示，强调把脱贫作为奔向更加美好新生活的新起点，再接再厉，继续奋斗，让日子越过越红火。对于毛南族等基本实现普通话普及的人口较少民族而言，语言文字工作应该进入“精准推普”的新阶段，注重提升少数民族的多语能力，促进语言和谐与社会发展。

1. 大力推广，着眼需求，精准推普

不同群体对普通话能力的需求各有不同，推普攻坚应根据不同群体的特点分类制定目标。

对于少数民族青壮年，应着力增强普通话的读写能力，将“推普”与职业技能培训结合，实现语言能力和就业技能同步提升。对于青少年群体，应进一步提升基础教育教师的普通话水平，发挥推普攻坚“内生力量”的作用，确保少数民族青少年经过义务教育阶段的学习熟练掌握普通话。对于其他群体尤其是中老年人，可通过“小手牵大手”的模式，发挥少数民族青少年普通话推广的积极作用，让他们能够更好地分享广播电视乃至新媒体信息资源。

2. 立足资源，构建和谐语言社区

在多语环境下，人口较少民族的母语，不可避免地处于相对弱势地位，青少年的母语认同会有所弱化。大量青壮年劳动力外出务工，一定程度上会导致母语的家庭代际传承的缺失。

应营造多语使用氛围，提高多语能力构建有助于个人能力提升的认识。明确民族语作为家庭语言和社区语言的角色，鼓励和引导青少年在社区和家庭使用民族语交流。政府、中小学等机构肩负着传承民族语言和推广普通话的双重任务，通过有计划地有步骤地加强多语规划和实施，提升少数民族青壮年的双语语言能力。

要大力发展民族地区经济，让更多的青壮年劳动力能留在本地就业，创设民族语言代际传承的环境。利用少数民族相对聚居的特点，建立少数民族语言文化生态区，维护弱势语言的生态环境，以民族社会经济发展促进民族语言文化保护。

3. 融媒时代，构筑提升多语能力

随着互联网和新媒体发展，语言与技术交融结合，新媒体阅读指数不断上升，少数民族群体越来越多地使用网络、手机媒介等与外界交流沟通。

网络等现代媒介和数字化新媒体技术，具有平民化、普泛化、自主化的传播特点，也为语言学习提供了便利。一方面，可充分利用新媒介，扩大民族语言传播时空，从而提高人口较少民族语言的活力度。另一方面，可利用新闻阅读、微博、微信等软件推广学习普通话，在网络新媒体的普通话语境下，自然而然地推广和提高全民普通话水平。

参考文献

［1］陈章太. 构建和谐语言生态［J］. 语言战略研究，2016（2）.

［2］戴曼纯，潘巍巍. 国家语言能力建设视角下的个人多语能力［J］. 语言文字应用，2018（1）.

［3］戴庆厦. 构建我国多民族语言和谐的几个理论问题［J］. 中央民族大学学报（哲学社会科学版），2008（2）.

［4］戴庆厦."科学保护各民族语言文字"研究的理论方法思考［J］. 民族翻译，2014（1）.

［5］戴庆厦，张景霓. 濒危语言与衰变语言：毛南语语言活力的类型分析［J］. 中央民族大学学报，2006（1）.

［6］范俊军. 联合国教科文组织关于保护语言与文化多样性文件汇编［M］. 北京：民族出版社，2006.

［7］李锦芳. 西南地区濒危语言调查研究［M］. 北京：中央民族大学出版社，2006.

［8］梁敏. 毛南语简志［M］. 北京：民族出版社，1980.

［9］HAUGEN E. The ecology of language［C］. Polo Alto：Stanford University Press，1972.

广东河源地区语言使用情况调查

肖潇雨　王　苗[①]

摘　要： 本文以广东河源地区的语言使用情况为研究对象，通过问卷调查的方法分析了当地普通话、客家话、粤语共存的具体情况：居民对三种语言的掌握情况为普通话 > 客家话 > 粤语；在该地区，三种语言的活力程度也存在差异，具体为普通话 > 客家话 > 粤语。可见，客家话在河源地区正处于传承受到威胁的情况。我们进一步分析了性别、年龄、职业等因素对河源地区客家话保护与传承的影响，并提出若干保护客家话传承的措施和建议。

关键词： 客家话；语言能力；语言活力；保护与传承

一、广东河源地区的语言使用情况调查

客家话是我国七大方言之一，其通行地区大体在广东省。随着普通话的大力推广及粤语的强势影响，客家话日渐式微。本文以广东河源地区为例，考察当地三种语言的使用情况，以此观察客家话的语言活力。

（一）调查对象基本情况

表 1　调查对象的基本情况

基本情况	类别	人数（人）	百分比（%）
性别	男	98	46.89
	女	111	53.11
年龄	少年（17 岁及以下）	37	17.70
	青年（18 ~ 40 岁）	80	38.28
	中年（41 ~ 65 岁）	59	28.23
	老年（66 岁及以上）	33	15.79

---

① 作者简介：肖潇雨，学士，2015 年 6 月毕业于广州大学汉语国际教育专业，现为东莞市桥头中学语文教师。王苗，博士，广州大学人文学院讲师。

（续上表）

<table>
<tr><th>基本情况</th><th colspan="2">类别</th><th>人数（人）</th><th>百分比（%）</th></tr>
<tr><td rowspan="10">职业</td><td colspan="2">学生</td><td>36</td><td>17.22</td></tr>
<tr><td colspan="2">公司职员</td><td>22</td><td>10.53</td></tr>
<tr><td colspan="2">公务员或事业单位工作人员</td><td>57</td><td>27.27</td></tr>
<tr><td colspan="2">个体商户</td><td>17</td><td>8.13</td></tr>
<tr><td colspan="2">工厂工人</td><td>17</td><td>8.13</td></tr>
<tr><td colspan="2">自由职业者</td><td>11</td><td>5.26</td></tr>
<tr><td colspan="2">商场等服务人员</td><td>13</td><td>6.22</td></tr>
<tr><td colspan="2">无业人员</td><td>29</td><td>13.88</td></tr>
<tr><td rowspan="2">其他</td><td>医生/护士</td><td>6</td><td>2.87</td></tr>
<tr><td>教育行业从业者</td><td>1</td><td>0.48</td></tr>
<tr><td rowspan="5">学历</td><td colspan="2">小学及以下</td><td>24</td><td>11.48</td></tr>
<tr><td colspan="2">初中</td><td>29</td><td>13.88</td></tr>
<tr><td colspan="2">高中</td><td>18</td><td>8.61</td></tr>
<tr><td colspan="2">专科</td><td>48</td><td>22.97</td></tr>
<tr><td colspan="2">本科及以上</td><td>90</td><td>43.06</td></tr>
</table>

此调查问卷共调查了209位广东河源地区的居民，并根据其性别、年龄、职业、学历的不同进行了分组。在调查研究中，调查对象的性别比例相对比较均衡，年龄则比较集中在青年和中年阶段，职业涉及较多领域，学历大多较高。

在本次问卷调查的对象中，有169人掌握客家话，占总人数的80.86%；184人掌握普通话，占总人数的88.04%；112人掌握粤语，占总人数的53.59%。其中，只掌握客家话的有20人，占总人数的9.57%；只掌握普通话的有15人，占总人数的7.18%；只掌握粤语的有4人，占总人数的1.91%。而掌握客家话和普通话的双语者有62人，占总人数的29.67%；掌握客家话和粤语的双语者仅有1人，仅占总人数的0.48%；掌握普通话和粤语的双语者有21人，占总人数的10.05%。能同时掌握客家话、普通话和粤语的人高达86个，占总人数的41.15%。

从问卷数据来看，在客家话、普通话和粤语这三种语言中，为最多人所掌握的语言是普通话，其次才是客家话，最后是粤语。这说明普通话的大力推行的确得到了有效的落实。客家话是客家人的象征，因而还是有为数不少的人能掌握。掌握客家话的人数和掌握普通话的人数相差不大，但不可否认的是，客家话的确受到了普通话大力推广的冲击，掌握的人数有所减少。相对于客家话和普通话，掌握粤语的人数较少，但掌握粤语的人占总人数的53.59%，也就是说在调查对象中，超过一半的人都掌握粤语，这展现了粤语不可小觑的影响力。

（二）广东河源地区居民的语言能力

为了考察广东河源地区居民的语言能力，我们通过分析调查对象分别对客家话、普通话和粤语三种不同语言的掌握情况来判断。我们把语言能力划分为5个等级，并让调查对象通过自我评定的方法进行评价（如图1所示）。能完全听懂并准确使用该种语言的，说明对该种语言的掌握程度高，该种语言能力也就越强。反之，则该种语言能力较弱。

1. 广东河源地区居民的客家话交流能力

客家话是客家人的本土语言，调查对象大多掌握客家话并不足为奇。能准确流利地使用客家话的人和基本能运用客家话进行交谈的人可以统称为掌握客家话的人，两项合并则会说客家话的人共占总人数的78.46%，这说明广东河源地区居民掌握客家话的程度还是比较高的。

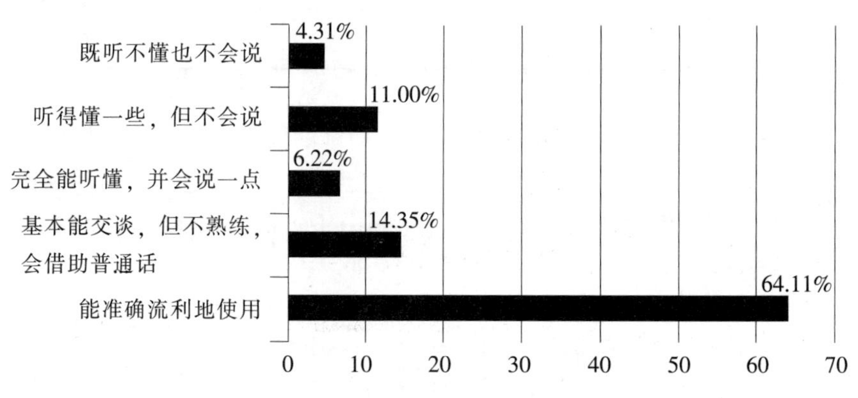

图1　调查对象对客家话的熟悉程度

从他们使用客家话的频率来看，调查对象大多掌握客家话并较常使用该语言进行交际，这说明河源地区居民使用客家话的水平较高，客家话语言能力较强。

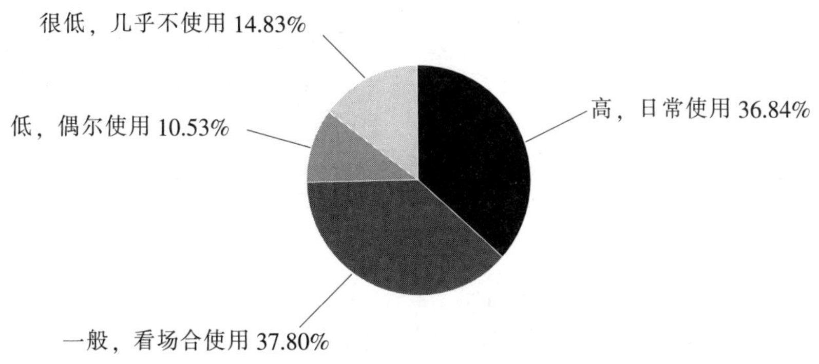

图 2　调查对象使用客家话的频率

在河源地区，即便大部分的调查对象都能掌握客家话，但还存在着小部分调查对象听不懂或不会说客家话，甚至完全无法使用客家话进行交流的情况。生活在河源地区的居民，并不都掌握和使用客家话，在掌握客家话的被调查者中，还有部分人不熟练，需要借助其他语言。

2. 广东河源地区居民的普通话交流能力

在调查对象中，仅有一人既听不懂也不会说普通话。其余人的普通话能力即便较弱，但至少还是可以利用普通话进行简单的交流。

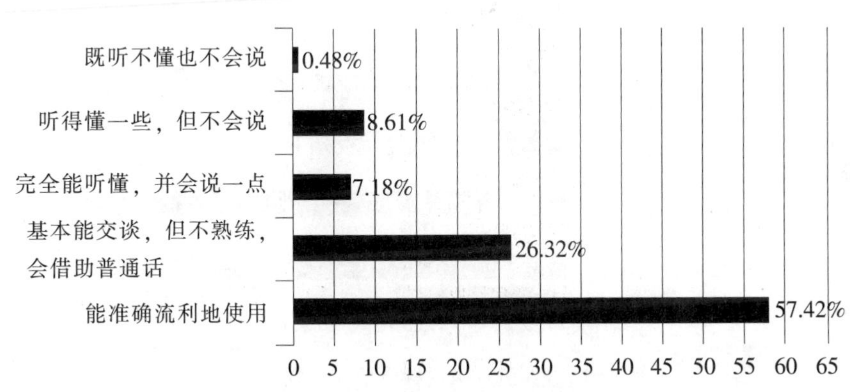

图 3　调查对象对普通话的熟悉程度

河源地区居民使用普通话的频率还是比较高的，这和他们的普通话能力水平较高直接相关。

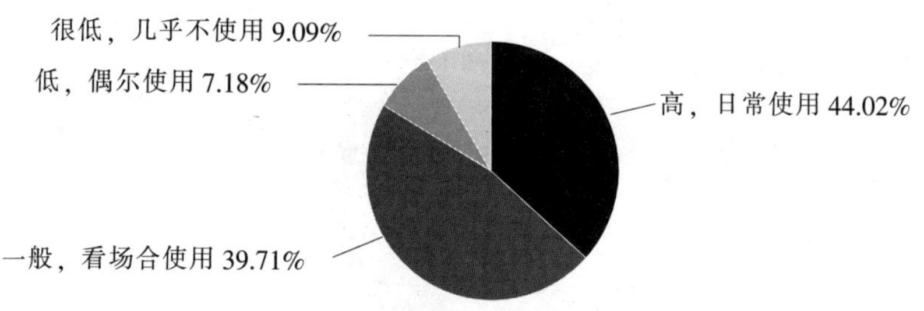

图 4　调查对象使用普通话的频率

尽管普通话的普及是较晚近的事情，但掌握普通话的人数却多于掌握客家话的人数，且对其的熟练程度也高于对客家话的。这说明，广东河源地区居民的普通话能力强于客家话能力，客家话在河源地区的强势地位已然被动摇，客家话的发展正受到威胁。

3. 广东河源地区居民的粤语交流能力

放眼整个广东省，总的来说，粤语是占主流地位的语言。但河源市作为客家人主要居住的地区之一，掌握粤语的人还是相对少一些，不会说的人将近一半。

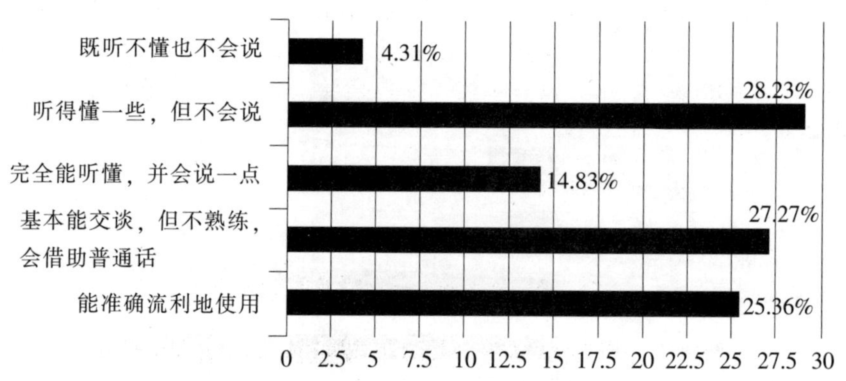

图 5　调查对象对粤语的熟悉程度

在掌握粤语的人数相对较少的情况下，仍然有 16. 27% 的调查对象会日常使用粤语，37. 32% 的调查对象选择看场合使用，11. 48% 的调查对象偶尔使用，而 34. 93% 的调查对象几乎不使用。

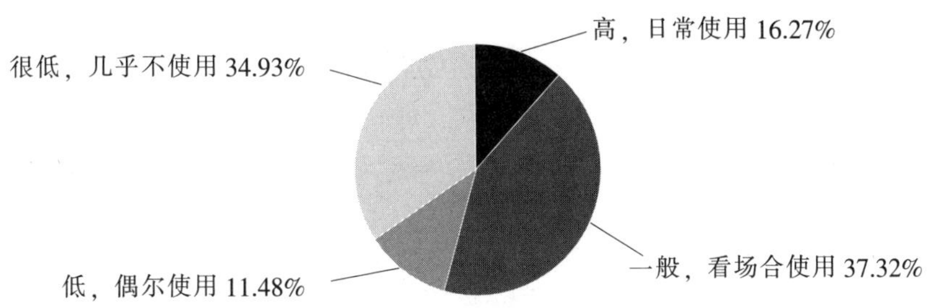

图 6　调查对象使用粤语的频率

二、粤语、普通话和客家话的语言活力

根据本调查研究的实际情况，我们这里主要采用三项指标来评估客家话、普通话和粤语的语言活力，分别是掌握该语言的人口数量、该语言是否代代相传、使用该语言的场合。

（一）掌握客家话、普通话和粤语的人数

在调查对象中，大多数人都掌握客家话和普通话，少数人掌握粤语，说明在广东河源地区，普通话是强势语言，客家话是次强势语言，粤语是弱势语言。从理论上说，客家话作为河源地区的地方方言，本应是最强势的语言，可实际情况却是普通话更为强势，且不是所有人都掌握客家话，可见客家话的使用情况确有危险。

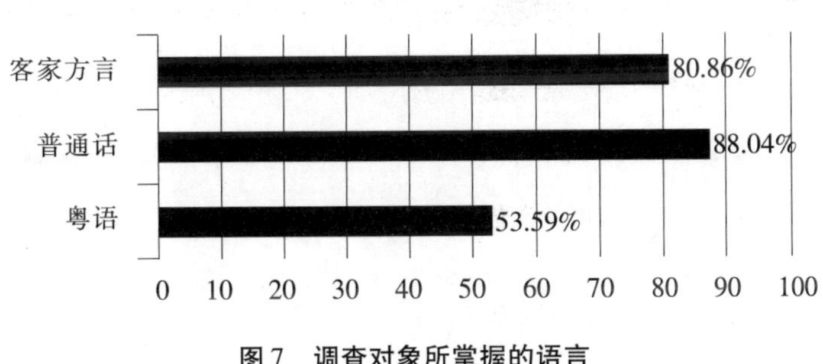

图 7　调查对象所掌握的语言

（二）不同年龄阶段对客家话、普通话和粤语的掌握情况

根据交叉图表，我们发现无论是儿童少年阶段、青年阶段、中年阶段还是老年阶段，每个阶段都有调查对象能掌握客家话、普通话以及粤语，

说明客家话、普通话和粤语都是代代相传的。而掌握普通话的调查对象人数最多，掌握客家话的次之，最后是掌握粤语的。

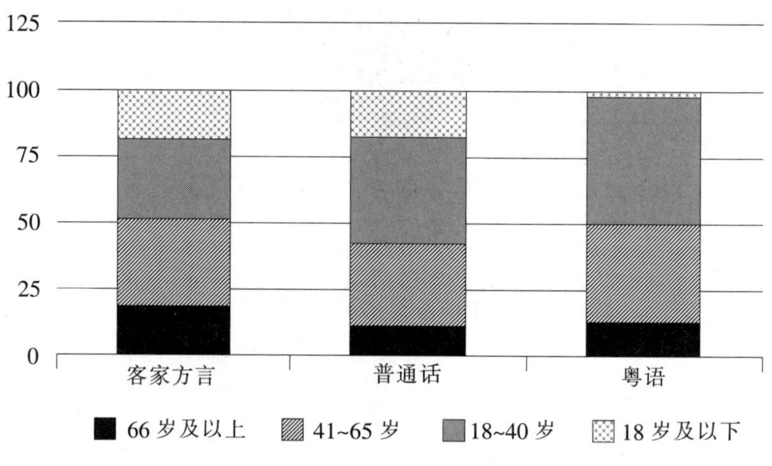

图 8　不同年龄段的调查对象所掌握的语言

客家话更多的是长辈在使用，且这些年长的人更为熟练地掌握客家话。少年儿童阶段逐渐地较少学习和使用客家话，对客家话的熟悉程度也远远不如老年阶段。

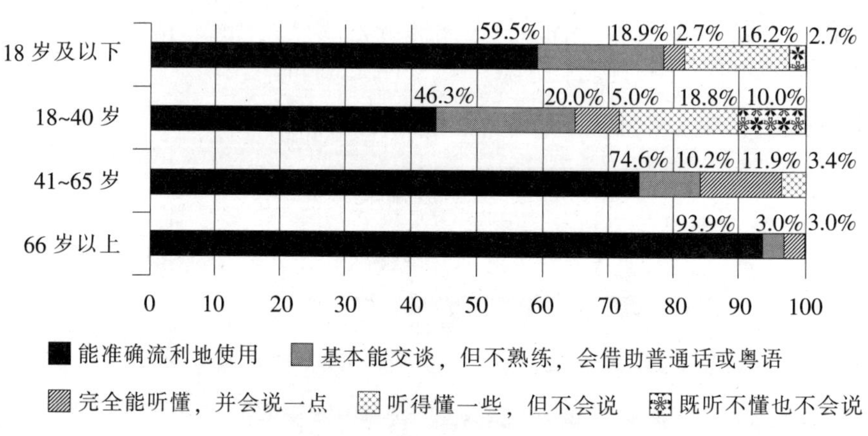

图 9　不同年龄段的调查对象对客家话的熟悉程度

客家话的使用多少受到了其他强势语言的影响，代际传承稳定但受威胁。

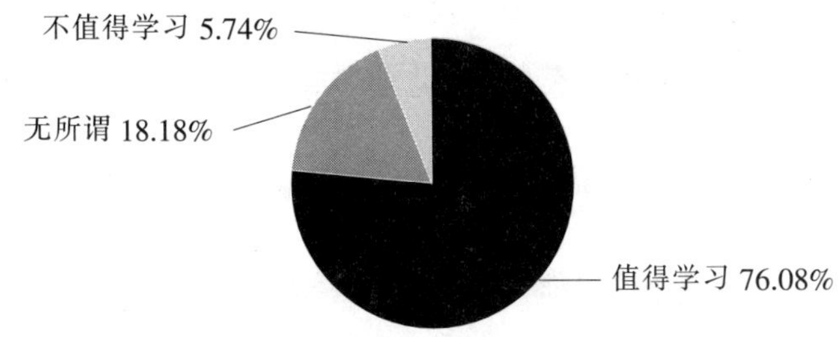

图 10　调查对象对子女学习客家话的态度

（三）居民在不同场合使用客家话、普通话和粤语的情况

亲友聊天比较轻松随性，因而调查对象会优先选择使用客家话进行这种日常的人际交往活动。同时，能使用客家话进行聊天交际则说明彼此是同乡人，同乡人使用自己的乡土语言进行交际更能产生共鸣，聊天也更加自如。在亲友聊天场合中，使用客家话进行聊天会感到更加亲切，更能增进彼此间的感情。

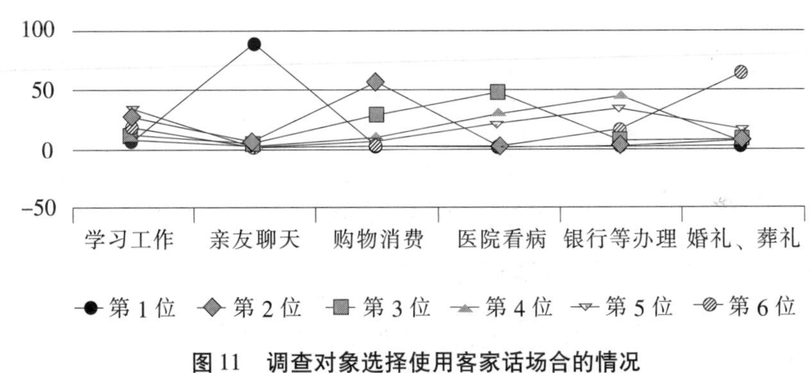

图 11　调查对象选择使用客家话场合的情况

从图 11 可知，客家话作为一种地方方言，具有普通话所没有的亲切感和熟悉感，能表达一些普通话无法表述的内容，传递方言独特的情感。也正是因为这样，客家话才会成为人们在亲友聊天中使用的首选语言。

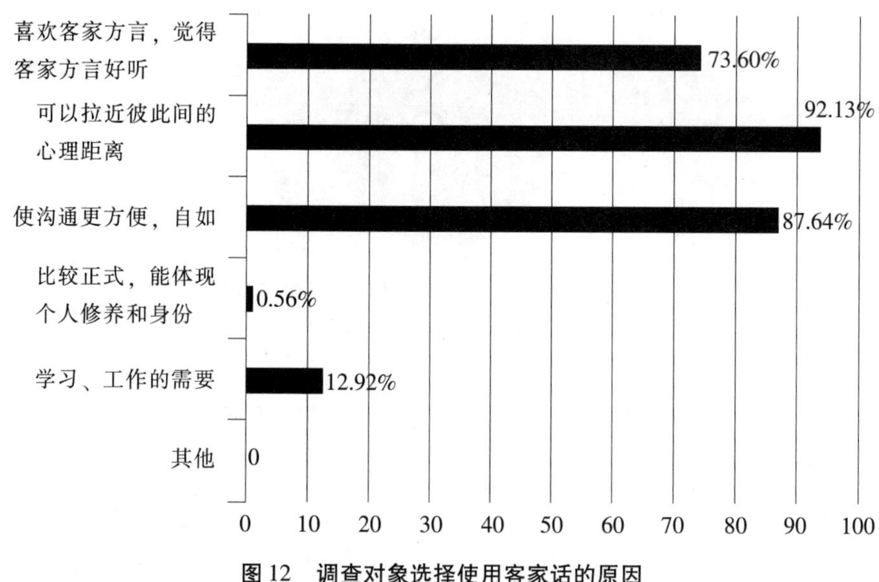

图 12　调查对象选择使用客家话的原因

在学习工作这种正式的场合中，绝大部分的人会优先选择使用普通话这种全国通用的官方语言，使沟通更有效、更便捷。在学习工作的过程中，可能会接触很多不同的人，他们可能来自五湖四海，而普通话作为一种通用的语言，能有效地消除隔阂，减少交际过程中因语言不通而造成的交际困难。且普通话作为一种官方的语言，多数人认为它更正式，能给人庄重感，从而彰显个人涵养。

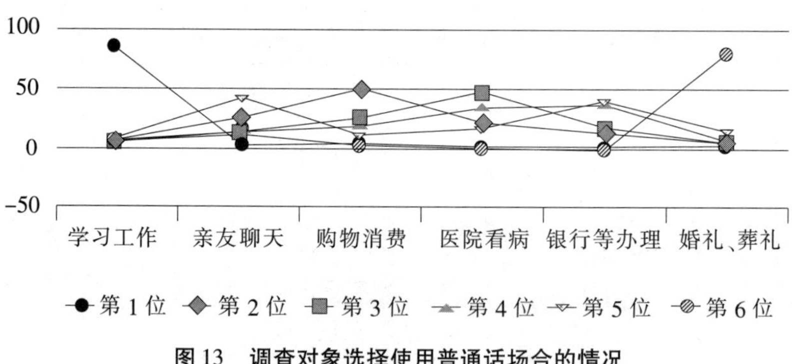

图 13　调查对象选择使用普通话场合的情况

粤语作为整个广东省的主要语言之一，也有着不少的受众群体。从图 13 可知，与普通话情况相似的是，调查对象同样优先选择在学习工作中使用粤语，但与之不同的是，即便大家在学习工作中优先选择它，选择的人数也不到一半。

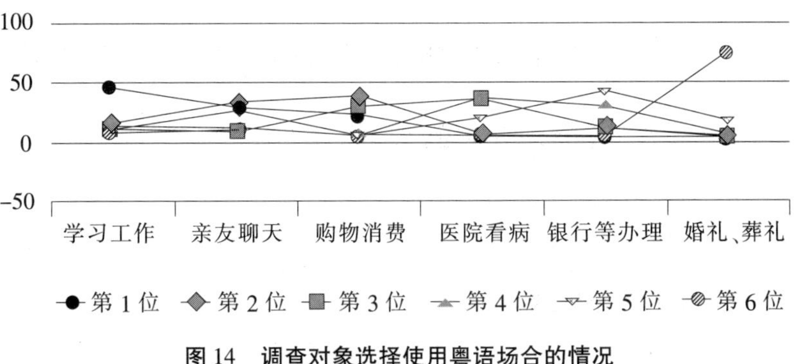

图14　调查对象选择使用粤语场合的情况

根据选择三种语言的场合排序，我们可以发现，购物消费和婚礼、葬礼两种场合的排序比较稳定。由于购物消费这种场合的情况比较复杂多变，该场合的人流也多，因而使用各种语言的可能性都相对均等，人们会根据购买的物品、消费的场所等选择使用的语言。而婚礼、葬礼这种场合，由于不是人们会日常出席的场合，因而不管是使用哪种语言，它都被人们排在了最后。

就人们选择使用不同语言的倾向来看，选择使用客家话多是出于感情，使用客家话能让彼此感觉更亲切，从而拉近双方的心理距离。而选择使用普通话更多的是出于理性，由于学习、工作的需要，要求使用这种语言，抑或是使用这种语言能体现自身身份，使自己获得良好的社会地位，从而选择使用普通话。因此，在亲友聊天时，人们会更多地选择使用客家话；在学习工作时，人们会更多地选择使用普通话。越是休闲的场合，人们越倾向于选择使用客家话；越是正式、公众的场合，人们越倾向于选择使用普通话。这意味着，客家话的使用范围将会越来越小，假以时日，客家话的使用范围可能就仅仅局限于家庭、家族内部了。

综上，客家话、普通话和粤语的语言活力排序依次是：普通话 > 客家话 > 粤语。掌握普通话的人数最多，客家话次之，粤语最少。客家话的代际传承虽然没有中断，但在某些场合存在使用普通话和粤语的多语现象，因而客家话的传承还是受到威胁，保护与传承客家方言迫在眉睫。

三、影响客家话使用与传承的因素

（一）社会因素

客家话的使用现状并不那么乐观，且面临着一定的威胁，而造成这种局面的原因不会是单一的，它是多种因素共同作用形成的。因此，我们通过性别、年龄、职业、受教育程度等因素来考察它们对客家话的使用与传承的影响。

此处，我们使用数据分析软件SPSS分别考察性别、年龄、职业和受教育程度与河源地区居民语言能力之间的关系。若分析结果中的显著性（sig值）小于0.05，则说明该因素对河源地区居民的语言能力有影响；若显著性（sig值）大于0.05，则说明该因素对他们的语言能力没有影响。显著性（sig值）越接近0.05，影响越小。反之，则影响越大。

1. 性别因素

由表2可知，性别因素与广东河源地区居民客家方言的掌握情况的显著性值大于0.05，这说明河源地区的居民是否掌握客家方言与性别因素没有明显关系。在广东河源地区，无论男女，都可以学习和使用客家方言，不存在性别的限制，所以性别因素并不影响河源地区居民对客家方言的掌握。

表2　性别与客家话掌握情况的方差分析（ANOVA）

	平方和	*df*	均方	*F*	显著性
组间	0.528	1	0.528	3.438	0.065
组内	31.816	207	0.154		
总数	32.344	208			

2. 年龄因素

由表3可知，年龄因素与广东河源地区居民客家话的掌握情况的显著性值小于0.05，这说明河源地区的居民掌握客家话的水平与年龄因素有明显关系。年龄越大，对客家话的掌握程度就越高；年龄越小，对客家话的掌握程度就越低。

表 3 年龄与客家话掌握情况的方差分析（ANOVA）

	平方和	*df*	均方	*F*	显著性
组间	41.192	3	13.731	10.511	0.000
组内	267.784	205	1.306		
总数	308.976	208			

根据交叉图表，随着年龄的增长，调查对象对客家话的熟悉程度总体呈上升趋势。且中年阶段和老年阶段没有“既听不懂也不会说”的人，中老年阶段特别是老年阶段的居民对客家话的掌握程度非常高，青少年阶段的调查对象相对较少熟练掌握客家话。

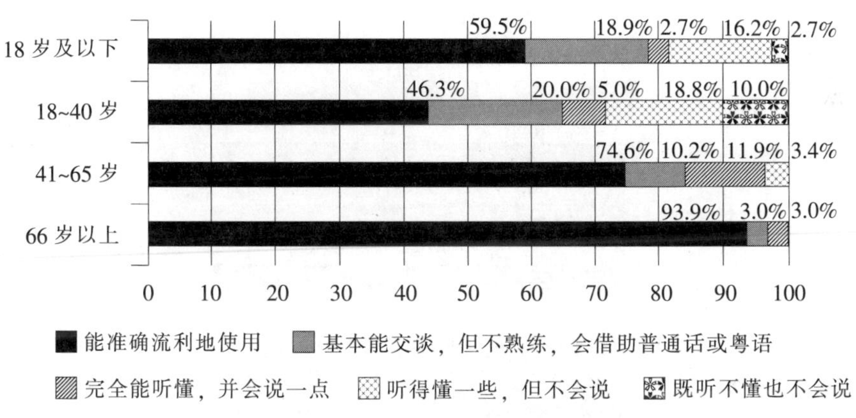

图 15 不同年龄的调查对象对客家话的熟悉程度

3. 职业因素

由表 4 可知，职业因素与广东河源地区居民客家话的掌握情况的显著性值小于 0.05，这说明河源地区的居民掌握客家话的情况与职业因素有一定关系。

表 4 职业与客家话掌握情况的方差分析（ANOVA）

	平方和	*df*	均方	*F*	显著性
组间	4.132	8	0.517	3.662	0.001
组内	28.212	200	0.141		
总数	32.344	208			

根据交叉图表，各种职业掌握的语言所占的比例参差不齐。值得关注的几个数据有：工厂工人对客家话的掌握比例为100%；没有工作的对客家话的掌握比例第二高，为93.1%；学生对客家话的掌握比例微微超过一半，为52.8%，而对普通话的掌握比例却高达100%。工厂工人所从事的大多都是没什么技术含量的体力劳动，工作时彼此间没有太多的交流机会，工作之余的人际交往则更多地使用客家话，因而语言使用相对稳定，掌握程度高。受调查者中的无业人员由于没有工作，交际圈便相对固定，语言使用也随之比较稳定，因而掌握客家话的比例比较高。而学生大多从小便被要求学习普通话，在校园内老师授课、同学聊天使用的一般也都是普通话，因而掌握普通话的比例高达100%。也正是因为如此，掌握客家话的比例便相应降低，越来越多的学生不能熟练使用客家话甚至不再会说客家话。

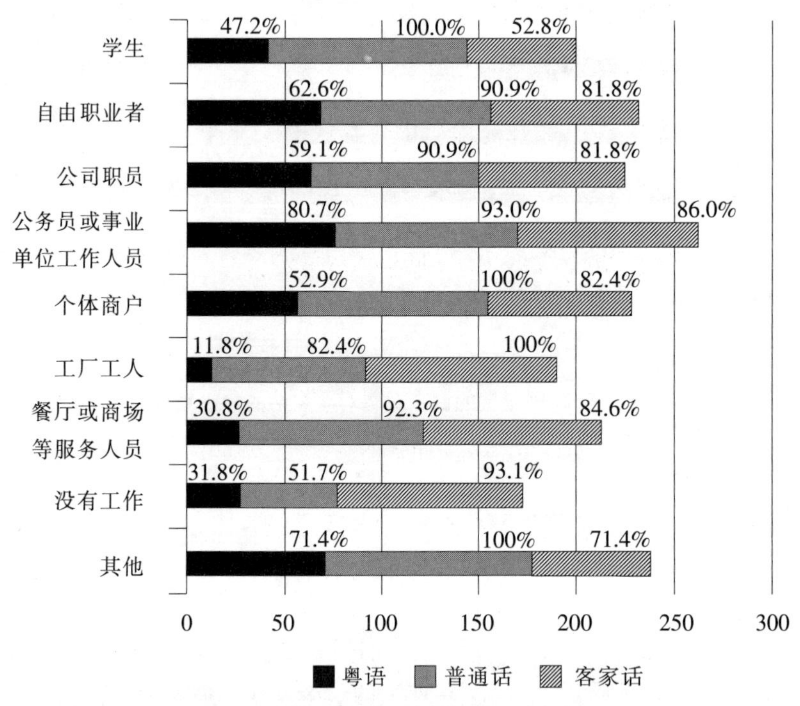

图16 不同职业的调查对象所掌握的语言

4. 受教育程度

由表5可知，受教育程度因素与广东河源地区居民客家话的掌握情况的显著性值小于0.05，这说明河源地区的居民使用客家话的情况与职业因素有很大关系。

表 5　受教育程度与客家话掌握情况的方差分析（ANOVA）

	平方和	*df*	均方	*F*	显著性
组间	27.794	4	6.949	7.270	0.000
组内	194.971	204	0.956		
总数	222.765	208			

根据交叉图表，受教育程度越高，日常使用客家话的频率便越低，反之，日常使用客家话的频率就越高。学历越高，越倾向于使用普通话；学历越低，越倾向于使用客家话。

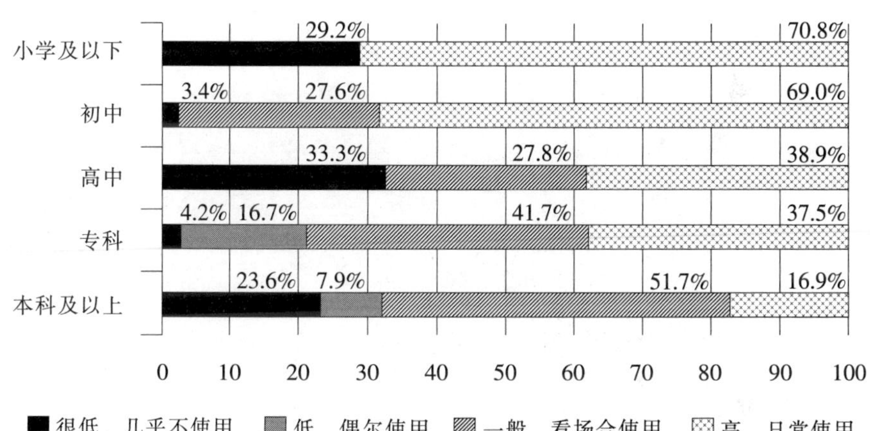

图 17　不同学历的调查对象使用客家话的频率

（二）语言使用者的语言态度

语言态度是指语言使用者对该语言的主观评价和行为倾向，它会影响语言使用者的心理状态和语言行为。

从图 18 可知，河源地区的居民对自己的方言认同感还是比较高的，对客家方言还是有着特殊的感情，有种家的归属感。

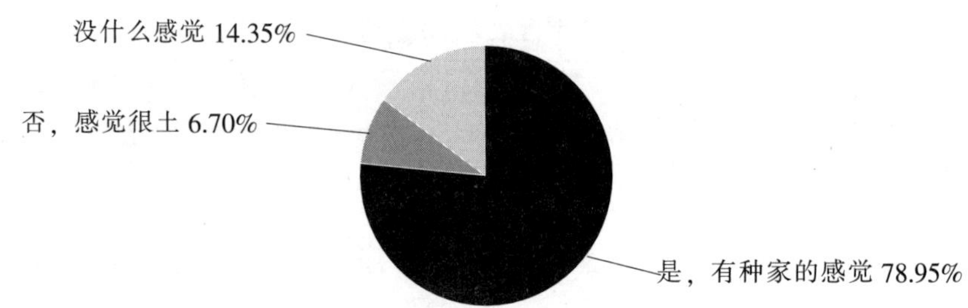

图 18　调查对象对客家话的态度

被调查者对客家话、普通话和粤语的喜爱程度排序依次是：客家话 > 普通话 > 粤语。尽管普通话有着众多的使用者，粤语也有其受众，但当让他们对每种语言的喜爱程度进行排序时，位列第一的还是客家话。如此看来，河源地区的居民对客家话还是有着无可取代的深厚感情。

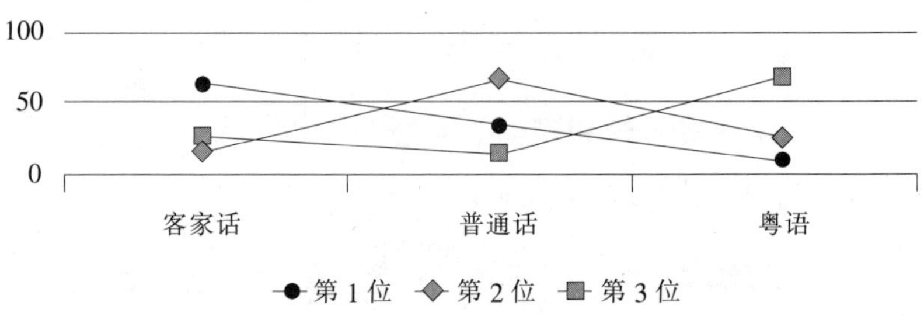

图 19　调查对象对不同语言的喜爱情况

与此同时，调查对象对客家话、普通话和粤语的学习难度排序依次是：客家话 > 粤语 > 普通话。在学习难度方面，位列第一的也是客家话，说明大家对客家话的喜爱程度很高。但无法否认的是，客家话也被认为是最难学会的语言之一，这会影响到客家话是否能很好地传承下去。

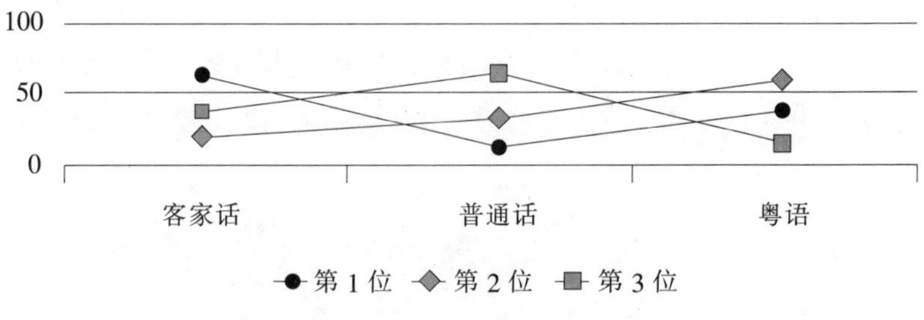

图 20　调查对象对不同语言的难度评价情况

即便客家话学起来有难度，但也不影响大家觉得它应该被传承下去的态度。正是因为对客家话抱着深厚的感情，85.65%的被调查者都认为客家话应该被传承。绝大多数的调查对象都希望客家话能够传承下去，不要就此消亡，认为不需要传承的仅有两人，还有极小部分人持无所谓的态度，但这也无法否定客家话在人们心中确实占有较高的地位的事实。

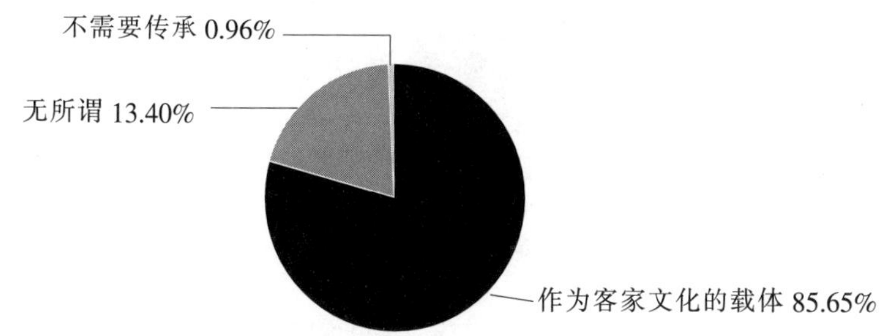

图 21　调查对象对客家方言的传承态度

（三）普通话和粤语的影响

由图 22 可知，48.33%的调查对象认为客家话的使用受到了普通话和粤语二者的共同影响，还有 30.14%的调查对象认为客家话只受到普通话的影响。不可否认，普通话的普及和粤语的强势地位确实给客家话的使用造成了一定的影响。

普通话的推广给客家话的使用造成了强烈的冲击。普通话的推广工作从未停止过，各式各样的推普周活动，朗朗上口的普通话宣传标语，这些无疑都潜移默化地对人们造成了影响。普通话以其不可抵挡的趋势收获了大批的受众群体，而客家话的势力渐渐削弱。越来越多的年青一代学习并掌握了普通话，使用客家话的人渐渐减少，使用的范围渐渐缩小。社会经济的高速发展、国家政策的有效落实、部分职业的需要都使得普通话的使用越来越广泛，社会地位越来越高，普通话逐渐成为人们交流的首选语言。加上新闻媒体客户端、报纸广播等媒介的传播，使用的一般都是普通话，年纪稍大的人们即便是不会说普通话，接触的频率高了也总能听懂一些，而使用客家话的电视节目或电台广播几乎没有，这样发展下去，客家话将会走向消亡。

另一方面，粤语相对强势的影响也给客家话的使用造成了一定冲击。就广东省这个大范围而言，粤语的使用人口约有 6 700 万，粤语是广东省的主流语言之一。粤语虽然没有普通话的传播那么广泛，但由于广东地区对粤语比较重视，开设了许多使用粤语的电视台或广播频道，鼓励使用粤语创作的影视作品或是使用粤语翻拍一些当红剧集，加上许多媒体也都积极使用粤语以大力支持粤语的发展，粤语还是相当有影响力的。因而，粤语在广东地区有着极高的向心力。

相比普通话和粤语，客家话既没有明确的法律保护，也没有受到人们的高度重视，生存现状并不乐观，传承与发展受到一定的阻碍。

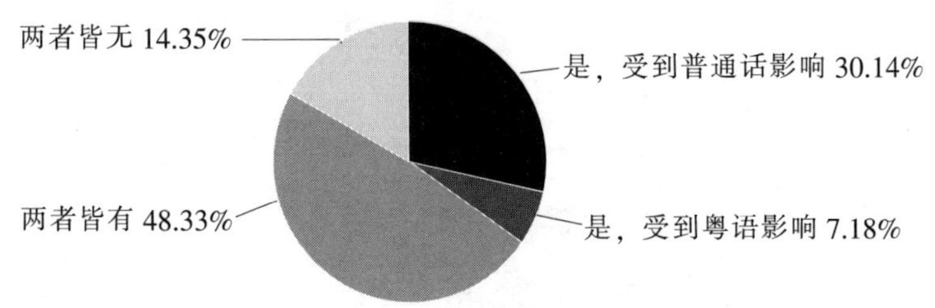

图 22　调查对象对普通话或粤语的影响评价情况

四、保护与传承客家话的相关建议

客家话有着鲜明的地方特色，是河源地区客家人交际的重要语言工具。如今客家话面临着传承受阻、日渐式微的危机。保护客家话，我们可以从以下几方面着手：

（一）国家角度

一方面，国家应该加强对客家话的重视程度。现在越来越多的年青一代不会说客家话，但是能熟练地掌握普通话；即便是土生土长的客家人，也有部分不能熟练掌握客家话，需要借助普通话或粤语进行表达；甚至还有既不会说也听不懂客家话的情况。试想一下，如果国家像大力推广普通话一样推广客家话的话，还会造成这样的局面吗？国家大力推广普通话，重视普通话，这在一定程度上降低了客家话的使用频率，客家话没有受到和普通话一样的重视，因而地位逐渐下降。国家对客家话和普通话应做到一视同仁，在宣传普通话的同时也多宣传客家话，重视客家话像重视普通话一样，既积极推广普通话，又鼓励传承客家话，使客家话和普通话和谐共存，达成“双赢”局面。

另一方面，国家应该立法保护客家话。法律的颁布是政策能有效落实的保证，法律如果明文规定了要保护客家话，那么客家话的发展便能更快地重新焕发生机。如果没有明确的法例条文保护客家话，对客家话的保护措施很难落实到位，那便达不到预期的效果。

（二）地方政府角度

政府应该在必要时给客家话提供特殊的政策支持。如果国家没有下达相应的保护客家话的文件，作为当地政府，应该根据本地的实际情况，在不违背国家法律意愿的情况下，对客家话的保护给予支持，让客家话的使用有更大的生存空间。

第一，开设一些使用客家话的电视频道、广播电台等。随着科技的发展，大众传媒能够跨越时空的限制，大范围、高强度地传播各种信息、文化，发挥着不可想象的作用。通过大众传媒，发现客家奥秘，记录客家生活，传承客家话。

第二，开发以客家文化为主的特色客家旅游业。随着人们生活水平的提高，在节假日等选择出游的人数逐年增长，开发特色客家旅游业，让更多的人关注客家话、了解客家话、学习客家话。这样的做法一举两得，在传承了客家话的同时，还能促进当地的经济发展。

第三，鼓励使用客家话创作、创新的作品。如使用客家话创作的影视作品、使用客家话创作的歌曲或翻唱的热门歌曲等。这样不仅能传播了客家话，还能唤醒客家人对客家话的语言自信。

（三）学校角度

想要客家话得到传承和保护，少年儿童发挥着不可小觑的作用。学校可以增设一些传承客家话的兴趣课堂，营造良好的学习客家话的氛围，激发学生学习客家话的兴趣，让学生在快乐中学会客家话。同时，学校还可以把是否掌握客家话作为考查学生是否全面发展的因素之一，促使学生主动地学习客家话，这样有利于学生掌握多种语言，增强学生的语言能力。

（四）家庭角度

家庭要配合学校，共同发挥作用。父母要对自己的孩子进行客家话的教育，不要一味地要求孩子掌握普通话，在日常生活中多使用客家话与孩子交流，培养孩子对客家话的学习兴趣。老一辈的家长可以多使用客家话给子孙辈们讲故事，或是让子孙们了解一些客家文化，尽可能多地为他们创设学习客家话的语言环境，让他们在潜移默化中学会客家话。

（五）个人角度

作为客家民系的后代，是客家话的使用者和传承者，应该重视客家话，把传承客家话当成自己的使命。年长者要多使用客家话与晚辈交流，激发大家的学习兴趣；青年一代要增强自己对客家话的认同感和忠诚度，为自己能熟练掌握客家话而自豪。非客家民系后代者，可以多了解客家文化，努力学习客家话，并带动身边的人一起学习。多学会一门语言，既能增强自己的语言能力、学习能力，又能培养自己更开放包容的胸襟，去接受不同的语言、不同的文化。只有大家都为传承客家话而努力，客家话的未来才会重绽光彩。

参考文献

［1］范俊军，宫齐，胡鸿雁．语言活力与语言濒危［J］．民族语文，2006（3）．

［2］甘燕虾，刘卓铌，毛政才．梅州客家方言文化的传承保护与发展创新［J］．文学教育，2018（8）．

［3］侯小英．广东龙川县佗城客家方言音系［J］．方言，2008（2）．

［4］刘慧．赣南客家方言使用现状及推广普通话情况研究：以赣南师范大学科技学院“推普”调查为例［J］．大众文艺，2018（24）．

［5］王秋珺．客家方言与客家文化［J］．客家文博，2013（2）．

广州地区初中学生脏话使用情况调查分析*

禤健聪①

摘　要：基于问卷调查，发现广州地区初中学生普遍曾有说脏话经历。同学和朋友是他们接触、使用脏话的主要群体；网络媒体在一定程度上助长了学生说脏话；负面情绪宣泄是学生说脏话的最主要原因；大部分学生对说脏话持否定态度，并意识到可能会给对方造成伤害，但仍有相当比例的学生认为偶尔说说脏话问题不大。本文提出，应通过重视早期教育、完善情绪疏导、加强道德建设、营造文明氛围等手段，引导学生少说、不说脏话，养成文明的语言习惯。

关键词：初中生；脏话；调查分析；对策建议

中小学生说脏话的现象一直备受社会关注，较多的意见认为，网络是当前“学生讲脏话的源头”。[1]本文基于对广州地区初中学生的调查②，分析当前学生脏话使用的具体情况，并提出建议。

本文的调查于 2019 年 4 月 12—21 日开展，通过问卷的方式，面向广州地区的初中学生进行调查。调查内容包括学生的基本情况、脏话使用情况、对脏话的态度，以及学生视角的学校、家庭教育情况等。最终收集到广州地区 7 所中学共 763 名初中学生的数据，其中男生 341 人（44.69%），女生 422 人（55.31%）。7 所中学分布在广州市的越秀、海珠、天河、番禺、从化等区，按生源情况，或可大致分为城区生源较好中学（441 人）、城区普通中学（170 人）、农村普通中学（152 人）。

一、脏话的使用程度与习得途径

（一）超过 85% 的初中生曾说过脏话

86.37% 的受访初中生（659 人）曾经说过脏话，说得比较多或经常说的占 12.19%（93 人）；从来没说过脏话的学生则有 13.63%（104 人）。总体

---

* 本文为广东省普通高校创新研究团队“语言服务与汉语传承”（项目编号：2019WCXTD002）成果。

① 作者简介：禤健聪，广州大学人文学院、国家语委国家语言服务与粤港澳大湾区语言研究中心教授，从事汉语言文字学、语言生活研究。

② 广州大学汉语言文学专业 2016 级师范生和人文学院部分在中小学任职的教师校友参与了问卷发放或调查。

上，说脏话现象在初中学生群体中普遍存在，但情况不算严重。从性别看，无论是说过还是说得较多脏话的比例，男生均高于女生（参见表1）。

表1　脏话使用程度及性别差异（$N=763$）

性别	经常说		说得比较多		偶尔说		很少说		从来不说	
	数量（人）	比例（%）	数量（人）	比例（%）	数量（人）	比例（%）	数量（人）	比例（%）	数量（人）	比例（%）
男生	23	6. 74	31	9. 09	141	41. 35	106	31. 09	40	11. 73
女生	14	3. 32	25	5. 92	139	32. 94	180	42. 65	64	15. 17
综合	37	4. 85	56	7. 34	280	36. 70	286	37. 48	104	13. 63

小学三年级是学生开始说脏话的重要时间节点。曾说过脏话的659名学生，除6人未明确作答外，其余653人表示第一次说脏话在小学二年级及以前的占11. 18%，在小学三年级的则达27. 72%（参见表2），情况与有关媒体的调查一致。从性别看，男生总体上比女生更早开始说脏话，小学三年级及以前开始说脏话的男生比例为45. 46%（135人），女生则为33. 42%（119人）。

表2　第一次说脏话的学段分布（$N=653$）

性别	学段						
	小学以前	小学一年级	小学二年级	小学三年级	小学高年级	初中	总计
男生数（人）	19	16	11	89	123	39	297
女生数（人）	15	3	9	92	151	86	356
总人数（人）	34	19	20	181	274	125	653
比例（%）	5. 21	2. 91	3. 06	27. 72	41. 96	19. 14	100

（二）脏话主要在同学或朋友中使用

有449人表示最早是从同学或朋友处听到、学会脏话，占了曾说过脏话的659名学生的68. 13%，数量远远高于其他来源。同学或朋友是对初中生说脏话影响最大，也是初中生目前接触脏话最多的群体，其数量同样远远高于其他渠道或对象。朋辈的相互影响作用明显。值得注意的是，有11. 38%的初中生最早是从父母等家人处听到、学会脏话的，可见家庭影响也不容忽视（参见表3）。

表示最早从网络接触到脏话的只有3.49%，这与舆论和公众认为网络是学生讲脏话源头的较普遍认知有很大差距。不过，手机/网络媒体是初中生目前接触脏话较多（排第2）、对初中生说脏话影响较大（排第3）的渠道，确实不容忽视（参见表3）。手机/网络媒体也是不同媒介中出现脏话最多的一类，219人（28.7%）认为其出现脏话比较普遍或很普遍（参见表4）。

表3　接触脏话的主要渠道（$N=659$）

单位：人

习得情况	群体渠道						
	父母等家人	其他亲戚	同学或朋友	其他人	电视节目	手机/网络媒体	漫画等书籍
最早从谁/哪听到学会	75	25	449	75	9	23	3
受谁/哪里影响最大（多选）	78	43	533	149	31	136	23
目前较多接触到的渠道（多选）	82	72	619	188	38	194	43

表4　对不同媒介脏话出现情况的判断（$N=763$）

单位：人

媒介	出现频率				
	很普遍	比较普遍	一般	较少	很少
书籍（包括漫画）	24	31	95	147	466
电视节目	22	27	83	186	445
手机/网络媒体	80	139	173	145	226

与前述情况相对应，受访学生最常说脏话的场合是学校（65.25%），最常说脏话的对象是同学或朋友（81.34%）；紧随其后的是网络空间和网络空间交流者（参见表5、表6）。说脏话场合的“其他”项中，有10例表示是在“自己一个人”“家里没人”的时候私下说；说脏话对象的“其他”选项中，有15例表示是对“自己”说。

表5　说脏话的场合情况（$N=659$，多选）

场合	家里	学校	街头	其他公共活动场所	网络空间（音频、视频、网络游戏）	其他
数量（人）	80	430	123	109	156	78
比例（%）	12.14	65.25	18.92	16.77	23.67	11.84

表6　说脏话的对象情况（$N=659$，多选）

对象	父母等家人	其他亲戚	同学或朋友	其他人	网络空间交流者	其他
数量（人）	22	10	536	104	125	45
比例（%）	3.34	1.52	81.34	15.78	18.97	6.83

二、脏话的使用态度

（一）负面情绪发泄是说脏话的主要原因

曾说过脏话的659名学生中，表示会在生气情绪背景下说脏话的占66.16%，表示会在郁闷情绪下说脏话的则有47.65%（参见表7），两项去重后共覆盖505人，占比为76.63%。无论是生气还是郁闷，都是负面情绪，说脏话承担着情绪宣泄的作用，故74.05%的人自我认为说脏话“可以发泄情绪”（参见表8）。

有39.45%的受访学生把说脏话作为开玩笑的一种手段，还有11.08%的受访学生表示脏话已成了口头禅（参见表7）。在此类语境下，脏话的骂人功能淡化了，正因为如此，调查显示，表示同学之间说脏话时对方“没有什么反应”的有64.80%。

表7　说脏话的情绪背景（$N=659$，多选）

情绪背景	口头禅经常说	开玩笑的时候	生气的时候	郁闷想发泄的时候	开心的时候	玩游戏的时候	其他
数量（人）	73	260	436	314	63	150	39
比例（%）	11.08	39.45	66.16	47.65	9.56	22.76	5.92

表 8　说脏话的心理态度（$N=659$，多选）

心理态度	好玩	显得与众不同	可以引起别人注意	可以发泄情绪	其他
数量（人）	48	15	30	488	191
比例（%）	7.28	2.28	4.55	74.05	28.98

（二）总体上对说脏话持否定态度

虽然多数学生曾或多或少说过脏话，但总体上对脏话仍持否定态度，认为不应该说脏话的有 47.44%，认为可以说的只占 3.14%。平常脏话说得越少的受访者，认为不应该说的比例越大，具体为：从来不说（79.81%）、很少说（56.99%）、偶尔说（34.29%）、说得比较多（23.21%）、经常说（18.92%）；即使是经常说脏话的学生，认同脏话可以说的比例也只有 29.73%（参见表 9）。

表 9　对说脏话的态度取向（$N=763$）

类型	态度				
	可以说	偶尔说说问题不大	不确定	生气时忍不住可以说	不应该说
从来不说（人）	1	4	6	10	83
很少说（人）	5	38	23	57	163
偶尔说（人）	1	99	27	57	96
说得比较多（人）	6	29	5	3	13
经常说（人）	11	14	1	4	7
合计（人）	24	184	62	131	362
比例（%）	3.14	24.12	8.13	17.17	47.44

同时，较多学生意识到说脏话往往会给对方造成伤害，认为“肯定会”和“有时会”的总体共占 81.52%；认为“肯定不会”的总体只占 3.67%，即使在经常说脏话的学生中也只占 18.92%。从来不说脏话的学生认同“肯定会”的比例最高（68.27%），经常说的学生则最低（24.32%）。所有学生中只认为脏话有时会给对方造成伤害的比例高达 44.04%，对应了前述调查显示同学之间说脏话时对方较多情况下“没有什么反应”（参见表 10）。

表 10　对说脏话造成伤害的判断（$N=763$）

程度	判断			
	肯定会	有时会	不确定	肯定不会
从来不说（人）	71	25	7	1
很少说（人）	121	113	44	8
偶尔说（人）	74	151	47	8
说得比较多（人）	11	32	9	4
经常说（人）	9	15	6	7
合计（人）	286	336	113	28
比例（%）	37.48	44.04	14.81	3.67

三、学校、家庭对学生说脏话的影响

（一）学校教育发挥正确导向作用

本文参照传统的社会评价，将受访学生就读的 7 所中学大致分为城区生源较好中学、城区普通中学和农村普通中学 3 类，以考察学生的脏话使用情况。从来不说脏话的学生比例最高的是城区生源较好中学（17.23%），经常说脏话的学生比例最高的是农村普通中学（5.92%）；但将“从来不说”和“很少说”合并统计，学生比例最高的则是农村普通中学（56.57%）；将“说得比较多”和“经常说”合并统计，比例最高的是城区生源较好中学（13.38%）。

表 11　3 类学校学生脏话使用情况（$N=763$）

使用程度	城区生源较好中学		城区普通中学		农村普通中学	
	人数（人）	项内占比（%）	人数（人）	项内占比（%）	人数（人）	项内占比（%）
从来不说	76	17.23	11	6.47	17	11.18
很少说	144	32.65	73	42.94	69	45.39
偶尔说	162	36.73	69	40.59	49	32.24
说得比较多	37	8.39	11	6.47	8	5.26

（续上表）

使用程度	城区生源较好中学		城区普通中学		农村普通中学	
	人数（人）	项内占比（%）	人数（人）	项内占比（%）	人数（人）	项内占比（%）
经常说	22	4.99	6	3.53	9	5.92
合计	441	100	170	100	152	100

调查显示，有关学校均重视学生的文明教育，超过一半学生表示学校及教师经常开展文明教育，也有过半学生认为学校文明教育有成效。文明教育开展频次与效果评价的交叉比对可以看出，文明教育开展的力度与效果大致成正相关，教育越经常开展，效果越好（参见表12）。对学生说脏话的处理，大多数教师会耐心教育（42.33%）或严厉批评（30.54%），部分则随口提醒（21.76%），只有个别不予理会（5.37%）。

此外，按照脏话使用程度不同的学生（参见表1）对文明教育开展频次和效果评价进行分类比对，75.00%从来不说脏话的学生表示学校教育经常进行且比较有效果，经常说脏话的学生则只有35.14%。

表12　学校及教师文明教育的情况（$N=763$）

效果评价	开展频次									
	经常进行		有时进行		偶尔进行		从来没有进行		按类合计	
	人数（人）	项内占比（%）	人数（人）	项内占比（%）	人数（人）	项内占比（%）	人数（人）	项内占比（%）	人数（人）	总比例（%）
很有效果	163	39.18	23	10.95	8	7.62	6	18.75	200	26.21
比较有效果	136	32.69	71	33.81	22	20.95	3	9.38	232	30.41
有一点效果	85	20.43	87	41.43	47	44.76	4	12.50	223	29.23
没有效果	32	7.69	29	13.81	28	26.67	19	59.38	108	14.15
开展频次按类合计	416	54.52	210	27.52	105	13.76	32	4.19		

（二）不同家庭背景差别较大

将学生脏话使用情况与其父母职业情况作比对，情况如表13所示。父母职业为农民的学生中，脏话说得比较多或经常说的比例最低（4.91%），其次是父母职业为商业、服务业人员者（8.33%），父母职业为工人者则最高（16.47%）；父或母单方看，父亲职业为工人、公务员或事业单位人员两类，子女说脏话比例最高，母亲职业为公司职员者最高。父母职业为农民的学生中，从来不说或很少说脏话的比例最高（63.11%），最低则是职业为个体户者（44.51%）；父或母单方看，父亲职业为企业（老板）、公务员或事业单位人员两类，子女说脏话比例最低，母亲职业为个体户者最低。综合来看，农民家庭背景的学生脏话使用得最少，其次是商业、服务业人员家庭背景者；个体户、工人、企业（老板）、公务员或事业单位人员 4 类家庭背景的学生脏话使用得相对较多。

调查显示，各类职业背景的家庭，家长经常进行文明用语教育的比例均超过了五成，其中最高为企业（老板）家庭背景（62.50%），最低为公务员或事业单位人员家庭背景（51.74%），“言传”均不可谓不多，不同类型家庭的子女仍存在较大的脏话使用程度差异，可能“身教”也要加强。

表 13　学生脏话使用情况与其父母职业情况比对

单位：%

父母职业	说得比较多或经常说的学生			从来不说或很少说脏话的学生		
	父亲	母亲	父亲或母亲	父亲	母亲	父亲或母亲
个体户	8.97	11.63	10.37	52.56	37.21	44.51
工人	18.52	12.90	16.47	48.15	48.39	48.24
公司职员	12.79	14.47	13.58	53.49	53.29	53.40
教师	12.50	11.76	11.93	58.33	52.94	54.13
农民	4.91	4.91	4.91	65.57	60.66	63.11
企业（老板）	14.53	13.95	14.38	45.30	55.81	48.13
商业、服务业人员	8.70	8.11	8.33	60.87	51.35	55.00
公务员或事业单位人员	17.09	14.29	15.92	45.30	55.95	49.75
其他	7.45	13.61	11.16	45.74	48.30	47.11

四、脏话的主要用语及使用情况

（一）最高频词是“妈”和“操”

调查设置了由受访学生自述（填写）说过的脏话的问题，共近 2 200 个回答，最高频词是名词“妈”和动词“操”。“他妈的”及其变体占比约 20%，曾说过脏话的 659 名学生中，说过“妈”类脏话组合的接近四成。“操”及其变体，占比约 28%，当中近 80% 使用语音近似字或拼音缩写，用得最多的音近字为“靠”（约 46%）。此外，较多使用的脏话词还有“死”“傻”“智障”等形容词，“病”“屎”等名词，“滚”“去”等动词。

从调查看，脏话用语不存在明显的性别差异，“靠”“傻×”也是女生所说脏话中的高频词。

（二）网络词和方言词有一定使用

较常见的脏话网络词有“卧槽”“尼玛”“沙雕”等；方言词主要为粤方言，如“顶”“扑街”“废柴”等；也有个别英语词，如“shit”等。

曾说过脏话的 659 名学生中，母语或母方言是普通话的有 225 人，粤方言的有 301 人，此外还有客家方言和潮汕方言，还有部分是其他北方方言或粤、客次方言。脏话的使用，母语倾向不明显，以普通话脏话词为主，方言脏话词占比不大。

五、调查总结与对策建议

作为一种社会行为和言语习俗，说脏话具有一定的普遍性。[2] 要完全禁绝，并不现实。但对于成长中的青少年而言，进行正确引导，文明倡导，压减脏话产生的源头和氛围，仍是十分有必要的。

（一）重视早期教育，抑制说脏话的“源”

调查显示，部分初中学生在其小学低学段甚至学前即接触并学会说脏话，小学三年级则是较集中暴发的时间节点。低幼阶段的少儿模仿性强，自我约束力弱；小学中高学段的学生有了一定的自主意识，但缺乏较好的判断力；一旦沾染上说脏话，就容易形成习惯，甚至成为口头禅。学生在同学、朋友之间说脏话，最初往往未意识到属于不文明行为，说者有时是“开玩笑”，听者有时“没有什么反应”。所以，在早期教育阶段须对说脏话予以明确无误的禁止，抑制其滋生的“源”。

首先是家庭教育不可缺失，家长要做好表率，重言传更重身教；其次是学校要立好规矩，通过行为守则引导学生学会管理自己的言行。在孩子可塑性强的早期阶段，通过家长、老师耐心正面的诱导、纠正，使其树立正确的观念，养成良好的语言文明习惯。

（二）完善情绪疏导，减少说脏话的“因”

调查显示，负面情绪宣泄是学生说脏话的最大诱因。小学中高学段到初中阶段，学生的身体逐渐发育成熟，但心理发育尚不完善，当社会接触增多，学业等压力增大，而自我应对困难的能力又尚不足时，情绪往往容易发生较大的波动。负面情绪不可避免地会产生，需要合适的宣泄途径。作为家长或老师，一方面要注意疏导孩子的情绪，另一方面要教会孩子掌握正确有效的情绪宣泄方式。

首先，家长和老师要尽可能地争取孩子的信任，成为孩子愿意倾诉的对象。其次，有条件的学校应配置较为完善的心理咨询室，让学生有适合的心理疏导场所。最后，引导孩子通过写日记倾吐心声，通过做运动、听音乐、玩游戏等排遣压力，有效地舒缓情绪。情绪宣泄有了合适的渠道，脏话自然会减少。

（三）加强道德建设，收窄说脏话的“口”

调查发现，初中生对脏话总体持否定态度，也较认同说脏话容易对他人造成伤害，但仍有相当比例的学生认为同学、朋友之间偶尔说说脏话问题不大，并未意识到一旦说脏话成为习惯，便会有损个人形象，超出了熟人圈使用脏话，更是容易引起争执。

要使孩子从内心认识到语言文明是个人素质的重要体现，言语上待人以礼，是对他人也是对自己的基本尊重。当孩子认识到说脏话是一种不文明的行为，会给自己和他人带来不良影响和危害，形成“羞恶之心”时，脏话才有可能从根本上得到抑制。拒绝脏话成为内心的自觉，朋辈之间能互相提醒，拒绝接受，有助于形成相互体恤、相互尊重的健康人际交往关系。

（四）营造文明氛围，织好抑脏话的“网”

调查显示，同学朋友圈是初中学生接触、使用脏话最主要的环境，其次是网络媒体，父母等家人也占了一定的比例。由此可见，从家庭到学校，从现实到虚拟空间，都需要营造文明、干净的语言环境氛围。

对于中小学生而言，家庭和学校是其最主要的日常生活场景和语言生活环境。调查表明，学校的正确引导、家长的言传身教都能给孩子带来有效的正面导向作用，家长表率垂范、家校合作引导无疑是关键。而网络虚拟空间在孩子生活中的比重日趋增长，家长和老师引导孩子合理利用网络固然重要，但网络的语言文明，还有赖于政府部门监管、社会舆论引导和网络使用者自觉的多方合力。

参考文献

[1] 梁建伟. 让老师头痛，让家长尴尬 小学生“出口成脏”现象调查 [N]. 钱江晚报，2019-03-29（21-22）.

[2] 陈伟武. 骂詈行为与汉语詈词探论 [J]. 中山大学学报（社会科学版），1992（4）.

河源市太平古街商铺名称景观分析*

郭　杰　肖灵好①

摘　要：太平古街是河源市老城区最为繁华的路段，历史悠久，商铺林立，语言景观极具老城区特色。本文采集了该区域211个商铺名称景观，从语言特征、景观优劣和不规范现象三个角度进行了详细分析，揭示出太平古街语言景观多样性强，兼具指称效果和审美趣味，但也存在个别不规范现象。

关键词：语言景观；太平古街；商铺名称；指称；审美

一、引言

"语言景观"（linguistic landscape）由美国学者 Landry & Bourhis（1997）提出，其内涵被界定为"出现在公共路牌、广告牌、街名、地名、商铺招牌以及政府楼宇的公共标牌上的语言，共同构成某个属地、地区或城市群的语言景观"（尚国文、赵守辉，2014）。近年来，语言景观在城市语言调查中备受关注，已成为社会语言学领域的一个热点分支。语言景观的核心对象是公共领域中带有语言文字的各类标牌，标牌中所呈现出来的语言文字并非随机排列，而是受到了潜在的思想意识和语言观念的制约。

本文以河源市源城区太平古街为考察对象，对该区域商铺名称景观进行采集和分析，并揭示其背后反映的语言文字信息。商铺名称景观属于自下而上的民间语言景观中最重要的一种，极具生活气息和当地特色，因此对该类语言景观进行描述和分析，可以从一个侧面揭示出该地区的语言生态格局、居民语言态度和社会生活状况等信息，从而为城市语言规划提供有益的参考。

太平古街位于广东省河源市源城区珠河桥附近，始建于清朝，全长300多米，宽6～10米，截至2022年已有220多家商铺进驻其中。沿街多为外廊式的南洋风格骑楼，间有清代传统客家堂屋式古宅，古色古香，具

---

* 本文得到教育部人文社科基金一般项目"语言生态视域下广州城中村居民语言生活与语言服务研究"（项目编号：18YJC740021）的资助。

① 作者简介：郭杰，广州大学人文学院讲师，国家语委国家语言服务与粤港澳大湾区语言研究中心研究员，研究方向为理论语言学和语言服务。肖灵好，广州大学人文学院汉语言文学专业2016级本科生。

有很高的观赏价值。太平古街虽历经沧桑岁月，但生意依然红火，而且经营范围广、品种多，服装、家电、农副产品等一应俱全，琳琅满目，能够满足广大群众的不同需求，已成为河源市区唯一保留原清末民初风格，具有怀旧情调，且有集购物、旅游、观光于一体的商业步行街。因为太平古街处于河源市老城区最为繁华的路段，所以该区域的语言景观可以较好地反映出河源市老城区的语言文字特点。

二、太平古街商铺名称景观语言特征分析

笔者采取穷尽式拍摄方法，围绕太平古街主干道及其附近街区，共拍摄照片 225 张，整理出商铺名称景观 211 个，下面首先对这些景观的语言特征进行分析。

（一）语符搭配模式

太平古街作为一条自古闻名的商业街，商铺繁多，街道上挂着多种多样、风格各异的招牌。这些景观的语符主要包括汉字、拼音、英文和极少量的韩文、日文、数字及标点符号。

表 1　太平古街商铺名称景观语符搭配模式

语符模式	数量（次）	比例（%）	例子
纯汉字	106	50.24	科顺自行车店
汉字 + 英文	39	18.48	蜘蛛王 SPIDER KING
汉字 + 拼音	35	16.59	Tongtai 童泰
纯英文	27	12.80	APPMANTONG
汉字 + 韩文	1	0.47	潮流前线조류전선
汉字 + 日文	1	0.47	德洲の汉堡
英文 + 数字	1	0.47	UHAN1
汉字 + 数字	1	0.47	1 集韩号

从表 1 可以看出，太平古街的商铺名称景观以纯汉字的语符类型为主，其数量超过总数的一半，占比达 50.24%。汉字 + 英文、汉字 + 拼音两种搭配模式的比例相当，分别为 18.48% 和 16.59%，这两种模式打破了纯汉字的单一布局，增加了景观的多样性。纯英文的景观也有 27 个，占比为 12.80%。而汉字 + 日文、韩文等其他外语搭配使用的数量较少，只采集到

2 个景观。总体来说，太平古街语符以中文和汉字为核心，夹杂少量拼音和外语，语符模式差异度不是特别显著。这与该区域的经济发展程度密切相关，河源市属于四线城市，发展水平不高，商店大多经营地方性小商品，国际化发展受限。

但是，外语元素作为河源市语言景观的一部分，其研究价值也不容忽视。在国际化的浪潮中，各种语言在全世界范围内不同程度地传播开来。而英语作为公认的全球通用语，在世界各地运用日益普遍，其传播和扩散属于必然趋势。在太平古街的语言景观中，使用外语元素的一共有 69 个，占比为 32.70%。可见，河源虽然是一个小城市，但仍体现出一定的国际化视野。不过，太平古街语言景观中外语的多样性较差，虽然语种数为英、日、韩 3 种，但英语占比为 97.10%，其他语种的景观数量极少，这说明其他语种在该区域的渗透力度与英语相比要小得多。从经营内容来看，这些含有外语元素景观的商铺主要有以下几类：

表 2　太平古街含外语元素景观商铺经营内容构成

商铺类型	数量（个）	比例（%）
服装	34	49.28
食品	29	42.03
化妆品	3	4.35
珠宝	3	4.35

从表 2 可以看出，使用外语元素的语言景观主要集中在服装和食品类商铺招牌中，这反映出该类商品在太平古街最受欢迎，相关商铺的经营规模也较大。这两类商铺共计 63 个，其中全球或全国连锁店有 41 个，占比为 65.08%，比如“Meters/bonwe 美特斯邦威”，“Royaltea 皇茶”。这类商铺全国分布范围较广，受众群体很大，特别是在一些一线城市，例如北京、上海、广州等，外国人较多并且数量逐年攀升，因此让这部分人群知晓其商铺的招牌，可以吸引潜在消费者，提升品牌影响力。这逐渐成为商家设计店名的重点考虑因素之一，而英语作为全球通用语言，无疑成为商家设计招牌时主要考虑使用的语言。另一个重要原因是含有外语元素的景观可以从外观上吸引消费者，使商铺彰显出国际化趋势，营造一种高端大气上档次的即视感。不含外语元素景观的商铺中，个体户所占比例较大，店主大多为河源本地人，经营范围仅限于河源地区，受众范围较小，使用外语的必要性不大。

除此之外，河源市太平古街还出现了韩语、日语招牌，虽然数量极少，都仅有1个，但这与河源市的经济发展水平和开放程度密切相关。河源市处于广东的北部，与珠江三角洲距离较远，经济发展潜力在广东省处于弱势，经济发展水平较低，且因其基础设施还处于建设完善之中，开放程度低，因此受外来语言的影响较小，语言景观在语种方面较为单一。

（二）音节数量信息

商铺名称景观是传递商铺经营内容和品牌的主要载体，它可以直接通过街道上炫彩的霓虹灯与醒目的招牌进行视觉传播，同时借助新闻网络、报纸杂志和互联网等渠道进行更大范围的扩散，还可以通过消费者的口耳相传获得良好的口碑宣传。在整个过程中，商铺名称是否朗朗上口十分重要，因此商家在为商铺命名时，除了考虑名称的意义所指之外，还要十分注意名称的读音。让商铺有一个读得顺口、听得顺耳的名称，不仅能够迅速让消费者熟记于心，还能将商铺的名声传播开来，因此至关重要。而一个名称含有音节数量的多少，是摆在听觉面前的第一个显著要素。我们对采集到的商铺名称景观进行了数据统计，音节长短情况如表3所示。

表3　太平古街商铺名称景观音节数量

音节数量	数量（个）	比例（%）	举例
1个	1	0.47	N
2个	23	10.90	倚桐、曾氏、跨境
3个	57	27.01	为食猫、老爷车、客家汇
4个	62	29.38	蓝色夏天、德州汉堡、都市衣柜
5个	25	11.85	煌上煌酱鸭、紫金牛肉丸
6个	30	14.22	状元宝贝童装、美滋味王子烧
7个	4	1.90	齊興昌土布發行、齊興昌洋货發行
8个	4	1.90	创生童车童装批发、富兴服装批发商行
9个	3	1.42	盛隆五金交电购销部、太平五金渔具营销部
10个	1	0.47	好日子喜庆用品专卖店
11个	1	0.47	上海回力蓝天鞋业经销部

从表3可以看出，短音节商铺名称景观（即单音节、双音节）所占比重较低，合计为11.37%。这类短音节商铺大多经营服饰类商品，商铺名

称具有较强的冲击性，如“N”“朵以”“凡恩”，这或许与该行业竞争的激烈程度相关。在服装类行业中，能否让消费者记住自己的品牌名称将会对产品销量产生较大影响，因此商家在为商铺命名时，首先考虑的就是能否让品牌名称迅速为消费者熟知，简短、冲击性较强的短音节商铺名恰好符合上述要求。

长音节（七个及以上音节）的商铺名称景观占比为6.16%，占比比短音节还要低，这与长音节商铺名称的局限性直接相关。长音节商铺名称一般包含的信息较多，例如“盛隆五金交电购销部”“太平五金渔具营销部”等，直接说明了商铺的经营范围、属名、业名，但这也使得书写时对招牌的长度和字体大小有着严格要求，以致很难广泛运用。另外，商铺名称较长对顾客的接受和记忆也是一个挑战，在效率至上的信息化时代不利于行业竞争，因此较少商家使用。

不难看出中音节（三、四、五、六音节）的商铺名称景观数量最多，占比高达82.46%，它在一定程度上切合了人们的心理预期。短音节名称虽具有冲击性，但提供的信息量太少，而长名称虽提供的信息量较为完整，但不利于顾客接受。中音节名称扬二者之长，避二者之短，在有限的三到六个字符里，既可以为消费者提供商铺的基本信息，又方便记忆和传播，因此最为商家所青睐，如“长沙臭豆腐”，简短五个音节概括了商铺的经营产品、属地和商品特征等信息。

（三）繁体字使用情况

在河源市太平古街中，共有10个商铺名称景观出现繁体字，具体使用的字种数为12个，分别为“優、韓、蓮、紀、貢、達、莊、誠、瓏、馮、對、聯”，其中“優”出现2次，其他字均出现1次。这类商铺主要经营美食、传统手艺和古玩用品，例如“貢茶”“生達茶莊”“優尚誠品”“優质生活”。这些语言景观充分体现了太平古街这个名称中“古”字的特点，增添了几分年代感。

这些商铺使用繁体字的原因主要分为两种：首先，商铺的历史较为悠长，开张时间长，创建招牌时以繁体字为主要用字。早在1964年中国文改委便出版了《简化字总表》，但河源作为经济欠发达地区，在20世纪90年代简体字才得以全面推广。所以一些在20世纪90年代之前的老商铺，其招牌名称一直保留了繁体字，比如“蓮紀”；其次，商铺类型为古玩类或传统手艺类，运用繁体字更能体现出商铺经营内容。繁体字作为传统中文字体，具有年代性、历史性、文化性的特点，而这也正是古玩类商品和传统手艺商品的魅力所在，招牌设计者采用文字的方式，无声地向消费者传递着这样的信息，例如“水玲瓏”“馮生對聯”。

为了更好地了解民众对繁体字的看法，我们随机采访了50位本地人，经统计，其对繁体字的了解程度和个人态度方面的数据如下：

表4　民众对繁体字的了解程度

能够识别的繁体字数量（个）	人数（人）	比例（%）
12	2	4.00
6~11	13	26.00
1~5	30	60.00
0	5	10.00

表5　民众对繁体字景观的主观态度

民众对于繁体字的态度	人数（人）	比例（%）
没必要写成繁体	15	30.00
引人注目，值得推广	4	8.00
具体问题具体分析，有些场合适用	26	52.00
无所谓	5	10.00

从上述表格数据可以看出，能够认识全部12个繁体字的民众占比4.00%，一个也不能识别的民众占10%，可见繁体字识别能力超强和超弱的群体都为少数，大部分民众能够识别少量繁体字，特别是那些较为简易的繁体字，如“蓮紀”“貢茶”等。而一些字形结构较为复杂的繁体字，如“優”，识认效果不佳。另外，太平古街市民在商铺景观的字体选择上更倾向于持使用简单易懂的简体字的态度，但同时也有民众表示，对一些特殊的商铺和场合而言，可以接受使用繁体字。

（四）名称组合方式

从商家的角度来说，商铺名称景观是商铺传递信息的重要标志；从顾客的角度来说，在琳琅满目的商铺之中挑选自己心仪的物品，首先要通过名称景观来确定商铺的性质和出售商品的信息。可见，商铺名称景观是经营者与购买者确立关系的第一个要素，因此至关重要。

从命名的角度来看，商铺名称虽然千姿百态，但其内部结构大体相仿，一般由四个部分组成：一是地名，指从业单位的所属地区；二是属名，表明所属和个性的区别性名号；三是业名，指从业类型名称；四是通名，指商业单位的通用称呼。比如“太平五金渔具营销部”，“太平”“五金渔具”“营销部”分别是属名、业名、通名。

一般来说，如果一个商铺名称四个部分齐全，无疑可以传递给顾客最完整的信息。但是，如果把地名、属名、业名、通名放在一个招牌上，显然有些冗长，且不利于顾客的记忆和口耳相传。所以，商家在设计商铺名称时，往往会根据商铺的性质有选择地删减一些不必要的信息，只保留商铺最直接、最有用、最具个性的信息。我们统计了211个商铺名称景观的命名要素缺失情况，如表6所示：

表6　太平古街商铺名称景观命名要素缺失情况

缺失要素	数量（个）	比例（%）	举例
地名	162	76.78	七姑娘茶铺，爱食尚便利店
通名	141	66.82	美滋味王子烧，紫金牛肉丸
业名	82	38.86	蓮紀，蜘蛛王，朵以
属名	14	6.64	鸡蛋仔，台湾饭团

从表6可以看出，商铺名称景观中地名和通名的缺失率较高，业名的缺失率次之，而属名的缺失率最低。这与命名要素的重要程度直接相关，地名和通名通常不太重要，传递的信息不具有独特性，即使缺失也不会造成太大的问题。业名与商铺经营商品的性质直接相关，如果缺失则会导致商铺性质模糊的问题。而属名则是属于商铺自己的独一无二的特征性要素，对商家而言最为重要，因此缺失属名的商铺景观数量最少，只占比6.64%。

社会学家本—拉菲尔（Ben-Refeal）从社会学的相关理论出发，提出形成语言景观的四条构建原则，即凸显自我原则、集体认同原则、充分理性原则、权势关系原则，这个理论的前三条也可以在一定程度上解释商铺名称景观的命名问题。

第一，凸显自我原则。社会个体作为社会生活中的行动者，总是把自己具有优势的一面展现给他人，这种“自我优势展现”的原则也适用于商铺名称的构建。在繁华的都市地带，各种个性招牌层出不穷，如何在众多商铺中脱颖而出，不仅要依靠产品的品质保证，而且要靠出众的商铺名称吸引顾客。而属名是展示商铺优势与个性的最佳要素，其重要性也就不言而喻了。比如“很牛牛杂”，其中的属名“很牛”极具特色，在顾客间的传播效果非常好。

第二，集体认同原则。商铺名称景观在设计中常展示某种身份特征，以获得某些公众群体的认同。该原则强调以“志趣相投”为基础吸引顾客。如“客家茶菜”就会引起传统客家人的关注，“韩式炒酸奶”就会吸引喜欢韩国风味的顾客。这类属名展示了商铺的独特身份，是凝聚客源的重要因素。

第三，充分理性原则。属名虽然能够凸显一个商铺的个性，但是其对商铺性质和商品信息的揭示力度较弱，如果一个商铺只具有属名，其他命名要素完全缺失，那么对顾客而言，单单通过一个商铺名称景观是很难获取实用信息的。比如“蓝色夏天”“美乐馨”，只具有属名的商铺名称，很难确定其经营性质。因此，在追求个性的同时，也必须讲求理性，满足顾客对信息获取的需求，而业名表现了一个商铺的从业类型，最为直观地向顾客说明了商店的经营范围，这对那些“购买目的性”较强的顾客是非常友好的。比如“衣美睡家纺”“都市衣柜”等，既有属名展示的个性，也有业名揭示的从业类型，因此属名与业名的搭配最为简洁和有效。

（五）商铺命名理据

太平古街211个商铺名称景观各有特色，彼此不同，根本原因是经营者在设计店名景观时遵循的命名理据不同。根据我们对相关数据的分析，太平古街商铺名称景观的命名方式主要分为以下五种：

第一，从经营者的角度命名。在河源市太平古街，时常会看到这样一些店名，如“李记童年”“冯记自行车”“曾氏姜撞奶”“郑氏玉米汁”等，带有姓氏或者店主名字的名称。经营者用自己的姓氏做旗号，一方面朴实简洁，可以打下良好的口碑，便于流传；另一方面也可引起同姓氏顾客的关注，吸引潜在的消费者。用姓氏做招牌一般是一些老字号的商铺，他们祖祖辈辈弘扬着先辈的手艺，传承着先辈的精神，值得我们尊重。

第二，从经营产品的特点命名。在商铺命名时，商家为了吸引顾客，往往将所经营产品的特点直接呈现在消费者眼前，生动形象，极具象征韵味。如美容店的招牌名称“艾美丽”，不仅谐音“爱美丽”，还体现出美容店能够达到护肤养颜的效果。又如甜品商铺名称“甜蜜居”，体现了甜品滋味甜蜜，使人难以抵挡甜食的诱惑的特点。

第三，从美好寓意的角度命名。吉祥话是表达美好愿望的一种途径，中华民族向来重视吉祥语言的使用。商家在给商铺命名的时候，更喜欢运用吉祥的词语，以此寄寓自己美好的祝愿。一个具有“福气”的店名不仅看起来赏心悦目，还可能为商铺带来好运。如“太平五金渔具营销部”

"富兴服装批发商行""盛隆五金交电购销部""生达茶庄"等，寓意繁荣昌盛，生意兴隆，财源滚滚。

第四，从谐音的角度命名。随着城市化的发展，商铺的种类和数量渐渐增多，运用谐音做招牌，因能吸引顾客驻足，也渐渐为商家所采用。如"猴味道""天涯海饺""蒸美味""爱食尚便利店"等，这些商铺名称运用成语、方言的谐音创造出独特的韵味，使顾客过目不忘，传播效果极佳。

第五，从地名归属命名。地名昭示了商铺的地方特色和风俗文化，借用地方的名号打响商铺招牌，运用特色的地方商品吸引顾客。如"重庆小面""德州汉堡""上海回力""台湾饭团""紫金牛肉丸"。由于不少顾客对各地美食和商品都略有耳闻，因此用化地名为属名的方式给商铺命名，也是一种极具宣传力的命名方式。如果商铺招牌上的地名恰好是顾客的家乡，就能在不知不觉中拉近商家与顾客的心理距离，让人倍感亲切。

三、太平古街商铺名称景观优劣分析

商铺名称景观是顾客对商铺的最初印象，名称的优劣对商铺的产品销量、受欢迎程度具有重大的影响。因此，考察一个区域商铺名称景观的优劣不仅可以给商家提供有利的参考建议，也可反映该地区蕴含的社会文化信息。总体而言，太平古街商铺名称景观效果良好，下面我们将从指称效果和审美趣味两个角度作出简要分析。

（一）指称效果

商铺名称景观的指称效果是指顾客在看到商铺名称时，能准确识别和判断其经营范围和商品大概信息。顾客如何在林林总总的商铺中快速选出符合消费需求的对象，购买到称心如意的商品，就需要商铺名称具备良好的指称效果。通过对太平古街 211 个商铺名称景观的分析，其指称效果如表 7 所示：

表 7　太平古街商铺名称景观指称情况

类型	数量（个）	比例（%）
指称效果显著	115	54.50
指称效果模糊	96	45.50

从以上数据可以看出，具备良好指称效果的商铺比例只有115个，如“韩式炒酸奶”“开心花甲粉”“马仔三杯鸭”“郑氏玉米汁”等，一眼就可以判断出该商铺的经营范围和商品信息。但是具有良好指称效果的店铺占比仅仅过半，还有45.50%的商铺无法直接判断其经营范围和商品概况，指称效果较差。如“樫韓”“美乐馨”“曾氏”，只通过店铺名称无法判断相关信息。特别是服装类商铺，指称效果较差的比例最高，比如“1集韩号”“淑女日记”“蓝色夏天”“倚桐”等，都无法提供显著的指称信息。因为服装类行业竞争激烈，商铺名称一般以新奇、个性为主，力求吸引顾客眼球，凸显属名的比重，而对其他命名要素不甚关心，所以指称效果较差。而河源市太平古街有较多的服装类商铺进驻其中，导致整体商铺的指称效果偏差。

（二）审美趣味

一个效果较好的商铺名称景观首先要有一个语音表征，读起来朗朗上口，便于顾客口耳相传；其次，字里行间还必须体现出一定的意义之美，不能言之无物，干瘪乏味；最后，因商铺名称景观要以招牌的方式诉诸视觉，所以还必须拥有较好的字体、色彩和排版设计。

首先，太平古街商铺名称景观的音韵之美主要体现在对音节的有效掌控。比如含有双声的音节，像“大东”“蜘蛛王”“水玲瓏”；或者是叠韵的音节，像“卓多姿”“龙宫大鸡排”。双声和叠韵的适当使用，可以使商铺名称景观更加悦耳动听，大大增强传播效果。另外还有不少叠音词，在商铺名称中恰当地运用叠音词语，可以突出词语的意义，加强对事物的形象描绘，增强音乐美感，如“婴婴园”“牛嘎嘎”“满满生煎”等。销售母婴产品的商铺“婴婴园”，“婴婴”两字即可指代婴儿，也可想象为婴儿的啼哭声，使人获得真实的感受。美食店“牛嘎嘎”，“嘎嘎”二字叠音可以加强对美食的形象描绘，将味觉转化为听觉印象，深受大众喜爱。

其次，太平古街商铺名称的意义之美体现在对不同感官的诉求。比如“印象漓江”诉诸视觉，使人脑海中浮现出蜿蜒曲折的河流之景。“蓝色夏天”如站在海边吹着凉爽的海风，给人以视觉享受和清爽舒适的体感。“蒸美味”“猴味道”“佳味佳”则诉诸味觉，自然而然地让人联想到胃口大开的美食。“婴婴园”运用拟声词，诉诸听觉，使人仿佛听到婴儿的啼哭声。

最后，太平古街商铺名称景观字体之美体现在风格的多样。不同的商铺在自己的招牌中运用的字体和设计风格各具特色，不雷同，不单一，极具多样性。根据我们的统计，太平古街含有汉字的183个商铺名称景观中共使用了5种字体，分别为宋体、楷书、行书、小篆、娃娃体，具体比例如下：

表8　河源市太平古街汉语语言标牌字体统计

字体	数量（个）	比例（%）
宋体	119	65.03
楷书	26	14.21
行书	20	10.93
小篆	12	6.56
娃娃体	6	3.28

总体来说，河源市太平古街字体以宋体为主，占比65.03%，这是因为宋体字形方正，结构严谨，整齐均匀，有极强的笔画规律性，使人在阅读时有一种舒适醒目的感觉，因而也是当今印刷行业应用得最为广泛的一种字体。另外，楷书、行书、小篆这三种古典中华书法字体的运用数量也不少，共占比31.70%。商家采用楷书、行书、小篆的原因主要分为两种，一种是商家认为书法字体更能体现出商铺经营的产品的性质，另一种是商家想使招牌更加美观、富有艺术性，吸引消费者。一种最近新兴的字体——娃娃体，也有不少招牌选择使用，娃娃体由华康科技制作，属于TrueType字体，在外形及风格上类似于儿童字体，稚嫩可爱，主要用于婴幼儿和儿童产品，如"爱尔康"就运用了该字体。

四、太平古街商铺名称景观不规范现象

（一）繁体字、古文字使用不规范

在商铺名称景观中运用繁体字和古体字可以增添商铺的文化气息，平添几分古典美，但也存在一些不规范现象。2012年3月1日实施的《广东省国家通用语言文字规定》（以下简称《规定》）明确指出：企业名称、商店名称的用语用字应当以国家通用语言文字（简体字）为基本用语用字；题词和手写招牌可以保留或使用异体字；老字号牌匾、手书招牌使用繁体字和异体字的，应当在适当位置设置使用规范汉字的副牌。而笔者在调查中却发现一些店名使用印刷体的繁体字和异体字，但没有在适当位置设置使用规范汉字的副牌，这是与国家的法律背道而驰的。比如"UHAN1 樱韓"。

（二）外国语言文字使用不规范

随着商品交换的扩大和世界市场的形成，太平古街商铺名称也吸收了来自不同国家的语言元素，但对于外国语言文字的运用，《规定》明确指出：需要使用外国语言文字的，应当采用国家通用语言文字为主、外国语言文字为辅的形式，严禁单独使用外国语言文字。但太平古街单独使用欧美语言文字或以欧美语言文字作为主要语言的现象较为普遍，不符合国家法律规范。比如“Laoqianchiche”“APPMANTONG”“CAMALOM”等。

（三）拼音使用不规范

在太平古街商铺名称景观中，也存在不少拼音使用不规范的现象。主要分为三种：一是“ü”使用不规范，这主要跟通行键盘无法直接打出该字母相关，比如“SHUNVRIJI 淑女日记”中，将“女”字拼为“NV”，用“V”替代“ü”，不符合汉语拼音使用规范；二是随意省减，比如“虹坊格 HOFANGE”，将完整的“HONGFANGGE”缩减成“HOFANGE”；三是拼写错误，比如“郑氏玉米汁 ZHENGSHIYUMIAHI”，最后一个音节“ZHI”错拼成“AHI”。

（四）文字使用不规范

太平古街有不少运用谐音、方言创造的独特商铺名称景观，比如“天涯海饺”，就是由成语“天涯海角”改编而来。商家运用这种谐音方式，使商铺的经营内容融入耳熟能详的成语当中。再比如“猴味道”，“猴”是粤语中“好”的发音。对于谐音、方言的使用，目前国家还没有明确的规范和限制，但是《规定》指出，公共服务行业的名称牌、指示牌、标志牌等，应当使用规范汉字。而“天涯海饺”“猴味道”这类招牌显然不属于规范汉字的范围。这类商铺名称景观可能在一定程度上能够提升商铺的吸引力，但也有可能会对低龄受众产生误导。

五、结语

语言景观分析作为语言应用研究的新视角，可以揭示特定区域的民众语言生活状况和语言生态格局，从而为地区语言规划提供有益的参考，具有显著的应用价值。本文通过分析，首先揭示出河源市太平古街商铺名称景观在语符搭配和组合方式方面呈现出多样化、个性化特点，但国际化程度较低；其次，在指称效果和审美趣味方面，太平古街的商铺名称景观都具备一定的特色；最后，分析了太平古街存在的语言文字使用方面的不规范现象，这些不规范现象会给民众带来一定的误导，需要适当加以引导和监督。

参考文献

［1］葛俊丽．语言与空间：语言景观研究视角［J］．北京第二外国语学院学报，2016（4）．

［2］李丽生．国外语言景观研究评述及其启示［J］．北京第二外国语学院学报，2016（4）．

［3］邱莹．上饶市语言景观调查研究［J］．语言文字应用，2016（3）．

［4］尚国文，赵守辉．语言景观研究的视角、理论与方法［J］．外语教学与研究，2014（2）．

［5］夏娜，夏百川．语言景观个案研究：以昆明文化巷为例［J］．黑龙江教育学院学报，2016（6）．

［6］徐茗，卢松．城市语言景观研究进展及展望［J］．人文地理，2015（1）．

［7］赵世举．当代商业店名的构成类析及文化透视［J］．云梦学刊，1999（1）．

“淘宝网”营销言语策略调查研究

张晓苏　李向农①

摘　要：商品人营销过程离不开语言，语言可以成为营销策略的一部分。本文采集了淘宝网中6 000例商品描述文字以及240位客服的服务语言作为语料，对其进行数据统计，归纳出淘宝网商品交易过程中形成的特殊营销言语策略及风格。本文分析这些策略及风格的形成原因，并通过对购买者的访谈考察淘宝网营销言语策略的使用效果。

关键词：网络营销；言语策略；言语风格

在商品营销过程中，买卖双方需要经过有效的沟通才能达成交易，对于卖方来说，语言是营销的重要手段之一。在传统的营销模式里，卖方、买方和商品三者都处于同一时空，买卖双方可以近距离地使用有声语言进行介绍、询问、解答、还价等一系列对话。而在如今，电子商务蓬勃发展，网络营销模式已经被消费者接受，以淘宝网为例，交易前买方单凭网店中的“商品描述”来考察商品的特点与品质，如果对商品产生兴趣，则开始联系店主或客服进行深入交谈。在交谈过程中，双方的表情、体态无法观察，声调和语气也无法听辨，买卖双方的沟通方式仅为文字形式，或辅以少量图片。

淘宝网中，绝大多数商铺的营销模式高度一致，买卖双方的言语交流逐渐形成一种独特的风格。比如，“亲”作为卖家自创的对买家的称呼被广泛使用，且已经登上了淘宝网的首页作为其标志，“淘宝体”② 的概念由此诞生，并渐渐开始为派出所、学校、外交部等网络营销之外的机构和行业所借用。

本文将淘宝网12大类目（虚拟票务、服饰鞋类、箱包配饰、数码家电、美容护发、母婴用品、家居建材、食品百货、运动户外、汽车用品、

---

①　作者简介：张晓苏，广州大学人文学院讲师，研究方向：汉语国际教育，应用语言学。李向农，华中师范大学教授、博士生导师，研究方向：现代汉语语法为主攻方向，兼及语言逻辑和应用语言学。

②　淘宝体是说话的一种方式，最初见于淘宝网卖家对商品的描述。淘宝体后因其亲切、可爱的方式逐渐在网上走红。

文娱爱好、生活服务）下 600 家店铺[①]的 6 000 件商品的描述语言、240 位客服的服务语言作为语料进行分类和统计，并抽取 120 位在这些店铺成功购买商品的买家进行在线访谈，以考察淘宝网网络营销言语策略的特点及使用效果。

一、商品描述语言调查统计

在淘宝网中，每个商品有固定的链接，打开链接之后可看到商品的详情介绍，即“宝贝详情”，包含了商品的各类拍摄图片（外观与效果图）以及相关文字描述（包括关于商品质量、功效、使用方法等），或者还有卖家进货渠道、快递服务方面的声明。我们对这些文字描述在篇幅、高频词、语气词及拟声词、风格特点等方面进行考察，得到以下数据：

（一）篇幅统计

我们将“宝贝详情”中卖家介绍该种商品的所有字符总数（含标点符号）视为文字篇幅，网页中附带介绍其他产品的文字不计入字符数量，经过统计，得出每种类目商品文字描述的平均篇幅，如表 1 所示：

表 1　商品描述的平均篇幅

单位：字

商品类型	篇幅	商品类型	篇幅
虚拟票务	310. 1	家居建材	923
服饰鞋类	570. 5	食品百货	701. 5
箱包配饰	316. 7	运动户外	563. 9
数码家电	1 352. 5	汽车用品	2 298
美容护发	1 262. 1	文娱爱好	603. 3
母婴用品	1 196. 8	生活服务	579

数据显示，功能类商品文字描述的篇幅较长，尤其是功能复杂、价格高昂的商品，如汽车零配件、数码家电等，以及功效直接作用于人体的商品，如美容护肤类商品和母婴用品。与其他类别的商品相比，这些商品的

① 主类目借鉴了淘宝网自有的分类，每个类目下选择了成交量最高的 50 家店铺作为考察对象，每个店铺选取 10 件销量最高的商品查看其商品描述，并与该店铺的客服进行在线交流。

科技含量和价格利润相对较高，且制造工艺、构成元素及使用方法也都相对复杂，需要大量文字进行详细的说明介绍。其他类别的产品则以图片为主，旨在多方面展示商品外观，“实拍图”传递信息的效率远大于文字描述，也是消费者更偏好地了解商品的方式。

（二）高频词统计

我们将各类目商品介绍文字使用ICTCLAS 2010分词软件进行分词，并将其中使用频率最高的10个词按照降序排列，如表2所示：

表2　各类商品高频词

虚拟票务	快、自动、充值、到账、账号、发货、密码、保证、在线、旺旺
服饰鞋类	正品、真、新、日韩、热卖、欧美、亲、特价、质量、保证
箱包配饰	正品、新、日韩、欧美、热卖、真、最、好、同款、折
数码家电	正品、质量、新、苹果、保修、华为、正规、手机、库存、特价
美容护发	正品、新、效果、亲、女、美、热卖、宝贝、好评、好用
母婴用品	宝宝、真、妈妈、宝妈、放心、效果、活动、正品、功能、提供
家居建材	质量、品牌、材料、配件、服务、使用、安装、正品、保修、展示
食品百货	信誉、质量、好、味道、好评、宝贝、信誉、划算、活动
运动户外	正品、品牌、质量、折扣、特价、使用、快、舒适、新、促销
汽车用品	质量、品牌、正品、好、车、型号、安全、保修、真、新
文娱爱好	质量、品牌、价格、正品、快、多、真、纯、折、学习
生活服务	质量、折扣、低、快、个性、保障、真、划算、新、好

可以看出，各类目店铺商品描述使用的高频词有同有异，相同的词汇主要涉及商品质量和店铺信誉方面的内容，如“正品”“质量”“品牌”等，以及被淘宝网赋予新义的词汇，如“宝贝”指的就是商品本身；高频词的相异则是由主营商品的特点造成的，如服饰鞋类商品需要凸显强调其潮流性，而家居建材类商品重在介绍产品的组装和使用方式等。

（三）语气词及拟声词使用统计

使用语气词和拟声词是“淘宝体”的特征之一。淘宝网商品描述中常见的语气词有“呢、哦、噢、啦、哟”等，另有网络流行语言中的语气词“哈、涅”等；拟声词主要是模拟人声，如“哈哈、嘻嘻、呵呵、呜呜”

等，另有“嘎嘎、哇咔咔”等网络语言中模拟笑声的拟声词。

商品描述语言中语气词和拟声词适应频率较高的类目有服饰鞋类、箱包配饰、美容护发、母婴用品、食品百货等。这几类商品以女性客户为主，使用上述语气词和拟声词，描述文字会使语气轻快、生动、活泼，或产生亲切、可爱等气质，从而使消费者更易于接受，无形中增加了消费者对商品的好感度。

（四）商品描述语言风格分类

淘宝网中不同的商品描述语言也有不同的风格，大致上可分为以下四类：

1. 客观平实型

如：此款产品从正规渠道进货，含有……成分，具有……的功效，在实体店销量很好，有很多顾客回头购买，各位买家可以查看评论。

此种风格分布最为广泛，遍及所有类目。

2. 紧张强烈型

如：爆款上新啦！亲们久等了哦！活动价持续 3 天，赶快来拍哦！下一批次 6 个月之后才会有！错过这款超值的……您会后悔整整半年哦!!

此种风格的分布也较广泛，几乎所有类目都有店铺使用，但数量上少于客观平实型。

3. 抒情文艺型

如：尘世喧嚷，心情逼仄，低下头，不是因为丧失骄傲，不是因为放弃希望，而是为了呵护心底那一缕纯洁温暖的香。

此种风格面向女性买家群体，主要分布在服饰鞋类、箱包配饰、美容护发、母婴用品、食品百货等类目中，主营家居建材和文娱爱好商品的店铺也有使用的情况。

4. 义正词严型

如：我们从正规渠道拿货，请不要再问宝贝是否正品！不议价不包邮！介意的请绕道！识货的赶快拍！

此种风格相对比较少见，在分布上也不存在明显的规律和特征。

二、淘宝客服服务语言调查

我们在以上 12 大类目的淘宝店铺中选择 240 名客服进行在线交流（其中男性与女性客服各 120 名），并对客服的文字语料从下列方面进行分析：

（一）称呼语的使用

在与买家的交流中，客服对买家经常使用的称呼语有“亲”“美女”“小仙女”“帅哥”“客人”等几种，就使用频率来说，“亲”排首位，各类目的店铺客服都使用过；“美女”“小仙女”则多见于女性买家占多数的类目；“帅哥”的称呼相对少见，一般是在客服得知了买家性别为男性之后才可能使用；“客人”的使用频率不高。

在这些称呼中，“美女”“帅哥”为称赞式的称呼语，“客人”为传统型的称呼语，这三种称呼语在现实的购物环境中也经常使用，“亲”则是起源于淘宝的称呼语，并成为“淘宝体”的典型词汇。由于买家的性格年龄及外貌特点无法观察，而且“亲”作为“亲爱的”缩略式，削减了原形式所负载的浓烈爱意与私密程度，将其包含的情感因素控制在一个较为适当的范围之内，不仅拉近了买卖双方的距离，也是客服对买家主导地位的一种承认，这不失为一个妥当的选择，故成为各种类目店铺中男女客服的首选。

（二）礼貌用语、语气词及拟声词的使用

销售行业中礼貌用语的使用率极高，尤其在网络营销中，由于声音、身体姿态及表情的剥离，礼貌用语的频繁使用就成了对客户表达尊敬的最有效手段。淘宝客服对语气词的使用频率也颇高，且刻意将语气词的使用范围扩大，与礼貌用语搭配使用，招呼语如“您好噢”“亲，我来为您服务哈”，以及各种应答如“好的呢/哦”“您稍等哈”等，并经常使用拟声词如“没关系呢，呵呵”“抱歉没货了，呜呜呜”等在语气方面对文字交流进行补充，以塑造销售者的耐心、诚恳、谦虚有礼和“好脾气”的形象。

客服在礼貌用语、语气词及拟声词的使用情况中，不存在性别上的差异，类目之间差异也极小，只是在虚拟票务类店铺中，有很多买卖都是自助式购物，买家通过人机互动即可完成交易，与客服交流的情况较少，故这几类词语的使用频率也较低。

三、淘宝买家对营销语言的态度调查

我们随机抽取了 120 位购买信用较高的买家进行在线询问式调查，以考察买家对淘宝网络营销语言的态度。主要询问了下列问题：

（1）在考虑购买商品时，商品描述语言能否刺激购买欲？其影响力占几成？

所有的买家都认为描述语言能够刺激购买欲，但影响力并不高，有 87

位买家认为影响力在20% ~30%，33 位买家认为在 10% ~20%。

（2）哪种风格的描述文字更能引起购买欲？

有 91 位买家认为客观平实型的描述最能引起购买欲，紧张强烈型次之，抒情文艺型和义正词严型的描述再次之。

（3）是否注意到淘宝网的营销语言与现实生活中的营销语言存在差异？最大的差异在哪些方面？

所有的买家都注意到了差异，并认为称呼语和用词上的差异最为明显。

（4）是否注意到经营不同商品的店铺在商品描述和客服语言风格上存在差异？

有 83 位买家认为存在差异但不明显，37 位买家则认为没有什么不同。

（5）你是否曾被客服称呼为“亲”？对这个称呼有什么感觉？

所有的买家都表示自己被这样称呼过，其中持正面评价的有 19 人，90 位买家认为没有感觉，持负面评价的有 11 人，但在问到觉得哪一种称呼比“亲”更好的时候，11 位持负面评价的买家均表示无法举例。

（6）你是否喜欢“淘宝体”？

没有买家对“淘宝体”持负面态度，随着多年发展，此种语言现象引起的新奇感已经逐渐降低，大多数人对淘宝体的表达已经非常熟悉，其中有 12 位买家表示“很有趣”“非常喜欢”；83 位买家的评价为“还可以”“还不错”；13 位买家表示“没有感觉”；2 位买家表示不知道有“淘宝体”。

四、结论

经过对淘宝网营销语言使用主要场合（商品描述与客服服务）中的语料进行统计分析，我们得出以下结论：

第一，淘宝网的经营覆盖面和客户覆盖面都非常广，淘宝网公布的数据显示，2019 年网站注册用户达到 7.55 亿，店铺不少于 600 万家，商品数量达到 8 亿，年成交金额达到 3 234 亿元，这些数字还在不断增长，可以说淘宝网极大地推动了电子商务和网络营销发展。诸如“亲”等产生于淘宝网商品买卖过程中的专门用语，以及被此种行业扩大了语义的“宝贝”“拍”等词语，在某种程度上已成为这种行业的行话。而大量使用语气词、风格轻快亲切的“淘宝体”，逐渐成为该行业的标志性语体，已经开始被其他行业所借用，如南京某高校的录取通知、外交部发布的招聘信息等，借用后均取得了良好的效果。某地公安机关在敦促在逃犯罪嫌疑人的通告中运用“淘宝体”后，已经有 2 名嫌疑人受感召自首。这在一定程度上说明，“淘宝体”相对于曾经出现的其他流行语体如“凡客体”等，具有更强的生命力。

第二，淘宝网经营类目繁多，不同类目下店铺的营销言语策略有同有异，相同之处在于：①商品描述中注意强调商品质量和店铺信誉；②多使用客观平实型的语言风格来介绍商品。各店铺营销言语策略的差异主要由其主营商品所属类目不同造成，在市场销售中，不同类别的商品，客户群体结构不尽相同。一般科技含量较高、价格较昂贵、实用性和操作性较强，以及与人体健康密切相关的商品，由于潜在客户的专业水平较高，消费心态相对慎重，经营店铺在介绍商品时会使用较多的文字进行说明，并在不同程度上采用科技体客观平实的风格，而与个人外在形象相关的日常用品，或操作简单、价格低廉的商品，则倾向用篇幅较小且具有一定煽动性的文字来介绍商品。

第三，主营商品类目属性对商品描述性文字的使用策略影响较大，但对客服服务用语的影响并不明显，不管经营何种商品，性别是男是女，客服用语的风格都比较统一，以亲切、轻快、客气、和善为特点，并广泛使用“淘宝体”。这说明在网络营销的人际交流方面，除了交际目的之外，对言语策略影响较大的是交流方式和渠道，客服的目的是向买家介绍、推销商品，促成交易，在无法了解到买家性格特点和消费特点的情况下，“淘宝体”的言语风格无疑更为妥当。

第四，从对买家的调查结果来看，大部分买家接受并认可淘宝网的营销语言，而淘宝网卖家的言语策略对促成交易也起到了一定的积极效果，基于淘宝网目前的发展态势和电子商务持续繁荣的状况，淘宝网的网络营销言语策略已经逐渐被其他传统营销行业借鉴，甚至进一步被其他传统行业和机构借鉴，生发出了更多的语言新现象。

参考文献

[1] 周彬琳. 营销语言表达的辩证艺术 [J]. 安徽商贸职业技术学院学报（社会科学版），2003（3）.

[2] 李莎. 高校网上“跳蚤市场”销售语的语用研究 [J]. 安徽广播电视大学学报，2006（1）.

[3] 任欢. 网络交易中称呼语的语用研究：以“亲”字为例 [J]. 吉林省教育学院学报（学科版），2011（2）.

[4] 蒋绍君. 在顺应论指导下服装销售语言使用策略研究 [J]. 长春理工大学学报，2011（7）.

[5] 叶姝. 网络购物称呼语使用情况调查与分析：以淘宝网用户为例 [J]. 中国市场，2011（10）.

汉语方言受益者标记来源考察

黄晓雪[①]

摘　要：汉语方言的受益者标记至少有以下几个来源：①来源于“给”义动词，如“给”“拨”等；②来源于伴随介词，如“跟”“和”“同”“搭”“挨”等；③来源于替代义动词“替”“代”；④来源于帮助义动词“帮”“助”；⑤来源于处置标记，如“把”“捉”。受益者标记来源不同，演变路径也不一样，这跟源词的语义有关。

关键词：受益者标记；替代义动词；帮助义动词；处置标记

汉语方言的受益者标记[②]至少有以下几个来源：①来源于替代义动词“替”“代”；②来源于帮助义动词“帮”“助”；③来源于处置标记，如“把”“捉”；④来源于“给”义动词（指相当于普通话“给”的动词），如“给”“拨”等；⑤来源于伴随介词，如“跟”“和”“同”“搭”“挨”等。[③] 本文把带有受益者标记的句子称为“施益句”。这类句子都有使某人受益（包括受损）的意思，其主要格式是“受益者标记 + O + VP”[④]。所谓“受益”大致可按语义分为三类：一是服务受益，指动作行为服务于某一对象，使其受益，如“给大家办点事”，“大家”是服务的对象；二是接受受益，指把某物给予某一对象，使其受益，如“给孩子买一双鞋”的“一双鞋”是给予物，“孩子”是接受者同时又是受益者；三是替代受益，指代替某一对象行使某动作行为，使其受益，如“他不识字，你替他写封信”，“他”是替代的对象。作这样的划分，主要是为了便于探讨来源不同的受益者标记的演变路径。三类受益当中，服务受益是核心，接受受益和替代受益都隐含有服务受益，因而服务受益与替代受益、接受受益的关系

---

① 作者简介：黄晓雪，博士，广州大学人文学院、国家语委国家语言服务与粤港澳大湾区语言研究中心教授。研究方向为历史语法、汉语方言语法。

② “给”“把”“跟”等也可以引进受损者，但以引进受益者为主。引进受益者与引进受损者句法构造没有不同，本文统称为受益者标记。

③ 汉语很多方言还用“为”作受益者标记。这类受益者标记应是古汉语在方言中的遗留，关于其来源，张玉金（2010）有论述，本文不讨论。另外，江西吉水话的使役动词“等”也可同时用作受益者标记。使役动词在汉语各个方言中都有，但我们在目前掌握的材料中还未发现其他方言有来源于使役动词的受益者标记。“等”是如何由使役动词发展为受益者标记的？其具体演变过程尚不清楚，本文也不作讨论。

④ 现代广西境内的一些方言（如南宁白话、柳州话）有“VP + 受益者标记 + O”格式的施益句，黄晓雪（2017）认为，这类施益句的形成跟壮语的影响有关。本文不考察这类格式的施益句。

都很密切，而典型的替代受益和接受受益之间的关系则较为疏远，替代受益不隐含接受受益，接受受益也不隐含替代受益。接受受益其实是服务受益中的一种：当服务受益时，如果动作的对象归对方所有，就是接受受益。另外，有的施益句意义比较抽象，可能有兼属两类的情况，如“给他说句公道话”，既可以看作服务受益，又可以看作替代受益。

受益者标记来源不同，演变的路径不一样。“给”义动词、伴随介词以及处置标记到受益者标记的演变另有专文讨论，本文只简单介绍其主要观点。

一、来源于替代义动词

来源于替代义动词的受益者标记有“替”和“代”。这类受益者标记在南北方言中都有。用“替”的方言分布比较广，几乎各大方言区都有（粤语区用“替”的少见）；用“代”的方言分布面较小，主要在吴语区。这主要是因为，作为动词，“替”比“代”常见，因而语法化而为受益者标记的也相应较多。用“替”的方言有哈尔滨、银川、济南、洛阳、南京、福州、海口、绥宁、辰溪、隆回、金华兰溪、宿松，等；用“代”的方言有扬州、上海、温州、天台（［dai^{224}］）等。①

哈尔滨：你替我写封信。

南京：坐着，我替你去盛饭。

南通：大伙替他说话。

福州：①各侬（大家）都替汝高兴。②汝替我写一张批（一封信）。

扬州：你代我写封信。

上海：代我写封信好?

“替”“代”在这些方言中同时用作“替代”义动词。

下面以宿松话为例来说明“替”由动词演变为受益者标记的过程。

(1) 你去替一下渠。

(2) 我去替渠看下夜（我去替他值一下夜班）。

(3) 我替渠洗衣裳。

(4) 我不认得字，你替我写一封信（我不认识字，你替我写一封信）。

(5) 你替奶奶捶下背。

---

① “替”的材料见李荣主编（2002：4109），伍云姬主编（2009：64、136、220）；“代”的材料见李荣主编（2002：992－993），马贝加、陈伊娜（2006）。本文未注明出处的用例皆为笔者调查所得。

(6) 我家山上里树昨日夜里把在贼偷去着(我家山上的树昨天晚上被贼偷去了),替人家种着(了)。

例(1)中,“替”读“[t'i^{21}]”,例(2)~(6)中,“替”弱化为“[·t'i]”。例(1),“替”是句中唯一的动词。例(2),“替”用于“A+替+B+VP”,其后另有动词,“替”仍然有“替代”义,因为“看夜(值夜班)”本是“渠”的工作职责或义务,“我”代替了“渠”。但这个例子里的“渠”因有人替代而成为受益者,“替”看成受益者标记也不是不可以。例(3)的“替”为受益者标记。可作两种理解:①理解为替代受益。“我”参与或代替了“渠”的工作,“渠”因此而受益。②理解为服务受益。“渠”是服务的对象,当“A+替+B+VP”中的VP不被预设为应由B承担的工作时,“替”就演变为表服务受益的介词了。例(4)的“替”可以看作表替代受益,例(5)(6),“替”通常理解为表服务受益。

动词“替”正是在例(2)这种“A+替+B+VP”格式中开始虚化为受益者标记的。“A代替B做某事”本身就隐含让B受益的意义,处于第一动词位置的“替”很容易向受益者标记转化。

历史上,“替”也有受益者标记的用法。李崇兴(1994)指示,在明朝以前的文献中,“替”主要用作替代义动词,真正的介词“替”的用例极为少见。三十种元刊杂剧里面未发现一例。《全元散曲》中也只有个别例子,在《元曲选》宾白中介词“替”才大量使用。例如:

(7) 低红如解替君愁。(白居易《山枇杷花二首》)

(8) 我身替娘长受苦。(《敦煌变文·大目乾连冥间救母》)

(9) 我便要替你捎书,尘凡隔绝,怎生到得那处?(《元曲选》1628·4)

(10) 冬天替你妹子温的铺盖儿暖了,着你妹子歇息。(《元曲选》195·15)

(11) 你替我做个落花媒人。(《元曲选》1664·21)

(12) 家中有一本《论语》,卖了替父亲买些纸烧。(《元曲选》642·20)

李先生认为,例(7)(8)中“替”的代替意义还很实在,还应该算动词,尤其是后一例(前一句是“惟愿狱主放却娘”)。我们认为,例(7)(8)也可以重新分析为替代受益。例(9)“替”为替代受益,例(10)(11)为服务受益,例(12)为接受受益。

再看“代”。温州苍南话的“代[dei^{22}]”同时用作替代义动词和受益者标记。

替代义动词：渠该日病着，你走代渠去（他今天生病，你去替他）。

替代受益：渠不识字眼，你代渠信写封（他不识字，你替他写封信）。

服务受益：①代阿奶敲背（给奶奶捶背）。②代渠做媒（给他说个媒）。

接受受益：姆儿衣裳小爻，你代渠买件（孩子衣服小了，你给他买件）。

“代”的动词义跟动词“替”相近，其演变为受益者标记的过程应跟“替”相似。

陈章太、李行健主编的《普通话基础方言基本词汇集》（1996：4555，4562）列举的93个方言点中，与词目“给”和“替”功能相当的“替”“代”分布不同。“给大家办点事”（服务受益）用“替”的有55个方言点（用“代”只有涟水一个方言点，且与“替”并用），而“我替你写封信”（替代受益）用“替”则有61个方言点（用“代”的有4个方言点，其中，敦煌、连云港、涟水是“替”和“代”并用，只有一个方言点单用“代”）。“替”“代”用于服务受益的方言点要少于替代受益的方言点，这说明有些方言中“替”或“代”还没有发展出服务受益的用法来。“替”“代”演变为接受受益最晚。笔者调查发现，有的方言“替”（如宿松方言的“替”）或“代”（如吴语衢州柯城区的“代［dɑei^{112}］”）只用于替代受益、服务受益，不能用于接受受益。从语法化的过程看，替代义动词当首先用于替代受益，替代受益跟服务受益语义接近，前者容易向后者转化。

替代义动词发展为受益者标记应经历这样的过程：替代受益→服务受益→接受受益。

二、来源于帮助义动词

来源于帮助义动词的受益者标记有“帮”和“助”。这类受益者标记各方言区都有。用“帮”的方言有：乌鲁木齐、南通、上海、金华、江山（［pia^{35}］）、长沙、辰溪、娄底、宁化、滇西一带（如永胜、鹤庆县）、广州、南宁、休宁（［pau^{33}］）、江西湖口（［pɔŋ^{31}］）等。①

乌鲁木齐：你帮我写封信给他。

---

① “帮”的材料见李荣主编（2002：5843－5844），伍云姬主编（2009：136，179），盛益民（2010），张桃（2004：196），黄伯荣主编（1996：527），平田昌司（1997）。

长沙话：你帮我写封信。

南宁平话：老李帮我讲许渠听喇（老李帮我告诉他了）。

广州话：我帮你去摆。

“帮”在这些方言中同时用作帮助义动词。下面以江山话为例来说明“帮［pia^{35}］”演变为受益者标记的过程。

（13）嬷睬弗得穿针，你去帮□［·ŋə］（她）穿一阿记（奶奶看不见穿针，你去帮她穿一下）。

（14）样多衣裳我个人侬洗弗完，你来帮我洗阿记（这么多衣服我一个人洗不完，你来帮我洗一下）。

（15）你帮嬷敲背脊膀（你替奶奶捶背）。

（16）我帮你倒杯茶。

（17）帮□［nə^{22}］□［mei^{22}］儿买阿件衣裳（给孩子买一件衣服）。

例（13）（14）的“帮”都可以作两可分析：帮助义动词，受益者标记。“帮助某人做某事”本身就包含有因替代某人的部分工作而使其受益的意义，当用于“帮＋O＋VP”结构时，帮助义动词很容易语法化为受益者标记。例（13）VP的参与者只有“你”一个人，“帮”实际相当于“替”。例（14）VP的参与者是“你”和“我”双方，“你”的参与替代了“我”的部分劳动因而使“我”受益。显而易见，“帮”作为受益者标记是从表示替代受益开始的。

有的方言“帮”作动词不用于双方都参与的语境，如江西湖口话，“帮［pɔŋ^{31}］”可用于例（13）之类的句子，不能用于例（14）表“你”和“我”都参与的句子，这就跟“替”没有区别。湖口话的“帮”应该归入替代义动词一类。

用“助”作受益者标记的方言不多，目前我们见到的只有古田一地。例（18）（19）引自李滨（2014）：

（18）汝助我㩕（你帮我一把）。

（19）汝助我看㩕有綻无（你帮我看看有无错误）。

例（18）“助”为动词，例（19）“助”为受益者标记，其演变路径应跟“帮”相同。

帮助义动词发展为受益者标记应经历这样的过程：替代受益→服务受益→接受受益。陈章太、李行健主编的《普通话基础方言基本词汇集》

（1996：4555，4562）列举的93个方言点中，“你替我写封信”（替代受益）用“帮”有57个方言点，“给大家办点事”（服务受益）用“帮”的只有5个方言点（重庆、大理、黎平、吉首、歙县，这五个方言点“帮”同时可用作替代受益）。可见，“帮”先有替代受益的用法，然后才有服务受益的用法，这一点也是显而易见的。“帮”表接受受益的用法（例17）由服务受益发展而来。

三、来源于“给”义动词、伴随介词和处置标记的受益者标记

（一）来源于“给”义动词

源于“给”义动词（记作“V给”）的受益者标记主要分布在北方官话区、徽语以及一部分吴语、闽语中。其中，官话区用“给”，其他方言用“拨”“捉”“分”“乞”等，如①：

乌鲁木齐话：明天黑里我给你值班，你陪底你媳妇子看电影子去。

宁夏固原话：给娃把衣服穿上。

北京话：他专门给人家修理电视。

襄樊话：小李给小王搬把板腾（凳子）来。

绍兴话：拨［pəʔ⁵］小人（孩子）衣服穿穿。

祁门话：尔要分［pan³³］尔家老子娘想想看（你要替你父母想想）。

洞头话：□［ha³⁵］你倒杯水。

福州话：乞各侬（大家）做事

“给”“拨”“捉”“分”“乞”等在这些方言中同时用作“给”义动词。黄晓雪（2017）认为，这类受益者标记的来源跟给予类双及物结构②“$V_{给}$ + O_r + O_t”（双宾A式）有关。“$V_{给}$ + O_r + O_t”表示给予某人某物，如北京话“给你一本书”是“给某人某物”，而“给你买一本书”是“给某人一个‘买书’的行动”，“给某人某物”很容易推广到“给某人一个行动”，这样，表动作行为的成分便可占据O_t的位置，构成“$V_{给}$ + O_r + V_P”，“$V_{给}$ + O_r + V_P”由双宾结构可以重新分析为状中结构，当把VP看

① 乌鲁木齐话见周磊（2002），北京话见朱德熙（1982：179），襄樊话见王丹荣（2005），祁门话见陈瑶（2009），福州话见李荣主编（2002：406）。

② 根据刘丹青（2001），汉语方言的给予类双及物结构可分为以下五类，双宾A式：北京话“给他书”；双宾B式：南京话“给书他”，广州话“畀书渠”；介宾补语式：北京话“送书给他”；介宾状语式：北京话“给他送书”；复合词式：北京话“送给他书”，中宁话“给我一碗水”。

成状中结构的中心语时，“给你买一本书”的“给”就演变为表接受受益的介词了。所以，“给”义动词语法化为受益者标记受制于方言系统中给予类双及物结构。但凡受益者标记源于“$V_{给}$”的方言都有双宾A式。北方官话、徽语、吴语、闽南语均有较为发达的双宾A式。可见，有双宾A式是“给”义动词语法化为受益者标记的必要条件。（详见黄晓雪，2017）

（二）来源于伴随介词

这类受益者标记广泛分布于汉语南方方言中，北方方言虽然也有，但不及南方方言普遍，其形式主要有“跟”“搭”“同”“共”“挨”“和”“合”等。用“跟”的方言主要分布在官话区，此外，赣语和一些湘语中也用“跟”作受益者标记的；用“搭”的方言有苏州、宁波、湖州（［·təʔ］）、德清（［·təʔ］）、余杭（［·təʔ］）、益阳等地的方言，主要分布在吴语区和湘语区；用“同”的方言有梅县、东势客家话和丹阳、萍乡、浏阳、广州、海宁（［do^{35}］）、桐乡（［do^{212}］）、廉江（［$tong^{21}$］）等地的方言，主要分布在粤语、吴语、客家话和闽语区；用“和”的方言有属赣语的宿松话（［·ho］）、属吴语的浦江话（［·xo］）等；用“共”的方言有福州、海口、厦门、平和、古田等地的方言，主要分布在闽语区；用“挨”的有云南、丽水市缙云县（［ai^{33}］）等地的方言；用“合”的有海口、莆仙话。① 客家话的“姥”（赖惠玲，2003）、南宁平话的“凑”（李如龙、张双庆主编，2002：227－235）也可用作受益者标记。

宜都话（属西南官话）的“跟［$kən^{55}$］”（李崇兴，2014：211－212）：①麻烦您跟我带点儿东西回去。②好好搞，跟你屋里大人争气。③跟我把东西翻得乱七八糟。

福州话的“共［$koyŋ^{242}$］”（陈泽平，2006）：我共汝洗衣裳（我给你洗衣服）。

宁波话（李荣主编，2002：4114）：我搭侬梳头。

广州话（李荣主编，2002：1364）：呢件衫係渠同我做嘅。

云南开远方言（朱雨，2013）：我有点事情，你挨我看一哈铺子嘛。

“跟”“搭”“同”“共”“挨”等在上述方言中同时用作伴随介词。

---

① “跟”的材料见陈章太、李行健主编（1996：4562），金小栋（2017），易亚新（2007）；“搭”的材料见李荣主编（2002：4114），李如龙、张双庆主编（2002：1－22），伍云姬主编（2009：157），“同”的材料见李荣主编（2002：1363—1364），林立芳（1997），江敏华（2006）；“共”的材料见李荣主编（2002：1258），陈泽平（2006），庄初升（1998），李滨（2014）；“挨”的材料见曹茜蕾（2007）；“合”的材料见李荣主编（2002：1484），蔡国妹（2014）。

伴随与受益语义关系密切：站在参与者双方的立场看是伴随；站在其中一方的立场看，可以是施益或受益。例如宿松话：

（20）我一个人怕，你来和我做个伴。

“和”理解为伴随介词时相当于普通话的“跟”，这是站在“你”和“我”双方的角度；如果站在“我”的角度，就相当于“给我作伴”，“你”就是施益者，“我”就是服务对象，“和”是表服务受益的受益者标记。“和”有了表服务受益的用法后，可以向替代受益和接受受益扩展。再如：

（21）你明朝和我割一天谷。

站在双方的角度，“和”是伴随介词，但如果“我”被认为是这项任务的责任人或主要承担者，“你”的参与也就替代了“我”的部分劳动从而使“我”受益，“你明朝和我割一天谷”隐含有“你”的参与替代了“我”的部分劳动从而使“我”受益的意义，“和”便可重新分析为表替代受益的受益者标记。这样“和”很容易用于表替代受益的句子（详见黄晓雪，2018）。

（三）来源于处置标记

这类受益者标记有“把”“捉”，如绥宁话的“把［pa55］”、洞口老湘语的“把［ma24/pa31］”和“捉［tso44］”，① 舒城话的“把［pa24］”、安庆话的“把［ma42］”、桐城话的“把［pa335］”，宿松话的“把［·ma］”、潜山话的“把［·pa］”、太湖话的“把［·pa］”。② 主要分布在湘语、赣语、江淮官话等方言区。

绥宁话的“把”（伍云姬主编，2009：64）：你把我杀嘎□$_{他}$ki55（你给我杀了他）！

洞口老湘语的“把［ma24/pa31］”和“捉［tso44］”（胡云晚 2009：184、208）：①把/捉其治病（给他治病）。②我捉妹妹买起一身新衣衫

① 绥宁话的材料见伍云姬主编（2009：60－69），洞口话的材料见胡云晚（2009）。

② 除舒城话外，“把”在这些方言中也可用作给予动词，但我们认为受益者标记的来源跟给予动词无关，因为宿松、太湖等地的方言都没有双宾 A 式，“把”不能直接引进给予的对象（引进给予的对象时要在其后加“在”），如不说“把你一本书”，而要说“把一本书在你”或“这本书把在你”，给予动词“把”不具备演变为受益者标记的条件。

（我给妹妹买了一套新衣服）。

舒城话的“把［pa^{24}］”：①把侠们（孩子穿一下衣裳）。②他不认得字，你把他写封信（你替他写封）。

安庆话的“把［ma^{42}］”：①把我洗一下衣服（给我洗一下衣服）。②把他倒杯水（给他倒杯水）。③他不认得字，你把他写封信（你替他写封）。④把伢子（孩子）买一件衣裳。

潜山话的“把［·pa］”：①把伢（孩子）穿好衣。②把大爸盛一碗饭给（给你爸盛一碗饭）。③我把渠买一双鞋（我给他买一双鞋）。

宿松话的“把［·ma］”：①你把奶奶捶下背。②把客人倒滴茶（给客人倒点水）。③我去把渠看下夜（我去替他值一下夜班）。④我去把毛伢买一套衣裳（我去给小孩子买一套衣服）。⑤把我讲一句公道话。

处置标记演变为受益者标记应跟带受事宾语的处置式（如宿松话“你把车开下门”“我把地里种滴（点）红芋（红薯）”）有关，安庆话、桐城话和太湖话中都有这类特殊的“把”字处置式。这类处置式跟施益句的句法结构基本相同。“把毛伢洗下头（给小孩儿洗一下头）”在宿松方言中可以作两可分析。“洗”的是“头”而不是“毛伢”，“毛伢”不是“洗”的受事，而可以认为是洗头的受益者，整个句子可以看成施益句；可是“洗头”也可以认为是处置“毛伢”的一种行为，整个句子又可看成处置句。至于“把姆妈（妈妈）洗（刷）下碗”这样的句子，那就只能是施益句而不是处置句了，因为“洗碗”这个动作无论如何不构成对“姆妈”的处置（笔者另有专文讨论）。

四、余论

源于帮助义和替代义动词的受益者标记汉语南北方言都有（粤语里来源于“替代”义动词的受益者标记比较少见）。帮助义和替代义动词最容易语法化为受益者标记，从语义看，“帮助或代替某人做某事”就明显带有使某人受益的意义，从结构看，当这两类动词用作连动结构第一动词时形成的“V_1+O+VP”结构与施益句“受益者标记 + O + VP”结构相似，二者后半部分完全相同，V_1位置上的帮助义动词和替代义动词很容易语法化为受益者标记。因此，这两类受益者标记在汉语南北方言中都有，且分布较广。

源于“给”义动词的受益者标记主要分布在北方官话区，南方方言只有徽语、吴语和闽南语的一些方言有这类受益者标记。源于伴随介词的受益者标记主要分布在南方方言区，普遍见于吴语、粤语、赣语、湘语、客家话、西南官话和江淮官话等南方方言中。① 金小栋（2017）也注意到，南方方言有不少的伴随介词都发展出表受益者的用法，而北方官话受益者标记主要是来自给予动词。可见，汉语南北方言受益者标记的对立基本上是源于“给”义动词和源于伴随介词的对立，这种对立的成因跟南北方言给予类双及物结构的类型差异有关②。“V 给”发展为受益者标记要受双宾 A 式的制约，即只有双宾 A 式的方言，“V 给”才有可能发展为受益者标记，粤语、赣语、湘语、客家话、西南官话和江淮官话等南方方言中通常没有双宾 A 式或双宾 A 式不发达，因而“给”义动词不能发展为受益者标记。汉语方言受益者标记地域上的这种差异在元明及其以后文献中也有反映。根据李炜等（2011），《红楼梦》和《儿女英雄传》中有受益者标记“与”“替”“给”，但没有来源于协同介词的“和”“同”等受益者标记。据陈泽平（2006），1891 年的《英汉福州方言词典》中，“共”是首选的伴随介词和并列连词，还可作引进受益者的介词。李崇兴先生（1994）认为，《元曲选》宾白中引进受益者的“和”是以吴语为背景的，这个结论反过来得到了方言材料的支持。

由于汉语受益者标记来源多样，因而不同来源的受益者标记往往并存于同一方言，官话既有源于帮助义、替代义动词的受益者标记，又有源于“给”义动词的受益者标记，如西安等地“给”“替”“帮”并用，北京等地“给”“替”并用，青岛等地“替”“代”“帮”并用，芜湖“给”“帮”并用，南京“给”“替”“帮”“代”并用，南通“替”“帮”并用（见陈章太、李行健主编，1996）。赣语、湘语、客家话以及武汉一带的西南官话和江淮官话既有源于帮助义、替代义动词的受益者标记，又有源于伴随介词的受益者标记，有的方言还有源于处置标记的受益者标记，如海口话“替”“共”并用、梅县话“同”“代”并用，宿松话“替［·ti］”“把［·ma］”“和［·ho］”“跟［·kən］”并用，天台话“搭［·teʔ］”“代［dai^{24}］”并用，绥宁话“把”“替”并用。一部分吴语和闽语的受益者标记既有南方方言的特征即有源于伴随介词的受益者标记，又有源于“给”义动词的受益者标记，如杭州“拨［pəʔ^{5}］”“代［dɛ^{24}］”并用，福州“乞”“替”“共”并用。

---

① “跟”是北方官话普遍使用的伴随介词，据陈章太、李行健（1996：4562）93 个官话方言点中有 24 个点“跟”能表受益，其中北方官话只有 10 个点，分别是邯郸、阳原、丹东、商丘、原阳、郑州、西安、银川、兰州、哈密（根据笔者调查，邯郸、兰州等地的“跟”没有作受益者标记的用法，这些方言的受益者标记用“给”）；南方官话有 14 个点，分别是达县、汉源、自贡、重庆、昆明、毕节、贵阳、吉首、常德、宜昌、天门、武汉、红安和南京。

② 关于南北方言双及物结构的类型差异及其成因参见张敏（2011）。

受益者标记来源不同，演变路径也不一样，其演变模式可归纳为三种：第一，“替代受益→服务受益→接受受益”的演变；第二，“接受受益→替代受益→服务受益”的演变；第三，服务受益既向接受受益演变，又向替代受益演变。帮助义、替代义动词到受益者标记的演变属于第一种模式；“给”义动词到受益者标记的演变为第二种模式；伴随介词到受益者标记的演变第一和第三两种模式都有；处置标记到受益者标记的演变属第三种模式。

参考文献

[1] HILARY C, ALAIN P, YUNJI W. A comitative source for object markers in Sinitic languages: 跟 kai55in Waxiang and 共 kang7 in Southern Min [J]. Journal of East Asian linguistics, 2011 (4): 291 - 338.

[2] HUEI-LING L. The semantic extension of Hakka LAU [J]. 语言暨语言学, 2003 (3): 533 - 561.

[3] 蔡国妹. 闽语莆仙方言处置标记“合”的成因探析 [J]. 汉语学报, 2014 (2).

[4] 曹茜蕾. 汉语方言的处置标记的类型 [M] //北京大学中文系《语言学论丛》编委会. 语言学论丛: 第 36 辑. 北京: 商务印书馆, 2007.

[5] 陈瑶.“给予”义动词兼表“施受”的动因研究: 以徽语祁门话的“分”为例 [C] //福建省辞书学会第五届会员代表大会暨第十九届年会论文集. 福州: 福建省辞书学会, 2009.

[6] 陈泽平. 福州方言处置介词“共”的语法化路径 [J]. 中国语文, 2006 (3).

[7] 陈章太, 李行健. 普通话基础方言基本词汇集 [M]. 北京: 语文出版社, 1996.

[8] 胡云晚. 湘西南洞口老湘语虚词研究 [M]. 南昌: 江西人民出版社, 2010.

[9] 黄伯荣. 汉语方言语法类编 [M]. 青岛: 青岛出版社, 1996.

[10] 江敏华. 东势客家话“同”与“分”的语法特征及二者之间的关系 [J]. 语言暨语言学, 2006 (2): 339 - 364.

[11] 金小栋. 汉语方言多功能介词的语义演变研究 [D]. 北京: 中国社会科学院研究生院, 2017.

[12] 李滨. 闽东古田方言的介词 [J]. 龙岩学院学报, 2014 (6).

[13] 李崇兴.《元曲选》宾白中的介词“和”“与”“替” [J]. 中国语文, 1994 (2).

[14] 李崇兴. 宜都方言研究 [M]. 武汉: 华中师范大学出版社, 2014.

[15] 李荣. 现代汉语方言大词典 [M]. 南京: 江苏教育出版社, 2002.

[16] 李如龙, 张双庆. 介词 [M]. 广州: 暨南大学出版社, 2000.

[17] 李炜, 王琳. 琉球写本《人中画》的与事介词及其相关问题: 兼论南北与事介词的类型差异 [J]. 中国语文, 2011 (5).

[18] 林立芳. 梅县方言语法论稿 [M]. 北京: 中国工商联合出版社, 1997.

[19] 刘丹青. 汉语给予类双及物结构的类型学考察 [J]. 中国语文, 2001 (5).

［20］吕叔湘．把字句用法研究［C］//汉语语法论文集．北京：商务印书馆，1984：176－199．

［21］马贝加，陈伊娜．瓯语介词“代”的功能及其来源［J］．汉语学报，2006（3）．

［22］平田昌司．休宁方言的动词谓语句［M］//李如龙，张双庆．动词谓语句．广州：暨南大学出版社，1997．

［23］盛益民．绍兴柯桥话多功能虚词“作”的语义演变：兼论太湖片吴语受益者标记来源的三种类型［J］．语言科学，2010（2）．

［24］王丹荣．从“给”字看襄樊话的方言类型［J］．襄樊学院学报，2005（6）．

［25］伍云姬．湖南方言的介词［M］．长沙：湖南师范大学出版社，2009．

［26］张敏．汉语方言双及物结构南北差异的成因：类型学研究引发的新问题［J］．中国语言学集刊，2011（2）．

［27］张桃．宁化客家方言语法研究［D］．厦门：厦门大学，2004．

［28］张玉金．谈出土战国文献中的虚词“为”［J］．语言研究，2010（4）．

［29］周磊．乌鲁木齐话“给”字句研究［J］．方言，2002（1）．

［30］朱德熙．语法讲义［M］．北京：商务印书馆，1982．

［31］朱雨．开远方言中“挨”的介词功能与连词功能［J］．红河学院学报，2013（5）．

［32］庄初升．闽语平和方言的介词［J］．韶关大学学报（社会科学版），1998（4）．

“或者”类析取成分的多功能性分析*

马　喆①

摘　要：“或者”类析取成分，不仅可以表示析取，还可以表示“推测”“建议”，也可作换位表述标记。汉语方言及其他语言中也存在类似的语义分布。本文详细分析了析取类成分语义功能的多样性，认为：①“或者”“或”在近几年呈现新的语用动向，在新闻语体尤其是在新闻标题中，“或”表“推测”的用法激增；②析取类成分表建议时，主观性增强，突出说话人犹疑的态度以增强建议的接受度；③“或者”与言语动词组合后，其换位表述标记的功能进一步增强，具有提醒、聚焦、衔接和促进理解等多种语用功能。

关键词：析取成分；多功能性；换位表述标记

一、引言

“或者”类析取成分包括“或”“或者”“还是”“要么”“要不”。该类成分不仅可以表示析取，还可以表示“推测”“建议”，也可以作为换位表述标记，旨在向听话人提供另外一个思考的角度。如：

(1) 这个办法对于解决问题**或者**能有帮助。(《现代汉语八百词》)②〔推测〕

(2) **或者**让小王去吧。〔建议〕

(3) 苹果是阳性的，**或者**是热性的。〔换位表述标记〕

“或者”和言语动词“说/讲”组合后，其换位表述的功能进一步增强。如：

(4) 看来股民是很健忘的，**或者说**股民都是比较乐观的人。(和讯网)

---

* 本文是国家社科基金项目“汉语虚词词典编撰的方法创新及其实践研究”（主持人：邵敬敏教授；项目编号：12BYY101）的成果之一。原文刊载于《语言科学》2014年第5期。

① 作者简介：马喆，广州大学人文学院、国家语委国家语言服务与粤港澳大湾区语言研究中心、粤港澳大湾区语言服务与文化传统中心副教授、硕士生导师。

② 本文例句除特别标明的外，均来自北京大学CCL语料库，在此表示感谢。

（5）现在这两个基础都不存在了，**或者更准确一点讲**，这两大基础正在发生根本性的变化，很快都将不复存在。（凤凰网）

学者们对“或者”和“或”已进行了一些探讨，《现代汉语八百词》《现代汉语词典》都认为“或者”“或”可以表示“等同”，且引用的例句均为同一句，显然“等同说”的解释力度是有限的。董秀芳（2003）认为“或者说”已经词汇化，但“或者说”还可以拆分为“或者 +（更/再）+ × +（一点儿/些）+ 说/讲”，因此“词汇化说”断言尚早；周有斌（2004）分析了“或者”和“或”的差异，但近年来“或者”和“或”表推测的用法出现了新的语用动向，需要我们进行跟踪研究。综上，我们认为有必要对“或者”类析取成分进行系统的研究，以便更清楚地看到该类成分在语义和功能拓展上的规律。

本文力图解决以下几个问题：①“或者”类析取成分在语义功能拓展上分布如何，有何差异？②“或者”“或”表推测的用法近年来在新闻语体中激增，其具体表现怎样，原因为何？③“或者”类析取成分表建议时，具有哪些特点？④“或者”和言语动词“说/讲”组合后，其换位表述标记功能增强，具体体现在哪些方面？

二、“或者”类析取成分

普通话中表示析取的有“或者”“或”“要么”“要不”“还是”，即它们可以系联两个选择性成分。但与英语等其他语言不同，汉语并没有一个完全的析取连词，现有的析取连词有种种限制，不能在任何句法环境下都系联选择项。

姚尧（2012）论证了“或/或者”原为无指代词，后重新分析为分指代词，之后分化为两条演化轨迹，一条演化为语气副词，进而演变为假设连词；另外一条演化为选择连词，且选择连词的形成要晚于语气副词。即析取的用法，晚于推测的用法出现。此外，作为析取成分的“或/或者”其使用并不自由，只能出现在肯定句，且出现在条件判断句前项时，“或/或者”还有与“和”交替的现象（朱庆祥，2010）。

“要不”中的“要”本表意愿与假设，“不”表否定，后发生跨层成分的词汇化，表示否则义，之后演化为选择义（史金生，2005）。“要么”最初形成时是在是非问句的句首，带有选择性建议的意味。选择义的“要么”和“要不”出现在肯定句中，而且必须合用，均出现在选择项之前。如：要么你去，要么他去。/要不你去，要不他去。

“还是”系联选择项可出现在疑问句（“你去北京还是上海?”）或者无条件句的结果句（“无论你去北京还是上海，我都同意。”）与析取连词“或者/或”几乎呈互补分布。

综上，“或者/或”“要不”“要么”“还是”都可以系联选择项，且以不同方式承担了析取成分的部分功能。它们除表析取外，还可表推测、建议，也可作换位表述标记，呈现出多功能性。以下我们将分别进行讨论。

三、表推测的“或”与“或者”

《现代汉语八百词》认为“或者（或）”为副词，表示也许、或许。如：

(6) 我才发觉真的没有他了我也许会不习惯，**或者**真的是爱上了，那种感觉已经超越了游戏……

(7) **或者**这样说有些牵强，但是确实如此。

据周有斌（2004）统计，《骆驼祥子》中的“或者”都表示“也许”，“或”表示选择；而在《白鹿原》中“或者”和“或”表示选择义的均占主导地位。我们发现，近年来“或”表“也许”的用法更为显著，而且“或”和“或者”的语义分布带有明显的语体特征，呈现出一些新的特点。

（一）语义分布的语体特征

我们使用百度新闻进行搜索①，发现“或”与“或者”的功能开始分化：

第一，“或”绝大部分（75.45%）表示推测。如：

(8) 国家手中糖源数量充足，近期**或**加大宏观调控力度。（搜狐网）

第二，“或者”几乎均表示析取，占总数的97.06%。如：

(9) 生存**或者**死亡，答案今天揭晓。（网易网）

此外，“或”“或者”的功能分布有着明显的语体特征。“或”大部分

① 2010年11月2日使用百度“新闻全文”进行搜索，表格统计数字来自前100条新闻。

用来表示推测，而且大多出现在新闻标题中。在新闻正文中，表示"推测"和表示"析取"的功能大致相当；而"或者"绝大部分出现在新闻正文中，其用法绝大部分表示析取。在新闻标题中也可以表示"推测"。如：

（10）周期股**或者**本月进入分水岭。（和讯网）

我们将"或者""或"在2010年新闻语体的使用情况总结如表1。

表1　推测义的"或"与"或者"在新闻语体中的语义分布（1）

新闻语体	或			或者			
	析取	推测	小计	析取	推测	换位表述①	小计
新闻标题	8	92	100	1	2	0	3
新闻正文	33	34	67	131	1	1	133
合计	41	126	167	132	3	1	136

对比2005年新闻语体中"或"和"或者"的使用情况②，差异非常明显（见表2）。

表2　推测义的"或"与"或者"在新闻语体中的语义分布（2）

新闻语体	或			或者			
	析取	推测	小计	析取	推测	换位表述	小计
新闻标题	1	0	1	0	0	0	0
新闻正文	13	0	13	96	3	3	102
合计	14	0	14	96	3	3	102

首先，"或"的使用频率有了较大的提高；其次，"或"的语义功能发生了较大的变化，从主要表示析取到主要表示推测，从主要作为"连词"

---

① 此处出现的例句为"显然，网讯新材没有对受让于西安秦邦的核心优质资料来源，或者说对西安秦邦这家公司的北京进行充分披露"。"或者"表示进一步说明，详见"或/或者"与其他表推测方式的关系。

② 在百度新闻条目中，以"或 2005－11－2"及"或者 2005－11－2"为关键词进行搜索，取前100条得到的结果。

到主要作为“副词”；最后，“或者”的句法语用功能变化较小，但也开始在新闻标题中出现表示推测的用法，初步推测应该是受“或”句法语用功能转移的影响。

（二）表示对将来某种趋势或情况的一种推测

“或”表示对未来的某种趋势或情况的推测，表现在“或”可以与三类词语共现：

一类是与表示将来某时间的词语，如“明年”“近期”等；一类是副词“将”“再”。如：

（11）中国20年后能源消费**或将**迎零增长。（新浪网）

（12）香港资产价格**或再**暴涨。（易阔每日财经）

还有一类是同样表示推测的能愿动词“要”“会”。如：

（13）黄金投资**或要**等到9月份。（中国建设银行）

（14）从最近几个月产量数据来看，有部分企业进行了减产，而且这种状况**或会**持续至明年。（网易网）

此外，无论是在新闻标题中，还是在新闻正文中，“或”后的动词都没有表示时体的“了/着/过”。当然，表示推测的“或”“或者”也可以表示对过去未知情况的一种推测。如：

（15）古代越人很潮：断发文身、拔牙漆齿或是成年礼。（新华网）

“或”“或者”表推测用法在新闻语体中的激增与当下新闻传播的方式有很大关系。在网络时代，信息需要不断更新，与此相应的是新闻的真实性大打折扣。当消息来源为非官方渠道或者消息来源虽为官方渠道但尚未正式发布时，就必须说明其真实性有所保留，因此“或”表示可能的用法大大增加。

（三）“或/或者”与其他表推测方式的关系

陈振宇、邱明波（2010）谈到了表推测功能的若干方式，具体包括：“可能”类（可能、也许、说不定等）；“吧”；“难道”类（岂、难道、未必、不成等）；“不会”类（不是、不能、不会、该不是、该不会、不可能、不（应）该、不得等）；“别”类（莫、莫是、莫不是、莫非、别、别是、别不是、不要等）；“怕”类（怕、怕是、怕不是、只怕、恐怕、恐等）。但他们的讨论中未包括“或/或者”，本文对其进行补充。在各类表推测的手段中，由于功能相近，句法位置又重叠，呈现相互排斥的特点，几乎不能同现。能够共现的成分可分为三类情况：

第一，各类大多可以与“吧”共现。如：他可能到了吧。/他未必到了吧。/他不是到了吧。/他别是到了吧。/他恐怕到了吧。但反问语气强烈的“难道”“岂”“不成”不与“吧”共现。

第二，“可能类”内部可以共现，顺序也可以互换。如：他可能也许到了。/他也许可能到了/他说不定也许到了。/他也许说不定到了。

第三，“或者”可以与“可能类”的“可能、也许、说不定”共现，并常居于前。“或”不能与“可能”类共现主要受韵律和语体的影响。如：他或者可能（已经）到了。/他或者也许（已经）到了。

四、表建议的析取类成分

（一）析取类成分表建议的句法特点

汉语中表建议的形式列举如下：第一组：认为、觉得、看、说；第二组：应该、应当、可以；第三组：要不然（的话）、不然（的话）、不如、不妨；第四组：还是；第五组：要不、要么、或者；第六组：好了；第七组：吧；第一组为动词，正面直接表达个人建议；第二组为能愿动词；第三组为副词或连词，共同点是含有否定形式，其使用条件为：经过思考或讨论后，委婉地在否定中提出建议。第四组和第五组的共同点都可表析取；第六组为“好了”；第七组为语气助词“吧”。

这7组中，除第三组和第五组以及第六组和第七组基本不能同现[①]外，其他几组都可同现，同现基本顺序为：第一组>第二组>第三组/第四组/第五组>第六组/第七组（“>”表示先于）。

第四组“还是”是个特例，它与第一组的“认为”“觉得”同现时，也可以居于前。出现类似于“否定转移”的现象。[②] 如：

第一组>第四组：我认为还是不好。/我觉得还是不好。

---

① “或者”和“不妨”可以共现，但用例极少。

② 否定转移是指英语中的主从复合句中的否定词“not”从从句谓语前移至主句谓语前的现象。如“I believe I haven't met you before”与“I don't believe I've met you before”意义大致相同。汉语也有类似现象，如：“我认为他不会去。”还可以说“我不认为他会去”。参见熊学亮（1988）、周雪林（1996）、陈平（2005）。这是匿名专家提醒的，特此感谢。

第四组 >第一组：我还是认为不好。/我还是觉得不好。

“还是”在与第二组同现时，居于前的说法接受度更强。如：

第二组 >第四组：你应该还是去。/你可以还是去。

第四组 >第二组：你还是应该去。/你还是可以去。

就共现分布来看（详见表3），表析取的第四组和第五组最常与“吧”共现。如：

（16）您已经够辛苦的了。**还是**在家里休养休养**吧**。

（17）天气太热，看大家都不是很活跃的样子，**要么**我来组织一次**吧**。（豆瓣网）

（18）小妹妹（指弃婴）为什么没有妈妈呢？**要不**咱们抱她回家**吧**！

（19）**或者这样吧**，你教我们跳舞，我们成立一个舞蹈队，你来领舞！

也可以与“好了”共现。如：

（20）**要不**这样**好了**，林志玲、侯佩岑、徐若瑄让你选，你喜欢谁？（人民网海南视窗）

要么这样好了……

还是这样好了……

或者这样好了……

“还是”也可以进入“还是……的好/好/为好/才好/比较好”格式。如：

（21）他考虑了一会儿回答我：“你**还是**先不去**的好**。……”

（22）施政委，我**觉得**你**还是**考虑一下**为好**。

（23）乃文！我**认为**你**还是**早点把话跟小苹谈开**才好**，要是让我们美丽的继母亲口告诉她，恐怕你就算是跳进黄河也洗不清了。

表3　析取类成分和其他词语共现分布

	第七组				第一组		第二组				第三组	第六组
	认为	觉得	看	说	应该	可以	要不然（的话）	不然（的话）	不如	不妨	好了	吧
第四组：还是	+	+	+	+	+	+	+	+	+	+	+	+

（续上表）

		第七组				第一组		第二组				第三组	第六组
		认为	觉得	看	说	应该	可以	要不然（的话）	不然（的话）	不如	不妨	好了	吧
第五组	或者	−	−	+	?	+	+	−	−	−	?	+	+
	要不	−	−	+	?	−	−	−	−	−	−	+	+
	要么	−	−	?	?	−	−	−	−	−	−	+	+

“还是”可以与第五组共现，且位置居于后。但“要不”“要么”和“或者”三者则不能共现。如：

（24）要不你还是去吧。
要么你还是去吧。
或者你还是去吧。

这是因为，“要不/要么/或者”和“还是”在语义上有差异，前者表示析取的意义较为单纯，而后者由于其构成成分的关系，带有“仍然是”“仍旧是”的含义。这里的“还是”不仅表示建议，还表示保留之前的意见或讨论内容。

此外，“还是”可以与第一组共现，但“要不”“要么”“或者”不大能和“认为”“觉得”共现，有时可以和“看”“说”共现，用例也不多。如：

（25）自己作主的话，是不好对爷爷说的。我**看或者**可以用你年轻的理由向爷爷说。

（26）杜占，**你看要不**咱们就想想办法，跟他叔借点儿，帮老陈救救急？

值得注意的是，除“或者”既表推测，也表建议外，“认为”“觉得”“看”“说”“应该”等也同样既表推测，也表建议。推测和建议之间确实存在一定的联系性。但这一联系并不是必然的。如表示推测的语气副词中，表或然性推测的多可以表示建议，可“别是”“搞不好”等就不大能表示建议；表必然性推测的就不大能表示建议，但“一定”与“要”“得（děi）”组配时也可以表示建议，这不仅与推测的小类有关，也与词内成分的差异相关，受篇幅所限，我们将另文探讨。

（二）析取类成分表“建议”的语用特点

表析取的“要不”“要么”“或者”“还是”等表建议，多是在讨论或反复思考后提出的，说话者认为在目前状况下较为妥当的建议。其语义架构为：

甲类：A建议，B建议，（C建议），析取类成分+选择性建议（A或B或C……）。

乙类：某建议不妥，析取类成分+ 新建议。

甲类中，选择性建议是先前语篇中提到的，“或者”类析取成分仍带有“选择”的意味。如：

（27）这天早上，叶帅接到周恩来电话时，（对紧急疏散的命令）感到很突然，很久说不出话。想了想他和周恩来商量：“秘书这时正好在搬家，**能不能晚一天走**？让秘书把家搬好。我自己也要收拾一下书籍和行装。”对外界一无所知的叶剑英哪里知道林彪这个一号令紧急的程度。周恩来在电话中沉思了一会儿，显得很为难：

“剑英啊，**还是先去吧，**飞机都已经准备好了，秘书可以先去安排一下，然后再回北京处理自己的事情，你看行不行?”

在例（27）中，A建议是在语篇的背景内容中提供的，即紧急疏散，在规定时间离开，B建议是“晚一天走”，“还是”后面所接的选择性建议“先去”是建议A的另外一种表述，即“还是”仍带有选择性的意味。

但在乙类中，析取成分后接的是新建议，析取成分的选择性已经很微弱了，其主要功能是在语用层面。如：

（28）火车票没买到，**要么**我们乘飞机吧。

（29）在一家五星级宾馆，销售员一听说要订月饼80盒，马上把记者拉到一旁说：“我们（正常来说）10盒有9折，现在我可以打个6折给你。”但后来不到5分钟，见记者有点犹豫准备走，销售员又把折扣降低：“**或者**这样吧，看你这么有诚意，打个5折给你。”（重庆晨报）

“或者”类析取成分表建议主要呈现如下特点：

第一，非直接性。“或者”类析取成分并不是话语中所提到的第一个建议方案，之前往往已出现其他的建议方案。例（27）中，是讨论了建议A和建议B后，选择了建议A。例（28）中“坐火车”的方案由于火车票没买到行不通，说话人提出了“乘飞机”的新建议，以“要么”引出；例

(29) 中“打个6折”的建议未见效果，销售员又提出新建议“打个5折”。

第二，正在讨论和考虑中的建议。一方面，由析取类成分所引出的建议并不是说话人的最终建议，说话人对建议本身也拿不准，较为犹疑。另一方面，析取类成分所引出的建议也有可能是说话人真实和最终的建议，但处于表达上的策略，采用征询的方式，体现犹疑的态度，以增强接受的可能性。

第三，期待对方回应。在前两者的基础上，析取类成分与其他几组表建议最显著的区别是尊重交际其他各方的意见，期待他们的回应。

综上，析取类成分表建议具有一定的句法语义特点，在句法上多与“吧”共现，也可以与“好了”共现，其中“还是”的组合范围更广。在语义上，析取类成分表建议需要在一定的语义架构中才能实现，表现为反复思考或讨论后所提出的较为妥当的建议，期待对方给予回应。

五、换位表述标记“或者说”

（一）换位标记“或、或者”和“或者说/讲”

“或者”和“或”都可以用作换位表述标记，说话者提供两种相近的表述（表述A和表述B[①]），以“或者/或”系联。其目的是向读者或听话者提供多角度的解释方式，以促进理解，相当于“也就是说”“换句话说”等。如：

(30) 这种被夸大了的差别在我们的头脑中产生强烈的立体感**或者**临近感，这就是立体电影的奥秘。

(31) 我需要的时候，一件件事情的发生帮助了我，**或者**促成了我向更高目标前进。

(32) 周恩来分析了这一情况，在给毛泽东的电报中指出，蒋介石对共产党是在组织溶化和军事削弱**或**消灭不曾得手之后，才改取政治解决办法的。

(33) 西班牙政府并没有对公众说谎**或**是隐瞒真相。

更为常见的形式是“或者”与言说类动词组合，构成“或者说/讲”，其换位标记功能更为凸显：不仅使用频率更高，而且由它所系联的表述A和表述B的语义关系更为多样。尤其是“或者说/讲”还可进行拆分和扩

① 有时也会连续两次使用“或者说”，为叙述方便，我们将后一种或后两种表述均称为表述B。

展，拆分、拓展后得到以下句法格式（以下以“或者说”为例）：

拆分：“或者+（更/再/更加/更为）+×+（一点儿/一些/地）+说/讲”。如：

或者更准确点说/或者再通俗些说/或者更具体地说。

拓展：“或者+说/讲+得+（更/再/更加/更为）+×+（一）些/（一）点儿”。这一类更为常见。如：

或者说得更明白点/或者说得更加准确些/或者说得再透彻点儿。

我们注意到在这两类中，大多会出现“更/更加”“（一）点儿”“（一）些”等表示比较的成分，即说话人在对比表述A和表述B差别，通过比较使得两个表述的语义关联在句法表层形式上得到更清楚的体现。

（二）“或者说”的句法语义特点

从句法来看，能够进入“或者说”拆分或拓展式的×，多为形容词，而且是能进入“再A点儿+祈使语气”格式的性质形容词。如“再简单点儿、再深入点儿、再精确点儿、再难听点儿”。

能进入“或者说”拆分或拓展式的×，也有名词，名词具有隐性的程度义，可加程度副词“很”或“太”。如“很商业、很学术”。

此外，能进入“或者说”拆分或拓展式的×，也可以是动词（“夸大”“可以”“应该”）、副词（“不妨”）、代词（“这样”），也可以是短语，如致使结构（“让人脸红”）、动宾短语（“换句话”“换个方式”）。一些成语也可以进入这一格式，如“冠冕堂皇”“直截了当”等。

从语义上看，可进入“或者说”拆分式和拓展式的×在语义上可分为四类：

第一，泛义类。词语主要有“应该、可以、不妨、不如、换句话、换个方式、这样、进一步”等。泛义类×只能进入拆分式，而且为“或者+×+说/讲”，×前面不能加“更/再”等，后面也不能加“（一）些/点儿”，这与其他几类有明显不同。如：

（34）所谓购房目的，就是**你为什么要买房，或者说**你**买房是做什么用**。（重庆晨报）〔或者应该说/或者可以说〕

（35）如果**真实利率，或者换句话说，利率减去通货膨胀率**上升的话，那么黄金将面临更大的挑战。

（36）东莞汽配行业没有形成很强的产业联系，**或者说**关系微弱。（和讯网）〔或者不如说/或者这样说〕

第二，促进理解类。又可细分为以下三类：

明白通俗类：干脆、简单、简明、明白、切实、清楚、实际、实在、坦率、直白、直接、直截了当、俗、通俗、夸大、夸张、形象。

准确详细类：概括、精确、具体、明确、恰当、确切、贴切、严谨、苛刻、准确、完整、详细。

深入透彻类：彻底、深、深刻、深入、透、透彻。

当“或者说”拆分式或拓展式中的×为促进理解类，或者“或者说”可以补出“促进理解类”的×时，表述B与表述A相比，更为明白直接、准确详细或者深入深刻。如：

(37) 为富注定不仁，**或者**说越富越丑恶，假定这种判断正确，即我们就应该将贫穷进行到底，而不是去奔小康。（中青在线）〔或者通俗点说/或者说得直接点儿〕

(38) 它的“伟大构想”就在于将银行带在客户身上，**或者说**让银行围着客户吃喝玩乐，银行从中赚取利润。〔或者说得干脆点/或者干脆点说〕

(39) 我一直认为在中国做音乐**或者说**做摇滚乐的人，在我看来在全世界都是最伟大的。(凤凰网)〔或者更准确点说/或者说得再准确些〕

(40) 无论从导演角度还是编剧角度，薛晓璐都不是一位高产、**或者说**是急于高产的创作者。(凤凰网)〔或者更确切点说/或者说得再确切点〕

(41) 金融市场体系在这整个的金融体系中对其他两个体系起着非常重要的承上启下的作用，**或者说**处在一个非常重要的中间环节。〔或者说得更明确/透一点〕

(42) 这是我对明年的机遇的基本判断，保就业，**或者**说就业是最大的民生，是最大的收入分配，没有就业，你的收入分配就没有可能调整出来。(和讯网)〔或者说得更深入一点〕

第三，积极消极类。词语主要有“露骨、好听、缓和、尖刻、客气、难听、委婉，温和、柔和、轻、重、严重、耸人听闻、过、过分、极端、绝对”等。此类中，表述A和表述B往往是一个从积极层面上说，一个从消极层面上说，体现对同一属性和事件的不同认知态度。如：

(43) 很多人都说科比很安静，**或者说得难听些，**就是有些孤僻。（华体网）

(44) 这次行动是为了报复，**或者说得好听一些，**是为了正义得到伸

张。(书包网)

(45)(令狐冲)属性是愤青，见解独特 **(或者说怪异)**，特长和爱好都是神吹海侃。(金华新闻网)

第四，效果评价类。侧重于**表述效果**的词语有“拗口、漂亮、巧妙、高雅、俗气、文、文雅、正式、时髦、时尚、体面、土、大气、冠冕堂皇、悲哀、悲惨、好、严肃”等；侧重于**表述角度**的词语有“宏观、客观、学术、学术化、商业、大、低、远、宽、小、中立”等。

当“或者说”的拆分式或拓展式为评价类×时，表述B是对表述A按照“×”的标准或角度重新表述后的结果。效果评价类主观性较强，很难在“或者说”中直接补出。如：

(46) 她们对自己没有自信**或者说得体面一点**，她们太爱眼前的男人了，所以她们愿意假装高兴或假装大度。

(47) 人乃是生活在自己对这个世界的看法之中的，**或者说得文雅一点**，人的生活其实就是他的思想，**或者说得学术一点**，人生乃是被特定的意识编码的。(新浪网)

值得注意的是，当“或者说”的拆分式或拓展式能够补出乙类、丙类或丁类的×时，也一定可以补出甲类泛义类的×。因此，可将“或者说”表述A和表述B间的关系总结为表4：

表4　表述A和表述B的语义关系

表述A和表述B的语义关系	拆分式/拓展式中×的类别
语义相近	泛义类
表述B比表述A更利于理解（更明白通俗、更准确详细、更深入透彻）	泛义类、促进理解类
表述B和表述A一个为积极表述，一个为消极表述	泛义类、积极消极类
表述A和表述B表述效果或角度不同	泛义类、效果评价类

(三) 换位表述标记“或者说”的语用功能

在以上我们所讨论的“或者说”的拆分和拓展式中，“或者”在句法和语义上都不是强制出现的，即出现与否并不改变语义，不影响句子的成立与否。其作用主要是语用上的。主要体现在以下四个方面：

第一，提醒功能。换位表述“或者说”作为一个语用标记，具有提醒作用，意指表述 A 和表述 B 所指同一，但只是思考角度不同。尤其是“或者说”的拆分和拓展式中，×直接向听话人提醒并指明了表述 B 和表述 A 的差别。

第二，促进理解功能。叙述者在表述 A 的基础上，在所指相同的前提下，采用另外一种表述的角度，或者与较前者从内容上说更为明白直接、清楚准确、深入透彻，或者从积极消极角度入手，观察的角度上说更为多样。其根本目的是让听话者对所述内容有更好的理解。

第三，聚焦功能。对同一事物或同一命题采用两种表述方式，从叙述者的角度上说，该事物或该命题是非常重要的，值得采用比一般更为冗长的表述方式；从听话人的角度上说，既然说话者对该事物或该命题采用了冗长的表述方式，那么说明说话人认为这样的表述是必要的，或者说具有更多的会话含意，即具有聚焦的功能。

第四，篇章衔接功能。从篇章结构的角度来看，“或者说”将两种具有一定关联的表述系联起来，起到了篇章衔接的功能。同样作为换位表述标记的还有“或是说”“也就是说”。

六、结语

析取成分较为普遍存在于各语言中，其语义演变也受到了历史语言学者的关注，Bernd Heine & Tania Kuteva（2002）曾报道析取类成分演变为是非问句标记的用例。汉语的析取类成分也呈现多功能性，除表析取外，还可表建议、推测及换位表述标记，但其成员在各语义功能的分布具有差异性。根据以上研究，我们可将析取成分的语义功能分布总结如表 5，其中，“或者”的语义分布最广。

表 5　析取成分语义分布

	析取	建议	推测	换位表述标记
或者	+	+	+	+
或	+	-	+	-
要么	+	+	-	-
要不	+	+	-	-
还是	+	+	-	-

除普通话外，我们发现无论是在北方官话还是在东南方言中，都有析取成分表建议和换位表述的用例。

据麦耘、谭步云（1997：420），广州话表示析取的“一唔系”和“一系”，也可以表示建议。如：

（48）**一唔系**你，**一唔系**我，点都要去一个。（要么你，要么我，怎么也要去一个。）〔析取〕

（49）**一唔系**我去睇下先。（要不然我先去看一看。）〔建议〕

（50）**一系**上，**一系**落，唔得噉係中间㗎。（要不上去，要不下来，不能这样在中间的。）〔析取〕

（51）**一系**畀佢算啦。（要么给他算了。）〔建议〕

广东饶平闽方言[①]的析取连词“唔哩”“无哩”也可以表示建议，如：

（52）**无哩**□［$_{\subset}$kʰɯ］伊去。/**唔哩**□［$_{\subset}$kʰɯ］伊去。（要不他去。）

该方言中表示析取的“阿是”和“□［tã$^{\supset}$］”组合，可以表示换位表述，如：

（53）者买厝个目的就是□［tã$^{\supset}$］汝做呢爱买厝，**阿是**□［tã$^{\supset}$］汝买厝去物乜个。（所谓购房的目的就是你为什么要买房，或者说你买房做什么用。）

客家话[②]和北方方言的山东栖霞方言[③]也有类似现象（详见表6）

表6　析取成分在部分汉语方言中的语义分布

	粤语（广州）			闽方言（饶平）			客家话（兴宁）		北方官话（山东栖霞）		
析取	一系	一唔系	定系	阿是	唔哩	无哩	或者	还系	或者	还是	要啵
建议	+	+	–	–	+	+	+	+	–	+	+
换位表述	–	–	–	阿是□［tã$^{\supset}$］	–	–	或者讲	–	或者说	–	–

① 广东饶平方言的发音人为西安外国语大学的徐馥琼博士，在此特表感谢。

② 广东兴宁客家话的发音人为广州大学的罗兵，在此特表感谢。

③ 山东栖霞方言的发音人为中山大学的刘翠香博士，在此特表感谢。

（续上表）

	粤语（广州）			闽方言（饶平）			客家话（兴宁）		北方官话（山东栖霞）		
推测	-	-	-	-	-	-	-	-	-	-	-

在其他语言中也有类似现象。如印欧语系中的意大利语的析取连词"o"也可以用作换位表述。如：

（54）Partire o rimanere?（是走呢还是留下来呢？）[1]〔析取〕

（55）O vincere o morire.（不胜则亡。）〔析取〕

（56）La legge della contraddizione inerente alle cose，o la legge dell'unità degli opposti.（事物的矛盾法则，即对立统一的法则。）〔换位表述〕

英语中的"or"也可以用作换位表述。如：

（57）Geology，or the science of the earth's crust.[2]（地质学，即研究地壳的科学。）〔换位表述〕

但目前还未见到"o""or"表示推测或建议的报道。此外，意大利语的"o"和英语的"or"是成熟的析取连词，在肯定句和疑问句中均可系联选择项，可单用，也可合用。这一点与汉语的析取成分不同。

对外汉语教学课堂中，通常析取类成分在初级阶段讲解的关键知识点是"或者"用在肯定句中和"还是"用在疑问句中，但之后的讲解就缺少连续性了。我们认为析取类成分的语义功能的讲解可分为三个阶段采用逐步推进的方式进行教学：

析取成分的普遍存在也反映了语言的普遍性，易于习得，适合在初级阶段引入，在初级阶段对析取成分的析取用法进行讲解，这一阶段与传统做法是一致的。考虑到表建议的用法常在较随意的口语语体中出现，而表推测和换位表述的用法常在书面语或较为正式的口语语体（如演讲、访谈）中出现，其习得难度更大。因此我们建议在中级阶段可以引入析取成分表建议的用法，在中高级阶段阅读和写作训练中引入表推测和换位表述

---

① 例（54）（55）来自《现代意汉汉意词典》（外语教学与研究出版社，2000）。例（56）来自《意汉词典》（商务印书馆，2008）。

② 该例句出自《牛津高阶英汉双解词典（第7版）》（商务印书馆、牛津大学出版社，1997），此义项为"used to introduce a word or phrase that explains or means the same as another"。

的用法。如此安排，析取成分这一组词的讲解较为合理，也较为完整。

参考文献

[1] 陈平．试探英语“否定转移”的语法化［J］．浙江教育学院学报，2005（4）．

[2] 陈振宇，朴珉秀．话语标记“你看”“我看”与现实情态［J］．语言科学，2006（2）．

[3] 陈振宇，邱明波．反预期语境中的修辞性推测意义：“难道、不会、怕、别”［J］．当代修辞学，2010（4）．

[4] 李宗江．表达负面评价的语用标记“问题是”［J］．中国语文，2008（5）．

[5] 麦耘，谭步云．实用广州话分类词典［M］．广州：广东人民出版社，1997．

[6] 熊学亮．试论英语中的“否定转移”［J］．现代外语，1988（4）．

[7] 姚尧．“或”和“或者”的语法化［J］．语言研究，2012（1）．

[8] 张晋涛．略论连词“或者”在疑问句中的使用［J］．吉林师范大学学报（人文社会科学版），2008（3）．

[9] 周雪林．试论“否定转移”的语用意义［J］．外国语，1996（5）．

[10] 周有斌．“或者”与“或”的差异［J］．宿州教育学院学报，2004（1）．

[11] 周有斌．谈谈“要么”的语法化［J］．阜阳师范学院学报（社会科学版），2011（6）．

[12] 朱庆祥．连词“和/或者”居于条件判断句前项引发的相关问题［J］．汉语学习，2010（3）．

[13] HEINE B & KUYEVA. World lexicon of grammarticalization［M］. Cambridge：Cambridge University Press，2002.

同义虚词的语体属性分化
——以连词“与、和、跟”为例*

侯仁魁　黄居仁①

摘　要：本文建立了一种确定虚词语体属性的计量方法，并采用该方法对同义虚词进行语体属性分化。选择不同语体的文本建立语料库，采用向量空间模型表示文本。研究两个变量之间的相关程度及相关方向，对所选择语体和所选择虚词进行相关分析。实验结果表明，该方法可以较好地确定虚词的语体属性，对同义虚词进行语体属性区分。该方法基于语料库和计量分析，具有较好高可靠性和可重复性。

关键词：语体属性；虚词；相关分析

一、引言

作为语言的重要组成部分，虽然虚词本身的意义难以具体描述，但虚词的出现与否及其位置却能影响句子中实词的词汇意义及个别词词义的组合，因此其重要性不言而喻。汉语属于分析型语言，缺乏严格意义的形态变化。在其他语言中可以通过实词形态变化来表达的语法意义，在汉语中常常需要依赖虚词来完成。因此，与其他语言相比，汉语虚词承担着更为繁重的任务。

现代汉语虚词研究成果丰富，但多是微观着眼，着重研究个别虚词的语法属性。与已有研究不同，本文试图采用计量方法来考察虚词的语体属性，对同义虚词进行语体属性分化。以往关于虚词的语体分析，除了语气词外，其他类别涉及很少，大多是实词的语体分析，并且多是举例说明性的研究[1]。

语体是民族语言的功能变体，具有某种语体属性的语言成分的使用是形成不同语体文本的物质基础。已有研究表明，虚词可以作为一种有效的语言手段来区分不同语体的文本[2]。换句话说，虚词的意义之一在于可以

---

* 本文为国家社科基金项目“基于交叉验证的汉语语体计量研究”（项目编号：16BYY110）的阶段性成果，4 - ZZFE Research on Metaphor Based on Text Mining and Quantitative Linguistics in Hong Kong Polytechnic University。本文已在第 19 届国际汉语词汇语义学研讨会宣读。

① 作者简介：侯仁魁，广州大学人文学院副教授。黄居仁，香港中文大学中文与双语学系客座教授。

作为不同语体文本的区别特征。那么不同的虚词应该会有不同的语体属性，其语体属性由其所在话语的语体特点决定。如果某个虚词集中用于某种语体的文本，如科技论文，而较少用于其他语体的文本，那么该虚词将具有科技语体属性。虚词语体属性的研究对语言使用、对外汉语教学、自然语言理解和自然语言生成均有指导意义。本文在虚词带有篇章层次的语义内容这个假设上，试图通过分布语义模式来对同义虚词进行语体属性分化。

（一）相关研究

如前所述，现代汉语虚词研究成果丰富，多着重在虚词语法意义的共时和历时研究。如郭锐（2008）使用语义结构分析法描写了副词“还”和助词“了”的语义，发现了一些新的义项[3]。郭锡良（2003）则对古汉语虚词的研究作了综述和分析，为当前虚词研究提出了一些建议[4]。相对于对虚词的共时研究，对虚词进行的历时研究则相对较少。如魏培泉（2015）探讨了现代汉语时体助词“了”“过”的由来演变机制[5]。魏培泉（2016）探讨了经验体标记“过”的历史由来，指出“过”成为经验体是由于与一定类动词搭配而发展出来的[6]。李小军（2011）则以语气词为例考察了虚词的语法化过程，指出在这一过程中的语音变化[7]。

在自然语言处理领域，人们同样无法忽视对虚词的研究。如昝红英等（2007）基于语料库考察了虚词的用法，并建立了形式化的、具有可操作性的判断条件特征[8]。

关于虚词与语体的研究多考察虚词在不同语体文本中用法的不同并探讨原因，如陶红印（1999）考察了介词“把”和“将”在操作语体中用法的不同，并探讨了产生这种不同的原因[9]。同时很多研究证实，语言结构在不同体裁文本中的分布差异是客观存在的[10-12]。即使在语言的地域变体中同样如此，如轻动词“进行”在台湾和大陆语言使用中的语境差异[13]。

王德春（2000）指出按相应语体分化的语言材料是语体存在的物质基础[14]，曾毅平（2008）认为语言材料进入类型化语境后因语体功能而分化[15]，即语言材料和语体之间具有相互影响的关系。李胜梅（2015）描写了同素单双音节同义词“呈、呈现”的语体特征，李琳（2015）关注了词语的跨语体使用带来的词义嬗变，朱庆洪（2015）借助语料库考察了“屡屡”和“频频”的语体差异（转引自曾毅平、李琳，2015）[15]。我们的研究以计量为手段建立语体属性确定方法，对同义虚词进行语体属性分化，这种分化具有充分的数据支持，客观性较强。

（二）研究思路

本研究基于语料库方法，首先选择不同语体的文本建立语料库，统计虚词在文本中的出现频率，根据分布语义学的向量空间模式建立文本向量。然后计算虚词与语体的相关系数，以此为依据，对同义虚词进行语体属性分化。

相关分析研究现象之间是否存在某种依存关系，并对具有依存关系的现象探讨其相关方向和相关程度。我们使用 Pearson 相关系数来计算虚词和语体的相关度，两个变量之间的相关系数可以定义为两个变量之间的协方差和两个变量标准差的乘积的商，计算方法如公式 1 所示。

$$r=\frac{\mathrm{cov}\ (x,\ y)}{\sigma_x\sigma_y}=\frac{E\ [x-\mu_x\ (y-\mu y)]}{\sigma_x\sigma_y} \qquad \text{公式（1）}$$

其中，cov（x，y）表示变量之间的协方差，σ 表示变量的标准差，μ 表示变量的平均值。

相关系数的绝对值越大，两变量之间相关程度越强，包括正相关和负相关。一般认为，相关系数的绝对值大于 0.3，即表示两变量之间相关。如果一个虚词与某种语体的相关系数超过 0.3，则可以认为该虚词具有这种语体属性。

二、语料库建立

语体因差别和对立而存在，这符合索绪尔建立的普通语言学思想，也使我们研究虚词的语体属性成为可能。我们选择新闻语体、科技语体、公文文本、电视访谈和日常对话文本建立语料库，来研究虚词的语体属性。

我们选择《新闻联播》文本作为新闻语体语料，该文本来自国家语言资源监测研究中心有声媒体分中心。选择《锵锵三人行》文本作为电视访谈语体语料，每天的节目作为一个文本文件，所有文本均来自凤凰网对应节目的文字部分。选择计算机、农业、经济类的论文作为科技语体文本。公文语体语料选择了报告、通知、白皮书、决定、细则和条例文本，报告中包括领导的一些讲话，这些都属于典型的行政公文语体。选择情景喜剧《我爱我家》的对白作为日常对话语料，其文本来自互联网，每一集为一个文本。

表1 语体文本规模

语体	最小文本长度	最大文本长度	平均文本长度	文本数量
新闻语体	1 454	7 073	4 840	100
科技语体	2 816	11 062	4 814	133
公文语体	1 404	13 919	3 588	120
电视谈话	3 186	4 960	4 124	101
情景对话	2 163	4 500	3 176	120

使用中科院计算所汉语词法分析系统（ICTCLAS）对生语料进行分词和词性标注。在词类设置方面，该系统基于机器翻译的需要，在现代汉语词类划分的基础上，对某些词类作了细分，如在介词中分出了“把”和“被”，同时也将如“与此同时”等词语标记为虚词。对我们的研究来说，仅提取出文本中的虚词即可。实验表明，采用 ICTCLAS 能够识别和标注出我们文本中的绝大多数虚词。语体文本规模如表 1 所示。

统计虚词的出现频次，依据信息检索中的向量空间模型建立文本向量。利用 R 语言统计虚词的出现频率，并对虚词与语体的相关系数进行计算，对同义虚词进行语体属性分化。

三、“与”“和”“跟”的语体属性分化

从北京大学中文系现代汉语教研室所编著的《现代汉语》教材可以看出，在汉语中，介词和连词中具有相同语法意义的词语较多，它们在现代汉语中也比较重要。从这两种虚词中选择几对同义虚词为例进行分析，考察它们的语体属性差别，验证本方法的可行性。

关于介词的语体问题，冯胜利（2003）在分析书面语特有的词汇体系时，曾指出存在口语体的介词和书面语体的介词，前者如“在”“从”“到”，后者如“于”等[16]。在对外汉语教学领域，陆庆和（2006）等人也曾谈到了部分介词的语体问题[17]。

连词连接词、词组或分句，以构成更高一级的语言单位，可以分为并列连词（juxtaposing conjunctions）和关联连词（correlative conjunctions）[18]。前者主要表示并列关系（如与、和、跟等），连接词和词组；后者表示选择关系（如或、或者、要么等）、转折关系（但是，但）和因果关系（因此，所以）等，用以连接小句。连词的数量相对于介词较多，一般说来，连词很多是由介词和副词发展而来的。

我们选择表示并列关系的连词“与”和“和”，分析它们的语体属性差别，或者说进行语体属性分化分析。

“与”“和”是兼类词，均可以作介词和并列连词，只是后者作为介词时出现频次较低，在我们所选择的语料文本中，出现频次仅为40次。我们考察两者作并列连词的情况，查看语体属性是否具有差别。我们首先计算两者在不同语体文本中的出现频率，然后根据公式（1）分别计算两者与不同语体的相关度，计算结果如表2所示。

表2　并列连词“与”“和”出现频次及与各语体的相关度

语体类型	与		和	
	出现频次	相关度	出现频次	相关度
新闻语体	609	0.22	6 225	0.55
科技语体	1 523	0.42	6 826	0.06
公文语体	479	0.03	6 084	0.32
电视谈话	25	-0.34	543	-0.52
日常谈话	11	-0.33	353	-0.41

通过两者与各语体的相关度分析，可以看出并列连词“与”的科技语体属性比较明显，其与科技语体明显正相关，且相关系数大于0.3。其与电视谈话和日常对话的相关度均为负值，且小于-0.3，可以认为“与”不具有口语语体属性。与科技语体高度正相关，而与电视谈话和日常对话语体负相关，可以认为“与”用于更正式的文本中，尤其是科技语体文本，而基本不用于电视谈话语体和日常对话语体中。一个文本中，越多出现连词“与”，则其口语语体属性越不明显。而并列连词“和”同样是与电视谈话和日常对话语体高度负相关，这与我们的直观认识有些不一致，单凭内省的方式是无法看到这一点的。通过相关分析，还可以看到，“和”的新闻语体属性明显，次之是公文语体属性。虽然“和”在科技语体文本中的出现频次也较高，但是并不具有科技语体属性。另外，对比两者出现频次可以看到，作为并列连词来说，“与”的出现频次要远低于“和”，后者更常用。但并不能仅仅依据出现频次来判断词语的语体属性，如两者在科技语体中的出现频次，前者为1 523，远低于后者的6 826，但具有科技语体属性的是“与”，而不是“和”。

除了作并列连词外，两者还可以作介词，只是“和”作介词时出现频次较低，因此我们仅讨论“与”作介词的情况。“与”作介词时，用法同介词“跟”相似。“跟”也可以作连词，只是在所选择文本中出现频次较低（也有可能是ICTCLAS将大多数的“跟”都标注为介词），所以未分析其作连词的情况。两者的出现频次及分别与不同语体的相关度如表3所示，我们从中可以看到两者语体属性的差别。

表3　介词“与”“跟”的出现频次及与各语体的相关度

语体类型	与		跟	
	出现频次	相关度	出现频次	相关度
新闻语体	741	0.04	42	-0.32
科技语体	921	0.56	2	-0.35
公文语体	409	-0.03	4	-0.34
电视谈话	43	-0.28	1 692	0.60
日常对话	30	-0.29	1 343	0.41

从表3可以看出，介词“与”和“跟”在不同语体文本中的出现频次相反：“与”在新闻、科技和公文语体文本中出现频次较高，而在电视谈话和日常对话文本中出现频次较低；而“跟”则相反，并且“跟”在不同语体文本中出现频次的差别更大，在电视谈话和日常对话文本中非常高。介词“与”使用更正式，结合与不同语体的相关度，可以看到其科技语体属性明显，这和其作为连词的语体属性是一致的。“跟”作为介词，谈话语体和日常对话属性明显，较少用于科技、新闻和公文语体文本文本中，并且从相关度来看，它与书面语体负相关，这也告诉我们在进行科技论文写作时，应该较少使用介词“跟”，而代之以“与”。

介词“跟”更多在电视谈话和日常对话中出现，较多出现在谈话语体文本中，比较随意一些，如在电视谈话文本中：

至少对于宝玉来说，他不要跟外界打交道。

张大户跟武大郎嘛，对不对，她已经克过了。

那你就跟我们这么说。

他跟中超有什么关系，他是中超的球员吗？

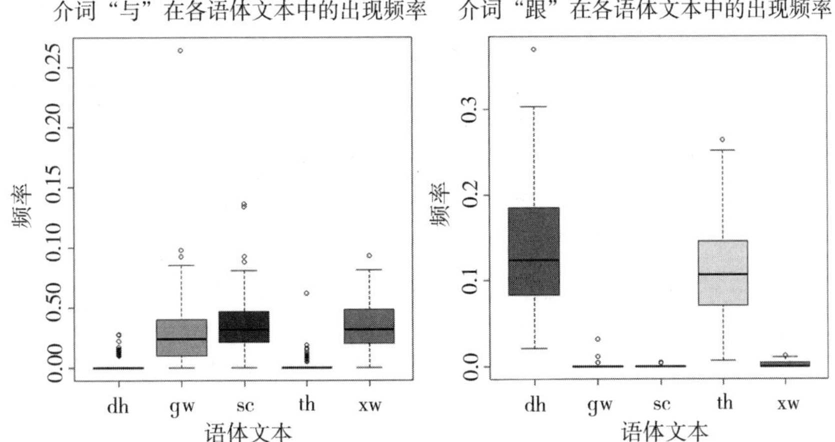

图1　介词“与”“跟”在各类语体文本中的出现频率箱形图

注：“dh”表示日常对话文本，“gw”表示公文文本，“sc”表示科技文本，“th”表示电视谈话文本，“xw”表示新闻联播文本。

图1为作为介词的“与”和“跟”在各类语体文本中出现频率的对比。从中同样可以看出，“与”作介词时，在科技、新闻和公文语体文本中的出现频率较高，在电视谈话和日常对话文本中的出现频率接近于零。而介词“跟”则是在日常对话和电视谈话中出现频率较高，在另外三种语体的文本中，出现频率接近于0。这与我们前面对语体度和相关度进行分析所得出的结论是一致的，并且为两者语体属性的不同提供了又一数据支持。

四、结论

综合上述分析可见，我们建立的方法可以作为分化同义虚词语体属性的一个可靠手段，这有助于语言实践中对虚词的选择，如在科技文章写作中，表示并列关系时，就要选择连词“与”，而不是选择同样可以作为连词的“跟”，这样可以使得文章更为庄重，更加符合学术论文的要求。研究表明，虚词与不同语体的相关系数是判断该虚词是否具有明显语体属性及语体属性类别的充分条件。

与已有对虚词的研究不同，本文从分布语义学的向量空间模式出发，考察虚词的语体属性，并建立虚词的分布语义学研究方法。我们首先统计虚词在各文本中的出现频率，以向量空间模型建立文本向量。已有研究表明，虚词可以作为汉语语体的区别特征，因此可以认为某些虚词在不同语体文本中的使用具有系统性的差异，从而具有语体属性。

本文通过计算虚词和语体之间的相关系数来进行虚词语体属性的确定。其结果表明，并不是所有的虚词都具有语体属性，而只有一部分虚词具有明显语体属性，在相应语体文本中出现频率较高，而在其他语体文本中出现频率较低。

由上述分析可见，对于两个同义虚词，在某相同语体文本中出现频次的多少并不是判断其是否具有该语体属性的充分条件。对于同一个虚词，在不同语体文本中出现频率的不同，可以作为一个参考指标来判断该虚词的语体属性。

本文仅选择了五种语体文本来考察虚词的语体属性，从理论上说，这应该是不完整的。如某个虚词，从我们的计算结果来看，不具有明显的语体属性，可是并不代表它不具有其他的语体属性，如艺术语体属性等。

参考文献

[1] 吴春相. 现代汉语介词结构的语体考察 [J]. 当代修辞学，2013 (4)：52 - 61.

[2] RENKUI H，CHU - REN H，DENGFENG Y，et al. Toward a distributional semantic model of chinese function words [C] //Proceeding of the 18th Chinese Lexical Semantics Workshop. Leshan：Chinese Lexical Semantics Workshop，2017.

[3] 郭锐. 语义结构和汉语虚词语义分析 [J]. 世界汉语教学，2008 (4)：5 - 15.

[4] 郭锡良. 古汉语虚词研究评议 [J]. 语言科学，2003 (1)：87 - 98.

[5] 魏培泉. 古汉语时体标记的语序类型与演变 [J]. 语言暨语言学，2015 (2)：213 - 247.

[6] 魏培泉. 经验体标记"过"的历史由来 [J]. 语言暨语言学，2016 (2)：265 - 290.

[7] 李小军. 虚词衍生过程中的语音弱化：以汉语语气词为例 [J]. 语言科学，2011 (4)：353 - 364.

[8] 昝红英，张坤丽，柴玉梅，等. 现代汉语虚词知识库的研究 [J]. 中文信息学报，2007 (5)：107 - 111.

[9] 陶红印. 试论语体分类的语法学意义 [J]. 当代语言学，1999 (3)：15 - 24.

[10] BIBER D. Variation across speech and writing [M]. Cambridge：Cambridge University Press，1988.

[11] SWALES J M. Genre analysis，English in academic and research setting [M]. Shanghai：Shanghai Foreign Language Education Press，2001.

[12] STAMATATOS E，FAKOTAKIS N，KOKKINAKIS G. Automatic text categorization in terms of genre and author [J]. Computational linguistics，2001 (4)：471 - 495.

[13] 王德春，陈瑞端. 语体学 [M]. 南宁：广西教育出版社，2000.

［14］曾毅平. 语言材料语体分化论析［J］. 福建师范大学学报（哲学社会科学版），2008（2）：34－40.

［15］曾毅平，李琳. 当前语体与语言风格的阐释、描写和应用研究：第十届语体风格学学术研讨会综述. 当代修辞学，2015（2）：94－95.

［16］冯胜利. 书面语语法及教学的相对独立性［J］. 语言教学与研究，2003（2）：53－63.

［17］陆庆和. 实用对外汉语教学语法［M］. 北京：北京大学出版社，2006.

［18］CHU－REN H，SHU－KAIH，KEH－JIANN C. Mandarin Chinese words and parts of speech：acorpus－based study. London：Routledge，2017.

小议《论语》当中的“子某”*

王秀玲　秦晓华①

《论语》所记孔子的弟子多称“子某”，如子夏、子张、子有等。这在《孔子家语·七十二弟子解》中也有充分体现。这一章提到了76个人名，其中，名、字齐全者74人。这74人字为“子某”者65人；为“伯/仲/叔/季某”者5人；另有4人字虽不含子、伯、仲等成分，但均有争议，且其字另一说亦均为“子某”。今人作注多以“子某”为某人的字，王力《古代汉语》就有很多这样的注释。如：

由，仲由，字子路，孔子的弟子。
又季路，即子路。
宰予，字子我，孔子的弟子。
颜渊，名回，字子渊，孔子的弟子。
冉求，字子有，孔子的弟子。
公西华，姓公西，名赤，字子华，孔子的弟子。

杨伯峻《论语译注》也有大量这样的释文，例多从略。从今人的注释可以看出，大家在这个问题上的观点基本一致，都把“子”当作字的一部分。对于“子”的性质和意义，王力《古代汉语》第973页已经提到，“春秋时男子取字最普通的方式是在字的前面加上‘子’，这是因为‘子’是对男子的尊称”。“子”是对男子的尊称，这一点应无异议，问题在于春秋时代“子”被看成字的一部分这一学术观点是否符合当时的实际。

如果“子”的确是字的一部分，那么，字中的“子”不应被省略。而事实上，“子”在很多时候可以不出现，首先是和姓连用的时候。例如孔子的弟子宰予，字子我，《论语》可直接称为宰我：

哀公问社于宰我。（《论语·为政》）
言语：宰我、子贡。（《论语·先进》）

---

* 本文发表于《学术研究》2008年第7期。

① 王秀玲，博士，广州大学人文学院副教授、硕士生导师，主要从事汉语史、古文字学等方面的研究。秦晓华，博士，华南师范大学文学院教授、硕士生导师。

类似的情况很多，如颜回，字子渊，《论语》多称颜渊；冉求，字子有，《论语》多称冉有；公西赤，字子华，《论语》多称公西华；原宪，字子思，《论语》多称原思。倘若“子”为字的一部分，这个“子”是断乎不能省略的，就像唐代字“子美”的杜甫，人们只能称“杜子美”而不能称之为“杜美”。

其次，“子”在“子某”单用时也可以不出现，“子某”可径称“某”。

子游曰：“吾友张也为难能也，然而未仁。”（《论语·子张》）

曾子曰：“堂堂乎张也，难与并为仁矣。”（《论语·子张》）

子张姓颛孙，名师，而子游、曾子皆称其为“张”。被认作字的“子某”，其后的“某”可以单说而无须和“子”连用，这说明“子”并非字的固有成分，而只是附于字前的成分。

除以上两种情况外，“子某”之“子”还可和其他词语互换，如仲由，字子路，又称季路。对于季路这一称谓，今人有两种主要观点，一种是两字说，一种是季氏家臣说。前者认为子路和季路分别是仲由的两个字，如《论语批注》《论语通译》和《汉语大词典》等均持这种观点。后者则认为子路曾为季氏家臣，故人们称之为“季路”，安作璋《论语辞典》即持这一观点。本文认为，“季”作排行置于人名之前由来已久，在春秋战国时期亦不乏用例。而为季氏作宰便称为季路，这种用法缺乏相关佐证。至于两字之说，可能性也比较小，因为子路、季路共用一个“路”字，核心成分相同，不当为两个字。二者的区别仅在于把习见于字前的“子”换成了表示次第的“季”。子、季互换，再次证明“子、季”等仅仅是附于字前的成分。

另外，春秋时“子”搭配的范围广泛，《孔子家语·七十二弟子解》中的人名除有争议的外，字前有“子”的情况占总数的92%，把这样灵活宽泛的组合看成专有私名的固定成分，颇值得怀疑。笔者认为，“子”比较恰当的定性应是一个共名，其意义当如王力所言，是对男子的尊称。

我们从“子某”的起源和发展，也可以看出春秋时称“子”的性质。殷商甲骨文已有“子某”的用例，如：

贞：子渔隹有蚩？（合七六）

贞：子商其有疾？（合二九二）

在第一期卜辞所见的人名中，称“子某”者很多，如子渔、子画等。

有些学者把他们都看作武丁的儿子，但林沄（1979）认为卜辞中的多子族是对跟商王同姓的贵族家族的总称，而“子”则是对这些家族首脑们通用的尊称。林先生又指出，指称孩子的词“转化为对男性显贵人物的尊称”并非中国所特有的现象。例如美洲的古代玛雅人指称贵族之词，本义为“父母亲的儿子”，古罗马人指称贵族之词，本义为“父亲的（后代）”。金文中也有很多“子某”的用例，如“子妥、子媚、子乙、子癸”等。“到周代，男子称子某仍然十分流行。”显然，春秋时代的“子某”，应该是从甲骨、金文中的“子某”发展而来，从最初对家族首脑通用的尊称而演变为对男子通用的尊称。

字是名之后新增的称呼。《礼记·檀弓上》：“幼名，冠字。”又《礼记·典礼上》：“男子二十，冠而字。”郑玄注：“成人矣，敬其名。”名是小儿卑贱的称呼，成人礼之后，周人名外有字，以示敬意。可见字本来就是周人崇尚礼仪的一种产物，是周人对有身份男子的一种敬称。正因如此，为了突出对人的尊敬，字前也可以加上表示尊称的“子”，当然也可加次第排行，但春秋时期以加“子”最为流行。由于“子”大量用于字前，和后代以“子”入字的现象在形式上完全一致，很像字的一部分，所以，这种形式到了汉代《孔子家语》时已经被误认为字的一部分。因此《孔子家语》才会有“××，字子某”的说法。

综上所述，春秋时《论语》中的“子某”和后世用作字的“子某”，虽然形式上完全相同，但前者是“共名+私名”，“子”并非字的固有成分；后者则是一个整体，“子”是私名的组成成分。

参考文献

［1］王力．古代汉语［M］．北京：中华书局，1999.

［2］新编四小库．百子全书［M］．杭州：浙江古籍出版社，1998.

［3］徐志刚．论语通译［M］．北京：人民文学出版社，1997.

［4］汉语大词典编委会．汉语大词典：缩印本［M］．上海：汉语大词典出版社，1997.

［5］安作璋．论语辞典［M］．上海：上海古籍出版社，2004.

［6］于省吾．甲骨文字诂林［M］．北京：中华书局，1996.

《左传》引《诗》“永锡尔类”解诂

李 煜[①]

摘 要：《左传》两次引用《诗经·大雅·既醉》篇中的“孝子不匮，永锡尔类”。笔者认为，今人本郑《笺》中对“孝子不匮，永锡尔类”的注释，为对诗经原文的解释，其义与《左传》引用的用意不符。考查“类”的其他含义，笔者认为，《左传》所引“孝子不匮，永锡尔类”中的“类”，应解释为“榜样”义。

关键词：《左传》；《诗经》；永锡尔类

“孝子不匮，永锡尔类”出自《诗经·大雅·既醉》篇，《左传》曾引用过两次，其第一次见于隐公元年，其文为：“君子曰：颍考叔，纯孝也。爱其母，施及庄公。《诗》曰‘孝子不匮，永锡尔类’，其是之谓乎?”[②] 于《左传·隐公元年》所引“孝子不匮，永锡尔类”之注是：“言孝子为孝，无有竭尽之时，故能以此孝道长赐予汝之族类。”认为“类”是指“族类”，其训本于《诗》之郑《笺》。《诗·既醉》篇“永锡尔类”句下郑《笺》云：“孝子之行，非有竭极之时，长以与女之族类。”《左传》第二次引用此诗句见于《成公二年》，其上下文是：“齐侯使宾媚人赂以纪甗玉磬与地……晋人不可，曰：‘必以萧同叔子为质，而使齐之封内尽东其亩!’对曰：‘萧同叔子非他，寡君之母也。若以匹敌，则亦晋君之母也。吾子布大命于诸侯，而曰必质其母以为信，其若王命何？且是以不孝令也，《诗》曰‘孝子不匮，永锡尔类’；若以不孝令于诸侯，其无乃非德类也乎?”此处“《诗》曰‘孝子不匮，永锡尔类’”之杜《注》是：“言孝心不乏者，又能以孝道长赐其志类。”“非德类”之杜《注》是：“不以孝德赐同类。”与其《隐公元年》之注是相同的。而杨伯峻《春秋左传注》于此之注释则是：“古人常以‘类’字置于‘德’‘义’诸字之下，‘德类’犹《诗·大雅·荡》之‘义类’，犹言‘道德法则’。”则与其《隐公元年》之注相左。

关于“孝子不匮，永锡尔类”在《诗经》原文中究竟该如何解释，我们将另作讨论；这里我们主要是讨论《左传》引此诗之义。我们认为，今人本郑《笺》对“孝子不匮，永锡尔类”的解释，其义与《左传》引此

---

① 作者简介：李煜，博士，广州大学人文学院副教授。

② 杨伯峻．春秋左传注［M］．北京：中华书局，1981.

诗之用意实不相符。

谓“类”为“族类”，则“族”指宗族。以人物的宗族关系来说，郑庄公为郑国之国君，姬姓，而颍考叔只是颍谷那个地方的一个“封人”（守疆之吏），姓“颍”（或以为姓“颖”），二人并不是同一宗族之人。无论是史书之所述，还是后人之考察，均未见有郑庄公与颍考叔为“同宗同族”之类的记载或论述。所以，说郑庄公与颍考叔二人是“族类”，于史实有悖，或者说无从稽考证明。

王力先生主编《古代汉语》[①]。第一册《郑伯克段于鄢》于“孝子不匮，永锡尔类”之注是：“孝子的孝没有穷尽，永久把它给予你（指孝子）的同类。”仍然是把这个“类”字看作类别之“类”，所不同的只是未取“族类”之说，而是解释为在伦理道德上与孝子“同类”。这种解释则是本于《左传》之杜《注》与孔《疏》。《左传·隐公元年》“《诗》曰‘孝子不匮，永锡尔类’，其是之谓乎”，杜预《注》曰：“庄公虽失之于初，孝心不忘，考叔感而通之，所谓‘永锡尔类’。”孔颖达《疏》云：“‘族类’者，言俱有孝心，则是其族类也”，“颍考叔有纯孝之行，能锡庄公；庄公虽失之于初，孝心不忘，则与颍考叔同是孝之般类也。……《诗》注意‘类’谓子孙族类。此《传》意以为事之‘般类’也”。正因为看到了颍考叔与郑庄公并无“子孙族类”之关系，所以杜《注》用“孝心不忘”将郑庄公与“纯孝”之颍考叔拉扯为同“类”之人，而孔颖达又进一步解释说“俱有孝心，则是其‘族类’”，混淆“子孙族类”与“事之般类”两个完全不同的概念，“强经就我”之误尤甚。

问题还在于，颍考叔是“纯孝”，是个大孝子，而郑庄公无论如何也称不上是“孝子”，也谈不上“孝心不忘”。因为《左传》明文记述，郑武公从他出生那一天开始便为母亲姜氏所“恶”，所以继位后从未听顺母亲的话；不仅不听顺，还处心积虑、有意识地让自己的胞弟、受到母亲偏爱的共叔段一步步走向“多行不义必自毙”的绝路，从而最后达到了逼弟出逃、幽母于颍的目的。所以，在郑庄公身上，何曾表现过“孝心”？发誓“不及黄泉，无相见也”之后又后悔，充其量只能说是有点后悔自己把事情做得太绝了，担心“政治影响”不好吧？所以后人或认为，郑庄公后悔纯粹是一种“政治需要”。这一点似乎是可信的，因为《左传》作者很巧妙地写下了事件的结局：郑庄公与姜氏在“阙地及泉，隧而相见”之后，“遂为母子如初”。“如初”又是什么情况呢？“初，郑武公娶于申，曰‘武姜’。生庄公及共叔段。庄公寤生，惊姜氏，故名曰‘寤生’，遂恶

---

① 王力．古代汉语［M］．北京：中华书局，1962.

之。”很显然，这个“初”，便是母子面和心不和的关系。所以，要把郑庄公硬往“孝”字上拽，说他与颍考叔在“孝”道上是“同类”（“般类”）之人，实在太牵强了。

从文法上说，“孝子不匮，永锡尔类”之“类”，也很难说成是颍考叔与郑庄公为“同类”之人。因为“永锡尔类”之“尔”是第二人称代词，在这里是泛指“孝子”之外的其他人，而不是指“孝子”本人。无论我们将“锡（赐）”的主语定为“孝子”，还是定为“孝子之孝心”，它都不是“尔”之所指。如果我们按照上述对“类”字的解释，将“孝子不匮，永锡尔类”直译出来，那就是：“孝子是不会穷尽的，它会永远赐给你的同类。”“尔类”即“你的同类”，这个“尔”显然不能认为是指“孝子”，也很难说是指郑庄公。如果诗句原文为“孝子不匮，永锡其类”，“尔”为“其”，那么，说颍考叔与郑庄公是“同类”之人，仅以文法言庶几尚可。但是，即便如此，也依然不可。因为诗句明言“孝子不匮”，并非言“孝子之孝心不匮”，“永锡尔类”的主语只能是“孝子”。然则，“孝子不会穷尽，他永远会赐给你（或他）的同类”，“赐给同类”什么东西呢？使人“莫名其妙”。于是，说者便于“孝子”下面加上“孝心”之类的内容，以“足成其义”，这不是典型的“增字解经”又是什么？

“永锡尔类”之“类”不是同类之“类”，那么应当如何解释？今案：“类”之言“律”也，“法”也，“则”也，“仪表”“范式”之谓也。

《广雅·释诂》：“类，法也。”王念孙《疏证》：“‘类’之言‘律’也，‘律’亦法也。”《方言》卷七：“类，法也。齐曰‘类’。”《荀子·儒效》“其言有类”，王先谦《集解》云：“类，法也。”《诗·大雅·既醉》“永锡尔类”，王先谦《三家诗义疏》云：“鲁训‘类’为‘法’。”法度、律法谓之“法”，仪表、楷模亦谓之“法”。《易·系辞上》“法象莫大乎天地”，焦循《章句》：“‘法’亦仪也。”《管子·禁藏》篇：“‘法’者，天下之仪也。”又《明法解》：“‘法’者，天下之程式也，万事之儀表也。”《慧琳音义》卷三“谢法”，《注》引顾野王云：“‘法’，犹楷式也，轨也。”“仪表”“楷式”云云，即今言之“表率”“楷模”“榜样”。“法”可训为“仪”，“仪”有楷模、榜样义，故“类”训为“法”，既可为法度之“法”，亦可为仪表之“法”。《楚辞·九章·怀沙》：“知死不可让兮，愿勿爱兮；明以告君子兮，吾将以为类兮。”王逸注：“‘类’，法也。《诗》云：‘永锡尔类。’言已将执忠死节，故以此明白告诸君子，宜以我为法度。”案，王注训《楚辞》及《诗》之“类”为“法”固是，然以“法度”申之，则未达一间。“以为类”，是说以执忠死节为仪表、为楷式。此前言“重仁袭义兮，谨厚以为丰”，“离慜而不迁兮，愿志之有像”云云，便正是“吾将以为类”的前提。所以，《史记·屈原列传》“明以告君子兮，吾将以为类兮”，张守节《正义》云：“类，例也，以为忠臣不事乱君之例。”以“例”训“类”，也正“榜样”的意思。屈子《怀沙》之“吾将以为类”，其实就是《离骚》所说：“蹇吾法夫前修兮，非世俗之所服。虽不周于今之人兮，愿依彭咸之遗则。”

知道了“类”有“法”义，有“仪表”“楷式”犹今言之“楷模”“榜样”义，那么，我们再回过头来看《左传》两次引《诗》“孝子不匮，永锡尔类”，其义也就可迎刃而解了。《左传·隐公元年》：“颍考叔，纯孝也。爱其母，施及庄公。《诗》曰‘孝子不匮，永锡尔类’，其是之谓乎？”“其是之谓乎”即指“颍考叔，纯孝也。爱其母，施及庄公”之事件及其结果。“永锡尔类”系双宾语句，“尔”是近宾语、间接宾语，“类”是远宾语、直接宾语。“永锡尔类”即是“他（孝子）永远会给予你榜样”，或“他永远会将榜样提供给你”。所以，《隐公元年》之文若翻译为现在的语言便是：

颍考叔，真是大孝啊！爱自己的母亲，还感动（影响到）了庄公。《诗》上说“孝子不会穷尽，他永远会给你以表率”，大概说的就是这种情况吧？

《国语·周语下》曾引用《既醉》“孝子不匮，永锡尔类”之后的这两句，云：“《诗》曰‘其类维何？室家之壸。’‘类’也者，不忝前哲之谓也；‘壸’也者，广裕民人之谓也。”所谓“不忝前哲”，字面上是说没有玷辱前代的贤哲，其实也就是为后人树立了继承“前哲”榜样的意思。所谓“广裕民人”，马瑞辰《毛诗传笺通释》云：“《方言》：‘裕、猷，道也。’道民亦谓之‘裕’，《康诰》‘乃由裕民’‘乃裕民曰’，皆‘道民’也。‘广裕民人’犹云‘广道民人’也……‘壸’为宫中道名，因借以喻‘道民’之道。”“道”，古“导（導）”字，引领、率领的意思。可见，“其类维何？室家之壸”正是上句“永锡尔类”的注脚，将它翻译过来就是：

那表率怎么讲啊？他就是全家的领路人！

《左传·成公二年》：“齐侯使宾媚人赂以纪甗玉磬与地……晋人不可，曰：‘必以萧同叔子为质，而使齐之封内尽东其亩！’对曰：‘萧同叔子非他，寡君之母也。若以匹敌，则亦晋君之母也。吾子布大命于诸侯，而曰必质其母以为信，其若王命何？且是以不孝令也。《诗》曰‘孝子不匮，永锡尔类’；若以不孝令于诸侯，其无乃非德类也乎？”其“永锡尔类”与《隐公元年》所引别无二义，所以齐国使者宾媚人在引述《诗》句之后以“德类”来申说之。“德类”者，道德之榜样也。因此，若将上述《成公二年》之文“今译”出来就是：

齐侯派遣宾媚人以献上纪甗、玉磬和土地为条件向晋国求和……晋国人不同意，说：“一定要用萧同叔子来当人质，而且要把你们齐国境内的田亩全都改为东西走向的沟陇！”宾媚人回答说：“萧同叔子不是别人，她是我们齐国国君的母亲。以对等地位而言，也就相当于您晋国国君的母亲。您向诸侯发布重大命令，便说一定要用他的母亲充当人质来取信，那您又如何去对待周天子的命令呢？更何况，您这是用不孝来号令诸侯啊。《诗》上说：‘孝子不会穷尽，他永远会给你以榜样。’”如果用不孝来号令诸侯，这恐怕不是伦理道德的榜样吧？”

参考文献

［1］阮元．十三经注疏［M］．北京：中华书局，1980.
［2］朱熹．诗集传［M］．北京：中华书局，2017.
［3］王先谦．诗三家义集疏［M］．北京：中华书局，1987.
［4］王念孙．广雅疏证［M］．上海：上海古籍出版社，2018.

说《滕王阁序》“时运不齐，命途多舛”*

谢国剑①

摘　要：王勃《滕王阁序》是千古传诵的骈文名篇，但其中“时运不齐，命途多舛”句，历来有多种解释。笔者认为，该句当依正仓院本改作“大运不齐，命涂（途）多绪”，意思说天时运行参差不齐或天时在同一时段对万物的影响不一致，人生之路复杂多样。《滕王阁序》的主旨之一是感叹人生复杂，祸福难以预料，而非单纯的“怀才不遇”。

关键词：时运不齐；命途多舛；滕王阁序；王勃

一

王勃《滕王阁序》（下简称“《序》”）是千古传诵的骈文名篇，影响深广，但其中“时运不齐”句，至少有三种不同的解释，就我们所知，无一正解。

一解为“等于说命运不好”。如《古代汉语》（王力，1999）、《普通高中课程标准实验教科书　语文　5》（人民教育出版社课程教材研究所等，2006）等。还有以为“齐”通“济”的，如《汉语大词典》“齐（jì）”下义项6第4条：“通‘济’。好；顺利”。有以为“齐”为“好”义、是“齋”字之淆借的，如《汉语大字典》“齐（qí）”下义项14。

二解为“各人遇到的时机不一样”。如《古文观止译注》（邓英树、刘德煊等，1997）：“时机命运各不相同。”《古代汉语》（郭锡良等，1999）等亦同。

三解为“时代和命运不一同出现”。如经元堂刻本清林云铭《古文析义》卷十《序》“岂乏明时”下：“时命不犹处，所谓兴尽之悲，即悲此

* 本文是国家社科一般项目“东汉至隋石刻文献字词关系研究”（项目编号：17BYY018）的阶段性成果。本文初刊于《励耘语言学刊》2020年第2辑，修改过程中吸收了匿名审稿人的意见，并曾先后得到丁红旗、于笛、肖瑜、冯先思等先生的指正或帮助，在此深表感谢。此次又做了修改，文责作者自负。

① 作者简介：谢国剑，博士，广州大学人文学院教授，中国训诂学研究会理事。主要关注领域为文字训诂学，目前致力于中古汉字发展研究，在《中国语文》《古汉语研究》《中国文字研究》等专业刊物上发表论文多篇，主持国家级项目2项。

耳。”此“时命不犹处”，为“时、命不同处”义，即释“时运不齐”之语。

“命途多舛”句，大都理解为“人生多不顺”义，差异不大，从略。

二

先看版本。就我们所知，其版本有以下五种差异：

(1) 时运不齐，命途多舛。(明隆庆刊本《文苑英华》卷七一八“一作”)

(2) 大运不穷，命途多舛。(明隆庆刊本《文苑英华》卷七一八)

(3) 大运不穷，命涂（途）多绪。(明钞本《文苑英华》卷七一八)[①]

(4) 时运不齐，命涂（途）多舛。(明钞本《文苑英华》卷七一八“一作”)

(5) 大运不齐，命涂（途）多绪。(正仓院本《王勃诗序》)

以上例（1）（2）出自《文苑英华》，是因为王勃文集的宋元旧本今已不存，明以来的《序》全文，源自南宋嘉泰年间周必大等校理刊印的《文苑英华》。之所以用明隆庆刊本，即明胡维新等用嘉泰定本的一个明抄本为底本进行刻印、刻成于隆庆元年的本子，是因为嘉泰定本《文苑英华》存世残卷没有该卷。不过，傅增湘《藏园群书题记》卷十八《校本文苑英华跋》下认为：“故隆庆重刊固推盛举，而杀青仓促，遗颣孔多。”[②]

嘉泰定本《文苑英华》刊印前经过三次校理。第一次校勘，由宋真宗于景德四年下诏推行，[③] 应是严肃认真的，但成果毁于大火。第二次校勘，具体负责的人在学识和责任心上都很不够，以致错误极多。到周必大、彭叔夏等专心从事的第三次校勘，才纠正了很多错误。但即便如此，嘉泰定本所收王勃诗文离原貌也应有不少距离，该本中的大量异文在一定程度上就说明这一点，这是其一。其二，虽然周必大等校勘《文苑英华》用了当

---

① 按：两种明钞本均为中国国家图书馆所藏，善本书号分别为02146、06659。前者为周叔弢旧藏，傅增湘《藏园群书题记》卷十八《校本文苑英华跋》下认为：“故以周本校勘所得，持校范本，每卷辄多所补增，可知周本之善，其去古尚未辽也。”后者为铁琴铜剑楼所藏，李致忠《〈文苑英华〉史话》：“这个抄本大概是目前国内收藏中最接近宋本的一部。”傅增湘. 藏园群书题记［M］. 上海：上海古籍出版社，1989：898；李致忠.《文苑英华》史话［M］. 北京：国家图书馆出版社，2014：115.

② 傅增湘. 藏园群书题记［M］. 上海：上海古籍出版社，1989：895.

③ 苗书梅，等. 宋会要辑稿［M］. 开封：河南大学出版社，2001：213.

时的王勃文集，但其中的《序》似乎无明确记录显示也用了文集校勘，这或许和王勃文集在南宋后期不完整有关。①

例（3）（4）为嘉泰定本的两种明钞本，与明隆庆刊本有所不同的是，其中后一小句也有“一作”异文，正文“绪”，异文作“舛”，且刊本“途”字钞本作“涂”。如果隆庆刊本与其所据明钞本一致，则表明嘉泰定本在明朝的不同钞本中发生了变化；如果隆庆刊本与所据明钞本不一致，则表明刊本在钞本基础上发生了变动。

值得注意的是，由两种明钞本文末“一作皆石本”语，知例（4）为不晚于南宋末年的石本。石本“豫章”作“南昌”，当为避唐代宗李豫之讳，② 由此知石本出现的上限是762年，此时离王勃卒年676年已有86年。

例（5）正仓院本，虽是抄本，但文末所记抄写日期为“庆云四年七月廿六日”，在中国为唐中宗景龙元年（707），这时距王勃的卒年仅31年。其中“天”“地”“日”“月”等字，皆为武后新字。又有“物华天宝”“邺水朱华”的“华”字，皆缺末笔，为避武周讳所致。③ 金开诚等《古诗文要籍叙录》认为“是最接近王勃集原貌的本子”④。这种说法有一定的道理。值得指出的是，咸晓婷《从正仓院写本看王勃〈滕王阁序〉》通过对7处重要异文加以辨证后认为，正仓院本明显优于其它版本。⑤

基于以上情况，可知例（5）的版本价值要高于例（1）（2）（3）（4）。也就是说，如果在意义上无不妥，则当以例（5）为是。⑥

---

① 按：四部丛刊续编本南宋洪迈《容斋四笔》卷五《王勃文章》下：“勃之文今存者二十七卷云。”

② 按：可参胡可先，胡凌燕．王勃《滕王阁序》异文考疏［M］//查屏球．梯航集．上海：上海古籍出版社，2018．

③ 《新唐书·地理志》：“华州华阴郡，上辅。义宁元年析京兆郡之郑、华阴置，垂拱二年避武氏讳曰太州。”宋代宋敏求《长安志·唐京城四》“次南崇化坊东南隅龙兴观”注云：“本名西华观……垂拱三年以犯武太后祖讳，改为金台冠。”宋敏求．长安志［M］．台北：成文出版社，1970：246－247．

④ 金开诚，葛兆光．古诗文要籍叙录［M］．北京：中华书局，2012：276．

⑤ 咸晓婷．从正仓院写本看王勃《滕王阁序》［J］．文学遗产，2012（6）．

⑥ 按：版本之间，大概先由例（5）演变为例（4）（3），再由例（4）（3）演变为例（2）（1）。据《四库全书总目》，王勃的文集，明以来已散佚，文渊阁《四库全书》本《王子安集》“乃明崇祯中闽人张燮搜辑《文苑英华》诸书，编为十六卷”。张燮所辑《滕王阁序》，把所有异文都删掉了，包括文末的校语，所留下的内容就是例（1）。按理例（1）的出现应该在明朝，但实际上最迟南宋末年就出现了，如宋祝穆中华再造善本宋咸淳三年吴坚刘震孙刻本《方舆胜览·江西路》、宋谢维新中华再造善本宋刻本《古今合璧事类备要·别集·宫室门》引《序》均同例（1）。对比异文可知，此二书所引《序》大致依石本。大概南宋末年以来，民间广泛流传的《序》就来自石本。这样，例（1）最迟已见于南宋末年就不难理解了。永瑢．王子安集提要［M］//四库全书总目．北京：中华书局，1965：1277．

三

例（5）“大运不齐”该作何解呢？

据考察，唐朝与“大运不齐”结构相同、字数相同、同含“不齐”一词、使用环境类似的短语，还有“时命不齐”“大时不齐”。

其中，“大运不齐”还有1例：

（6）大运不齐，贤圣罔象兮。（陈子昂《我府君有周居士文林郎陈公墓志铭》）

“时命不齐”有1例：

（7）盖时命不齐，奇偶有数。（陈子昂《送吉州杜司户审言序》）

“大时不齐”有1例：

（8）大时不齐兮，茫茫彼苍。（《裴鄖墓志》）①

唐代还有使用环境不同的“大时不齐”5例：

（9）“大时不齐”者，大时，谓天时也。齐，谓一时同也。天生杀不共在一时，犹春夏华卉自生，荠麦自死，秋冬草木自死，而荠麦自生，故云“不齐”也，不齐为诸齐之本也。（《礼记·学记》“大时不齐”郑注，“或时以生，或时以死”孔疏）

（10）以其大时不齐，不能无死者。（《诗·小雅·谷风》“无草不死，无木不萎”毛传，“虽盛夏万物茂壮，草木无有不死叶萎枝者”孔疏）

（11）a. 大时不齐（同年有丰凶之异也《礼记》）。（白居易《白氏六帖事类集·旱》）

b. 大时不齐（同年有丰凶之异）。（白居易《白氏六帖事类集·饥馑》）

（12）大时不齐，大信不约，大白若辱，大直若屈。（白居易《进士策问五道之第二道》）

---

① 胡戟，荣新江．大唐西市博物馆藏墓志［M］．北京：北京大学出版社，2012：722－723.

再往前追溯，发现还有“大时不齐”2例：

（13）大德不官，大道不器，大信不约，大时不齐。（《礼记·学记》）

（14）行有参差，生有先后，大时不齐，但人以此为正焉。（《易纬通卦验》卷上“此谓冬日至成天文，夏日至成地理”郑注）

由上述可知，“大运不齐”仅两个例证，要确证其义不易。基于使用频率差异明显、出现时代有先后等因素，我们有理由认为，“大运不齐”“时命不齐”当源自“大时不齐”。这样，可由求证“大运不齐”义转为求证“大时不齐”义。

天时有“齐”的一面，“齐”为“一致、相同”义，四时循行、万物生灭，年年如此，所谓“天行有常”即是。也有“不齐”的一面，从历法的角度看有“不齐”，《后汉书·律历志中·贾逵论历条》：“天道参差不齐，必有余。”《元史·历志一·序》：“盖天有不齐之运，而历为一定之法。”从一些日常自然规律看也有“不齐”，后世俗云：“天有不测风云。”

梳理例（6）—（14）共9例“大时不齐”，可以把它们归纳为三个义项。

一指天时运行参差不齐，没有常态。例（13）“大时不齐”，与“大德不官”“大道不器”“大信不约”并列，字面义当为“最大的天时参差不齐”。例（12）句式与例（13）同，当同义。据语境，可知是在天时“齐”的基础上指出天时“不齐”的根本性，可理解为“天时运行的最根本特点是没有常态”。具体地说，天时可以不齐于历法。如例（14）“大时不齐”，是总结补充“行有参差，生有先后”之语，所谓的“参差”“先后”是相较于冬至、夏至的日期而言，即“不齐于历法”。此“大时”，为天时义。天时也可不齐于一些日常自然规律。如例（11），涉及的是旱和饥馑，此“大时不齐”应指风雨不调、寒暑不时等，即与“风调雨顺、寒暑以时等”不同，以致凶年。

二天命出了差错。由天时运行“不齐”常对人有害引申而来。例（8）上文有“何神理之谬戾欤”，下文有“茫茫彼苍”与之照应，可知当理解为“天命出了差错”义。唐《贺拔定妃墓志》：“而昊天不憖，歼此淑姬，乾道茫茫，奄如风烛。”① 可与之比勘。

三天时在同一时段对万物的影响不一致。例（9）（10）的解释，即指出在同一时段，天时对待万物不一样，有些使之生，有些使之死。其中

① 胡戟，荣新江．大唐西市博物馆藏墓志［M］．北京：北京大学出版社，2012：22－23.

“共在一时”，即“同一时段”，属误读。

既然“大时不齐”有三个义项，《序》“大运不齐”继承的是哪一个呢？还是说又有新的引申义呢？此时需借助下一句来确定，因为上下句的文意应相合。

下一句“命途多绪”，未见与之一模一样的用例。据《汉语大词典》，“命途”为“平生的经历，生活的道路”义，“多绪”为“多端，多样”义，则“命途多绪”可理解为“生活道路复杂多端”义。“多绪”也见于王勃《上巳浮江宴序》，“吾之生也有极，时之过也多绪”①。其诗文集甚至还有“万绪”，《采莲赋》：“故其游泳一致，悲欣万绪。”② 但未见王勃使用第二例“多舛”。东汉张衡有意义更接近的“多绪”，《鸿赋》：“永言身事，慨然其多绪。”③ 隋卢思道袭用，本传：“永言身事，慨然多绪。”此“永言身事，慨然多绪”二句，换言之即“身事多绪，永言慨然”，而“身事多绪”即“命途多绪”。据上下文，可知此“身事多绪”正是强调“生活道路复杂多端”，人生祸福难料。因此，上一句“大运不齐”也当与“生活道路复杂多端”义相应。这样，“大运不齐”只能属义项一或义项三。至于到底是哪个义项，不得而知。

综上可知，《序》“大运不齐”应如例（9）（10）（13）（14）“大时不齐”一样，也当解作“天时运行参差不齐”或“天时在同一时段对万物的影响不一致”④。例（6）天时、人事相连而言，是古人常见笔法。两句话的整体意思是，天时人事的发展变化复杂多样，难以预测，由天不由人。

四

这种理解是否符合上下文意呢？回答是肯定的。

---

① 董诰，等．全唐文［M］．北京：中华书局，1983：1839.

② 董诰，等．全唐文［M］．北京：中华书局，1983：1803.

③ 严可均．全后汉文［M］．北京：中华书局，1958：771.

④ 按：《关于王勃〈滕王阁序〉的几个问题——并论正仓院〈王勃诗序〉和〈王勃集注〉的文字差异》（道坂昭广，2011）：“以上例子，虽然文字有所不同，但意义大体相同。即使表达方式有所不同但解释起来没有太大差别。消极地说，至少可以说认为正仓院本中的文字没有问题。”由以上论述可知，说正仓院本中的文字没有问题，是可以的；说这些不同的表达方式意义大体相同，是不对的，例（5）的意义与例（1）、（2）并不相同。《王勃〈滕王阁序〉异文考疏》（胡可先、胡凌燕，2018）认为“时运不齐”的“不齐”为“不顺通”义；认为“多绪”和“多舛”，难辨哪个是原本文字。由下文第五节论述可知，“不齐”的解释欠妥；结合版本和王勃的语言使用习惯看，“多绪”优于“多舛”。

在例（5）之前，有“穷睇眄于中天，极娱游于暇日。天高地迥，觉宇宙之无穷；兴尽悲来，识盈虚之有数”几句，总起下文。其中，从“望长安于日下”到“天柱高而北辰远”，既说穷睇眄之所见，又说怀君王之悲，如“日下”“北辰”二词均暗指君王；从“关山难越”到“奉宣室以何年”，则完全是说“悲来”之“悲”，既是悲自己，也是悲“失路之人”“他乡之客”。而从“嗟呼”至“岂乏明时”，则是说“盈虚之有数”了。数，字面意思是“天之历数”，即天命、天道。“有数”是说天时人事的发展变化由天命决定，不由人。所以，“盈虚之有数”是说天时人事的发展变化由天不由人，难以预料。

在例（5）之后，王勃列举了四个典故，其中冯唐、李广之事，说明有德才者未必通达；贾谊之事，后有“非无圣主”，侧重于指人生的穷通和当世有没有明君关系不大；梁鸿之事，后有“岂乏明时”，侧重表明人生的穷通和国家是否清明没有直接关系。因此，王勃用这四个典故所要表达的意思也是说人生的穷通由天不由人，非人力所能预料。

而且，“岂乏明时”句之后，用“所赖”二字引起下文，则更是说明前文的意思是天时人事的发展变化由天不由人，非人力所能预料。既然人生的穷通难以掌控，那么所可依赖的就只有君子达人的“安排”和“知命”了。下文接着说，君子不忧老、穷，不惧贪泉、涸辙，不怨地远、时晚。那怕如德才兼备的孟尝一样因病辞职后，被同僚多次举荐终不见用，也要坚持古之君子达人的本分，而不能效仿哭途穷的阮籍，破罐子破摔。这里的“安排”“知命”，即古之君子达人的本分，如北齐颜之推《颜氏家训·勉学》：“欲其观古人之达生委[①]命，强毅正直，立言必信，求福不回，勃然奋励，不可恐慑也。”[②] 这样，就可知上下文确实贯通一气。

照这样分析，处于中间的例（5）也只能表达天时人事的发展变化由天不由人、复杂难料的意思，否则上下文意就不连贯。

王勃的这种思想也见于它处，如《上刘右相书》：“故曰：死生有数，审穷达者系于天；材运相符，决行藏者定于己。”[③]《上绛州上官司马书》：“故曰知与不知，用与不用，观夫得失之际，亦穷达之有数乎！”[④] 其中“死生有数”“穷达之有数”等句，与“盈虚之有数”类同。又如《为人与蜀城父老第二书》“则知冥机所运，吉凶于倏忽之间；玄命所移，飞伏

---

① 按：徐复《后读书杂志·颜氏家训杂志》：“委命，即知命。委有确知一义。”敦煌遗书《勤读书抄》即作“知”。徐复. 后读书杂志［M］. 上海：上海古籍出版社，1996：127.

② 王利器. 颜氏家训集解［M］. 北京：中华书局，1993：166.

③ 董诰，等. 全唐文［M］. 北京：中华书局，1983：1821.

④ 董诰，等. 全唐文［M］. 北京：中华书局，1983：1824.

于斯须之际”[1]，也是说事情发展由天不由人，吉凶难料。

五

由以上分析可知，前人的三种理解的确均非正解。

第一解，虽然与本文的理解的言外之意一致，但毕竟实际意义差异明显。值得注意的是，唐以前尚未出现以好坏来判定个人命运的情况。我们以“命（或运、时、气）不”作为关键词，检索了《全上古三代秦汉三国六朝文》[2]《先秦汉魏晋南北朝诗》[3]《全唐文》[4]《全唐诗》[5]《全唐文补编》[6]《全唐诗补编》[7]，未发现以好坏来评价个人命运的表达，较常见的是“命与时违”“才命不齐”“才高命舛”之类的语句。

“齐”通“济”或为“齌”之省借说也不可靠。检索相关语料（范围与上同），得到形容词性短语“不齐”共有81例，表指称的13例，包括作人名的6例；表陈述的68例，其中不带宾语的64例，带宾语的2例，带介宾补语的2例。这些“不齐”，除人名外，均为“不同、不一致”义，无“不好”义。在这种情况下，说“齐”通“济”或为“齌”之省借大有问题。有关辞书中“齐”通“济（好、顺利义）”的最早用例就是《序》，不妥。

第二解，问题在于整句的意思无法与下文冯唐等四个典故所表达的意思相合。典故的意思是，人生的穷通与德才、圣主、明时都没有直接关系，而不是说“各人遇到的时机不一样”。

第三解，缺少必要的文献支持，因为最好的本子“时命”作“大运”。况且，从下文的四个典故看，文章并非简单强调“时”“命”的关系，也还有“才”“命”的关系等。

六

“大运不齐，命途多绪”二句，事关《序》的主旨，对它们的理解不

---

① 董诰，等．全唐文［M］．北京：中华书局，1983：1827.
② 严可均．全上古三代秦汉三国六朝文［M］．北京：中华书局，1958.
③ 逯钦立．先秦汉魏晋南北朝诗［M］．北京：中华书局，1983.
④ 董诰，等．全唐文［M］．北京：中华书局，1983.
⑤ 中华书局编辑部．全唐诗［M］．北京：中华书局，1999.
⑥ 陈尚君．全唐文补编［M］．北京：中华书局，2005.
⑦ 陈尚君．全唐诗补编［M］．北京：中华书局，1992.

同，则对本文主旨的理解也不同，可谓关系重大。

由前文综述可知，目前学界认为“时运不齐，命途多舛”二句为“命运不好，人生不顺”义，虽然细微处仍有争议。正因此，学界认为《序》的主旨之一是慨叹怀才不遇。如《中国历代文学作品选·王勃〈滕王阁序〉解题》（朱东润，1980）：“结尾处抒写羁旅之情，寓有怀才不遇的感慨。”《古代汉语》（王力，1999）：“也抒发了封建时代文人怀才不遇的感慨。”① 果真如此吗？

从本传看，王勃去世前说得上命运不好的事有两件：一因戏写《檄英王鸡文》，遭唐高宗斥逐；二因擅杀被其窝藏的有罪官奴，当诛，后遇赦除名。前一事，说怀才不遇是可以的。王勃为展示文笔，戏写斗鸡檄文，也算文臣常情，或许高宗也并非不认可其文采，只是更注意到此文可能导致的不良后果，因此以君臣不能遇合来解释是可以的。王勃被斥后补虢州参军，期间作《涧底寒松赋》，说：“徒志远而心屈，遂才高而位下。”②正是说自己怀才不遇。而后一事，则和怀才不遇没关系。因为，王勃既窝藏了罪奴，又把罪奴杀掉，后遇赦免死，实属幸运。要说此时王勃还公然慨叹怀才不遇，他岂非成了是非不分之人?！这怎能说得通呢?

按常理，应该是以上的两件或一件事在左右着王勃写《序》时的心情。那么，到底是两件还是一件呢？如果只有一件，又会是哪一件呢?

据《唐才子传校笺》（傅璇琮，1987），王勃被斥出府 6 年后才写《序》，而从杀官奴事发到大赦再到写《序》，这三件事在三、四年间紧挨着发生。从时间上看，杀官奴一事和写《序》的心境关系更大，所导致的后果也更严重，自然更可能成为王勃感慨人生的直接原因。如果是一件事，王勃只能是受杀官奴事的影响。如果是两件事，慨叹怀才不遇加慨叹人生祸福无常，则还是慨叹人生的复杂多样。要说他写《序》时只想到被斥出府一事而慨叹怀才不遇，应该不可能，何况宴会上还有其他各色人等，抒发属部分人的“怀才不遇”不合适。

因此，《序》所抒发的情感不是单纯的“怀才不遇”，而应该是慨叹命运的复杂难料。

前贤指出，王勃杀官奴一事可能遭他人构陷。清姚大荣《王子安年谱》：“子安在虢州，《旧书》称其‘恃才傲物，为同僚所嫉’，《新书》亦

---

① 按：另有《中国古代文体概论》（褚斌杰，1990）、《古代汉语》（郭锡良等编，1999）、《古代观止译注》（阴法鲁主编，2001）等，亦同。

② 董诰，等. 全唐文［M］. 北京：中华书局，1983.

云‘倚才陵藉，为僚吏共嫉’。其为官奴事致罪，疑或为嫉者朋谋构陷，假手官奴，以攻其瑕，古今事冤诬类此者多矣。”① 《〈滕王阁诗序〉一句解：王勃事迹辨》（傅璇琮，1982）：“譬如记载王勃杀官奴而得罪一事，前人也已经有过怀疑。最早记述王勃生平的杨炯《王勃集序》即未载其事，只是说‘长卿坐废于时，君山不合于朝’，以司马相如、桓谭隐喻王勃，暗示他是因政治原因而受到打击。在这两句之前，还说他‘先鸣楚馆，孤峙齐宫，乘（枚乘）、忌（邹忌）侧目，应（应玚）、刘（刘桢）失步’，这是说王勃乃受别人的妒忌陷害。”这种说法颇有道理。从本传看，王勃窝藏官奴在先，可推知他一开始想帮助官奴，而非蓄意杀人②。

这样来理解整件事情，倒契合“大时不齐，命途多绪”之义，天时运行尚且无常，或天时在同一时段对万物的影响尚且不一致，人生之路充满意外就正常了。自己本想帮人，但因遭人嫉害，最后落得差点被诛杀的下场。同样使用过“多绪”一词的卢思道，在《孤鸿赋》中也说自己遭人陷害，“忽值罗人设网，虞者悬机，永辞寥廓，蹈迹重围”。这算是一个小小的印证。

总之，《序》“时运不齐，命途多舛”当依正仓院本改作“大运不齐，命涂（途）多绪”，意思说天时运行参差不齐或天时在同一时段对万物的影响不一致，人生之路复杂多样，祸福难料，即后世所谓“天有不测风云，人有旦夕祸福”。只有这样的理解，才与“大时不齐”的意义相合，才与上下文意契合。《序》的主旨之一是感叹人生复杂，祸福难以预料，而非单纯的“怀才不遇”，只有这样的理解才与王勃当时境遇相合。

七

如果以上分析属实，那么“大运”作“时运”、“不齐”作“不穷”、“多绪”作“多舛”就是后人所改了，而且据前文可知，前二者的改作时间不晚于南宋末年，后者的改作不晚于明朝。为什么会这样改呢？

“大运”改作“时运”，可能有两点原因。一是后人大概不能真正理解

---

① 北京图书馆．北京图书馆藏珍本年谱丛刊：第9册［M］．北京：北京图书馆出版社，1999：292－293．

② 按：至于王勃为何会被妒忌陷害，或许也和他的所谓“浮躁浅露”有关。唐代刘肃《大唐新语》卷七：“（裴行俭曰）勃等虽有才名，而浮躁浅露，岂享爵禄者！”刘肃．大唐新语［M］．北京：中华书局，1984：114．

“大运不齐”这句话。二是“不齐”二字的语义指向，主语应该至少包括两样东西，但“大运”似乎只是一样东西，所以就把“大运”改作“时运”，即“时”与“运”参差不齐、不相合。这种理解倒也符合古人对命运不好的解释。古人会从“时”“命”不一致或“才”“运”不一致或“时”“运”不一致等角度来解释命运不好。如《全陈文·徐陵〈劝进梁元帝表〉》：“但轻生不造，命与时乖。”又如唐《张景旦墓志》：“盖命与时舛，岂才将运乖。”此“岂”当为何况义。又如《全唐文·高迈〈鲲化为鹏赋〉》：“时与运并，道与时行。”均从“时”和“运”或“命”是否相合的角度来解释个人命运。

“不齐”改作“不穷”，有可能受了楚辞、汉赋的影响。《离骚·远游》：“惟天地之无穷兮，哀人生之长勤。”王逸《章句》：“乾坤体固，居常宁也。伤己命禄，多忧患也。”汉赋还有更接近《序》的表达，张衡《思玄赋》：“行颇僻而获志兮，循法度而离殃。惟天地之无穷兮，何遭遇之无常。”

“多绪”改作“多舛”，可能有如下几点原因。

一是受到与之相对成文的“不齐”二字的影响。后人可能感觉“多绪”和“不齐”的语义契合度不如“多舛”。如《文选·潘岳〈西征赋〉》“人度量之乖舛”李善注：“乖舛，不齐也。”《慧琳音义·大乘入楞伽经序音义》“多舛”下释“舛”引《韵诠》：“不齐也。”《慧琳音义·辩正论音义》“舛蹈”下引《韵英》：“舛，乖错也，相背也，不齐也。”这些例子不仅表明“舛”与“不齐”同为“参差不齐”义，而且还在一定程度上表明当时古人由“不齐”二字比较容易联想到的同义词是“舛”“乖舛”，而不是“绪”或“多绪”。

二是受到与之相连成文的“命途”的“命”字的影响。因为在唐代文献中，“舛”字常常出现在表命运不好义的“运命俱舛”“命舛”“运舛”等语句中，如唐《潘孝长墓志》：“既而运乖命舛，时穷道丧。”唐《孔子庙碑》：“蹲龙运舛，振铎冥膺。”《唐故原州太谷戍主彭城刘府君墓志铭》：“运命俱舛，荣位不崇。”这种情况可能会让时人在看到“命途”二字时容易联想到“舛”，而“绪”“命”这种联系则不容易建立。

三是“多绪”一词，表人生之路复杂义，比较少见。《全唐文》似只王勃用过，未见他人使用，也未发现“多绪”“不齐”对文的其它例子。

参考文献

[1] 褚斌杰. 中国古代文体学概论 [M]. 北京：北京大学出版社，1990.

[2] 道坂昭广. 关于王勃《滕王阁序》的几个问题：并论正仓院《王勃诗序》和《王勃集注》的文字差异 [J]. 清华中文学报，2011 (6).

[3] 邓英树，刘德煊，等. 古文观止译注 [M]. 成都：巴蜀书社，1997.

[4] 傅璇琮. 唐才子传校笺：第1册 [M]. 北京：中华书局，1987.

[5] 傅璇琮. 《滕王阁诗序》一句解：王勃事迹辨 [M] //白化文，袁行霈，罗东升等. 古典文学论丛：第二辑，西安：陕西人民出版社，1982.

[6] 郭锡良，等. 古代汉语：上册 [M]. 3版. 北京：商务印书馆，1999.

[7] 汉语大词典编辑委员会、汉语大词典编纂处. 汉语大词典：缩印本 [M]. 上海：汉语大词典出版社，1994.

[8] 汉语大字典编辑委员会. 汉语大字典 [M]. 2版. 成都：四川辞书出版社，2010.

[9] 胡可先，胡凌燕. 王勃《滕王阁序》异文考疏 [M] //查屏球. 梯航集. 上海：上海古籍出版社，2018.

[10] 李梦生，史良昭，等. 古文观止译注 [M]. 上海：上海古籍出版社，1999.

[11] 人民教育出版社课程教材研究所，中学语文课程教材研究开发中心，北京大学中文系语文教育研究所. 普通高中课程标准实验教科书　语文　5 [M]. 2版. 北京：人民教育出版社，2006.

[12] 郭锡良，等. 古代汉语：下册 [M]. 3版. 北京：中华书局，1999.

[13] 阴法鲁. 古文观止译注 [M]. 北京：北京大学出版社，2001.

[14] 朱东润. 中国历代文学作品选：中编第一册 [M]. 上海：上海古籍出版社，1980.

“螫”读 zhē 来源小考*

王毅力①

摘　要：宋初已见“螫”读如“蜇”；元代口语“螫”和“蜇”读车遮韵；明代“螫”有车遮韵平去二读，“螫”读车遮韵去声；清代北京音“螫”读阴平 zhē 而“蜇”读阳平 zhé；民国辞书“螫”收白读音 zhē 和文读音 shì。

关键词：螫；蜇；读音；探源

《普通话异读词审音表》（1985 年修订）记载了“螫”的两种读音：一是文读音 shì，一是白读音 zhē。现代辞书多只载 shì 一音，如《现代汉语词典》（第 7 版）中“螫”音 shì，下注“〈书〉蜇（zhē）”；《汉语大字典》（第 2 版）“螫”字下仅载 shì 一音。此外，“螫”在《切韵》中只有一个读音，入声昔韵释小韵：“螫，施只切。虫螫。”《广韵》同。《集韵》中增加了黑各切和式夜切两个读音，折成今音分别读 hè 和 shè。按照语音对应规则，普通话“螫”读 shì 来自《切韵》施只切。但是《普通话异读词审音表》中“螫”的白读音 zhē 有些特殊，我们无法从中古传统韵书中找到来源。值得注意的是，“螫”的白读音与其同义词“蜇”的今读完全相同。

其实，早在北宋前期已经出现“螫”读如“蜇”的情况。宋四明（今浙江宁波）僧人知礼（960—1028 年）撰《金光明经文句文句记会本》卷五：“螫，知列反。又音释、音郝。谓行毒也。”（《卍新续藏》第 20 册第 225 页）宋钱塘（今浙江杭州）僧人智圆（976—1022 年）《维摩经略疏垂裕记》卷十：“螫，知列反，虫行毒也。又通郝、释二音。”（《大正藏》第 38 册第 839 页）智圆《涅槃经疏三德指归》卷一：“螫者，舒亦、呼各、知列三反。”（《卍新续藏》第 37 册第 318 页）上三例中音“释”或“舒亦反”源自《切韵》施只切，音“郝”或“呼各反”同《集韵》黑各切，另都注有“知列反”一音，而“蜇”在《切韵》中为陟列反，知列反与陟列反音同。又智圆《请观音经疏阐义钞》卷一：“螫，音哲。又音适。”（《大正藏》第 39 册第 983 页）“哲”与“蜇”在《切韵》同小

---

* 本文为国家社科基金重大项目“汉语词源学理论建设与应用研究”（项目编号：17ZDA298）的阶段性成果。

① 作者简介：王毅力，博士，广州大学语言学系副教授，研究方向为汉语史。

韵，均为陟列切。

到了元代，“螫”字在元曲作品中押“车遮”韵。《全元南戏·施惠〈幽闺记〉》：“意似虺蛇，性似蝎螫，一言如何诉说。”例中“螫”与“蛇、说”相押，“蛇、说”在《中原音韵》读车遮韵。《全元散曲·无名氏〈离恨〉》：“送玉傅香，撩蜂拨蝎。病枕愁衾，寻毒觅螫。”例中“螫”与“蝎”相押，“蝎”在《中原音韵》亦为车遮韵。在《中原音韵》基础上编撰而成的《中州音韵》车遮韵入声作上声收“蜇”字，注云：“叶者，螫也。”同小韵字还有“哲、折、浙、蜇、褶、摺”等字。

发展到明代，“螫”在正统韵书中只收施只切一读，如《洪武正韵·陌韵》：“螫，施只切，虫行毒。”但在反映口语的韵书中收有“车遮”韵。明末顺天府（今北京市）人徐孝（1573—1619 年）编撰《合并字学篇韵》虫部“螫”字下载“世、哲、贺、色、遮”五音，其中“世”来自中古施只切，“贺、色”三音来自《集韵》黑各切和式夜切，而“哲”和“遮”为新增添的读音。查徐孝《合并字学集韵》平声十六遮韵照母见“螫”字，其下注曰：“蝎螫。俗作。”这说明平声遮韵为“螫”在当时的俗音；“螫”又见于《合并字学集韵》去声十八哲韵照母。而“蜇”字仅出现在《合并字学集韵》去声十八哲韵照母中，注“螫也”。可见，当时的北京音“螫”读车遮韵平、去二声，而“蜇”仅读仅读车遮韵去声。

到了清代中期，直隶大兴（今北京）人李汝珍（约 1763—1830 年）撰《李氏音鉴》，这是为童蒙而作的一部通俗韵书，能代表当时的北京音。该韵书卷四《问北音入声论》：“螫，张赊切，音遮。”“蜇，张蛇切，音遮阳平。”与“蜇”同音的字还有“折、哲、蛰、陟、摺”等。据此，“螫”和“蜇”均读车遮韵，区别在于前者是阴平，后者是阳平。一般认为，道光年间京城满族人裕恩著《音韵逢源》记录的也是当时的北京音。该书未收“螫”而见“蜇”，同《李氏音鉴》“蜇”字不读阴平，与“哲”字同组读作阳平，同“嗻遮”等阴平字形成对立。

《寻津录》（1895）是威妥玛以北京音为标准编写的汉语教科书。该书第三册“北京话音节表”（Alphabetic Index of Syllables in the Peking Dialect）将“螫”收在 zhē（原文用威妥玛拼音字母 chê 阴平）音节下，而“蜇”收在 zhé（chê 阳平）音节下；又该书第二册“北京话声调练习”（Exercises in the Tones of the Peking Dialect）部分的例句中出现“螫”，如“蝎子钻在鞋里，把脚螫出血来/有窝马蜂逢人就螫，有个地缝儿我都钻了”，原书在“螫”字旁均音注为 zhē（chê1）。同是威妥玛编著的北京话口语教材《语言自迩集》，卷一续散语十八章之六例句有“螫”，如：“我叫马蜂螫着了/蝎子螫了手”，卷二给上例中的“螫”记为 zhē（chê）。法国传教士戴遂良编写的《汉语入门》(1903)，是以当时河间府献县方言编写的教材，该书用罗马字拼音记录了“螫”的读音，例如：“那蚂蜂会螫。”“螫”字记为 zhē（罗马字母为 tchēe)。高本汉《北京话语音读本》(1918) 用龙德尔方言字母记录当时的北京音，“螫”记为 zhē（隆德尔字母为 tʂɤ¯)，如：“你不知道这老鼠会钻那马蜂会螫 zhē。”

到了 20 世纪,《校改国音字典》(1926) 虫部收“螫”，常用音为 shì，或读为 zhē；“蜇”则记为 zhé。《国音常用字汇》(1932) 指明“螫”读 zhē 为“语音”，读 shì 为“读音”；“蜇”读阳平 zhé。稍后,《增订注解国音常用字汇》(1949) 将“螫”后起的又读“zhē”上升为第一音项，“shì”为第二音项；“蜇”读 zhé，包含两个义项：①虫螫；②海蜇。《同音字典》(1956)“螫”也收语音 zhē 和读音 shì 两音，但“蜇”仅收 zhé 一音，义为海蜇。

综上，“螫”读如“蜇”可追溯至北宋初年；到元代，本为入声字的“螫”和“蜇”在口语中读车遮韵；明代口语中“螫”有车遮韵平去二读，而“蜇”读去声；清代北京音中“螫”读阴平 zhē，而“蜇”读阳平 zhé；民国时期辞书“螫”收白读音 zhē 和文读音 shì。故上述《普通话异读词审音表》中“螫”所列白读音 zhē 确有所据，而大型历时语文辞书漏收 zhē 音，当据补。

参考文献

[1] 藏经书院．卍续藏经［M］．台北：新文丰出版公司，1983.

[2] 日本大正一切经刊行会．大正新修大藏经［M］．台北：新文丰出版公司，1983.

[3] 周德清．中原音韵［M］．台北：艺文印书馆，1979.

[4] KARLGREN B J K. A Mandarin phonetic reader in the Pekinese dialect [M]. Stockholm: Kungl. Boktryckeriet. P. A. Norstedt & Söner, 1918.

[5] WIEGER L. Parlé et style Chinois, rudiments [M]. Hien-hien, 1899.

[6] WADE T F. Hsin ching lu [M]. Hongkong: China Mail, 1895.

[7] WADE T F. Yü yen tzŭ êrh chi, a progressive course designed to assist the student of colloquial Chinese [M]. London: Türbner & Co., 1867.

国际理解视角下汉语国际教育的创新与实践*

周清艳①

摘　要：汉语国际教育本质上是一种国际理解教育，国际理解的视角可以为汉语国际教育学科和事业的发展提供新的创新动力，也能为汉语国际教育的实践提供新的解决方案。这突出体现在汉语国际教育“三教”问题的解决上。师资方面应重新审视培养层次、培养目标和配置模式；教材要重视本土化的实现方式、编写者的安排及教材内容的选定；教法上需转变教学理念并创新教学手段。

关键词：国际理解；汉语国际教育；教师；教材；教法

一、引言

1946 年联合国教科文组织（UNESCO）第一次大会首先提出“国际理解教育”（Education for International Understanding）理念，以“人类和平”为终极目标，呼吁世界各国通过教育增进不同国家、不同文化的理解。

汉语国际教育是在全世界针对汉语非母语的学习者进行的汉语教育，满足了世界各国人民学习汉语、了解中国的美好愿望，增进了中国人民和世界人民的友好往来，加深了不同国家和文化之间的相互了解、相互尊重，促进了中外文化交流，从这一角度来看，汉语国际教育本质上也是一种国际理解教育（胡范铸等，2014）。

从国际理解的角度来审视汉语国际教育，是汉语国际教育发展到新的历史时期的必然要求。2017 年 1 月 18 日，中国国家主席习近平在日内瓦出席“共商共筑人类命运共同体”高级别会议，并发表了题为“共同构建人类命运共同体”的主旨演讲。人类命运共同体的建设需建立在国际理解的基础之上，即各国人民能相互了解、相互尊重、相互信任。实现不同语言、不同文化背景、不同价值观念、不同政治体系的国家和民族间的相互了解、尊重和信任，语言教育不失为一种重要的方法和有效的手段。

---

* 本文得到教育部人文社科研究规划基金项目“人类命运共同体观指导下的国际理解教育互动问题研究”（项目编号：18YJA880050）资助。

① 作者简介：周清艳，博士，广州大学国际教育学院讲师，国家语委国家语言服务与粤港澳大湾区语言服务中心研究员，研究方向为国际中文教育及现代汉语语法。

在新的世界政治经济格局中，国际理解的视角可以为汉语国际教育学科和事业的发展提供新的创新动力，也能为汉语国际教育的实践提供新的解决方案。我们将从国际理解的视角探讨汉语国际教育中“三教”问题的创新与实践。

二、教师

教师在汉语国际教育学科和事业发展中的作用显著，没有好的教师，也就没办法编出好的教材，没有办法实践好的教学方法、实现好的教学效果，汉语国际教育的质量也无法得到有效保证。培养能胜任汉语国际教育的师资队伍是汉语国际教育的重要目标。

目前，汉语国际教育中的师资培养存在着一系列的问题，根源在于师资需求与供给的不平衡，这些问题的最终解决有赖于对汉语国际教育实践中师资需求与供给的调查、分析和研究，师资队伍的培养与建设首先也需要建立在了解和尊重汉语国际教育教师需求现状的基础之上。

下面我们将从国际理解的视角探讨汉语国际教育中师资培养层次、培养目标和配置模式的问题。

（一）培养层次

就人才培养体系而言，国内高校培养的汉语国际教育师资主要集中在本科和硕士阶段。

从培养层次上看，目前存在本科专业设置过多，硕士增长过快，而博士点数量不足的问题。

“目前我国 TCSOL 的本科专业布点数量多，覆盖地域广，招收的几乎全部是中国学生。截至 2017 年，全国共有 384 所高校设置了本科专业；截至 2015 年，本科生在校人数为 63 933 名。这直接导致了 TCSOL 本科专业的无计划、超规模增长，给就业带来极大压力。事实上，只有极少数本科毕业生能作为汉语教师志愿者外派到国外工作。即便外派，任期也很有限，回国后面临二次就业，一般难以找到对口工作。”“与 TCSOL 本科相比，我国的硕士、博士点发展滞后，但硕士点增加速度过快，博士点数量不足。2007 年有 25 所高校试点招收专业硕士生，到 2018 年增加到 147 所高校；2018 年开设博士点的有 21 所高校，与此同时有 7 所高校在教育专业试点招收 TCSOL 教育专业博士”（文秋芳，2019）。

从数量上看，本科和硕士毕业生的培养明显供大于求，造成这一现象的原因较为复杂。崔希亮（2018）指出，尽管有那么多的院校开设汉语国际教育专业以培养师资，但是就业的渠道并不畅通，国内高校师资入门的资格不断提高，若非具有博士学位很难在高校立足；中小学开设国际班的学校数量有限，难以消化那么多的毕业生；更有甚者，国内一些省市对非985、211院校的毕业生采取歧视政策，也导致一批本专业的优秀毕业生只好无奈改行。海外汉语教师的岗位受限于当地的移民政策和就业政策，并没有多少岗位对本专业的毕业生敞开，虽然孔子学院吸收了一批志愿者教师，但是数量有限，而且很多志愿者结束任期之后回国还面临着二次就业的压力。汉语国际教育专业的毕业生不得不改行从事其他方面的工作。一方面海外孔子学院需要受过专业训练的汉语教师，另一方面我们培养的汉语教师只有少数人有机会到海外工作，这是一种困境。

针对目前这种培养现状，不同学者指出相应的改革方案和思路，如陆俭明（2019a）提出“急需压缩、调整目前的汉语国际教育的本科专业，可适当保留若干所学校开设此本科专业，主要培养从事中小学的汉语教师和汉语国际教育的管理人才。大量的汉语教师在硕士、博士阶段去培养”。而文秋芳（2019）则建议：“借鉴国外TESOL经验，尽快有计划取消高校的TCSOL本科专业，少数双一流学校可以试点TCSOL本硕连读项目”，“停止盲目扩招硕士点。同时要加大投入，提高硕士、博士点的培养质量。除了办学层次要调整外，招生对象也要进行彻底改变，主要生源要从中国学生转为外国留学生”。大体上讲，学者们在控制或压缩本科和硕士人才培养及提高硕士及博士培养质量上已基本达成共识。

事实上，我们国内培养的汉语国际教育的师资除了本科和硕士人才培养数量上存在供求不平衡，在培养方式上也存在单一化培养与多元化需求之间的结构性矛盾（吴应辉，2016）。

为了满足汉语国际教育多元需求，除了把培养目标主要放在硕士和博士上，还需要在培养过程中加强国别化、区域化、语别化教师培养，针对不同层次教学需求培养适合从幼儿园到高等院校的师资，重视实践课程开发，培养具有实际课堂教学能力的高层次专业师资。

当然，汉语国际教育的师资除了重视多层次培养，还需要重视培养目标，即我们需要培养具有什么样的视野、知识和能力的人才。除了培养并向外输送自己的高水平师资队伍，海外汉语国际教育的师资建设的根本点在哪里？这是我们接下来要讨论的问题。

（二）培养目标

新形势下的汉语国际教育应该为促进国际理解和人类命运共同体建设贡献力量，为实现这一目标和任务，我们培养的教师在知识、能力和素质方面应该达到什么样的要求和水平?

崔希亮(2010)指出汉语国际教育教师要生存,要发展,要有成就感,就必须考虑知识发展、素质发展、专业技能发展和职业生涯发展四个方面的问题。这四个方面知识和技能的发展对汉语国际教师而言无疑非常重要。我们在师资培养或培训过程中,要注重教师知识、素质、技能和生涯规划的引导、启发和教学。除此之外,我们还要特别重视和强调国际理解意识、全球意识和跨文化意识的培养。

我们培养的国际汉语教师应该具有“汉语国际教育是一种国际理解教育”的理念和意识,在做好汉语教学和文化教学基础性工作的同时,重视促进不同国家间、不同文化之间的相互理解、相互尊重和共同繁荣;应该具有开阔的国际视野,了解和关注当今国际政治经济局势,充分认识中国在新的世界格局中的主张、立场以及在促进世界和平与进步中所起的重要作用,尤其要了解目的语国家的社会文化传统、风俗以及深层次民族心理、价值观、思维模式,有较强的跨文化适应能力、跨文化冲突化解能力等跨文化交际能力。

(三)配置模式

汉语国际教育师资除了靠国内高校人才培养体系这一渠道,更多地还得依靠本土教师的培养。汉语要最终获得像英语一样的国际化语言的地位,就现阶段的情况来看,海外的汉语国际教育需要处理好志愿者教师和本土教师的配置模式问题。

汉语国际教育起步较晚,现在由于国家的支持和重视,孔子学院和孔子课堂在海外陆续设立,海外汉语国际教育的师资更多地由国家汉办向国外派出的公办教师和志愿者组成。随着汉语的国际地位的进一步提升,部分国家将汉语纳入国民教育体系,本土教师在汉语国际教育中的作用日渐显现。本土教师相对于我们的外派教师而言,有着无可比拟的优势(陆俭明,2019b)。

本土化师资的培养理应成为汉语国际教育师资供给最重要的手段。英语的国际化路径或许能给我们一些启示。“自二十世纪八九十年代起,随着国家的改革开放,外资企业大批涌入,英语人才成了就业市场上的‘香饽饽’。为了培养出社会所需的合格英语人才,国家亟须高水平的英语教师,于是有相当一批高校教师在我国政府留学基金或国外奖学金的资助下赴英国、美国、加拿大、澳大利亚等英语国家学习 TESOL 课程,或攻读 TESOL 硕士、博士学位,也有部分教师自费前往这些国家学习。这些留学人员完成学业后,大部分回国任教,成为我国英语教师队伍中的骨干力

量。”（文秋芳，2019）

汉语国际教育师资最终也需要通过这样的方式来实现教师的本土化。在人才培养体系中吸引国外学生攻读汉语国际教育的硕士和博士学位，这部分高素质的教师回国后可成为汉语国际教育的中坚力量。此外，在国内或海外丰富和扩大本土化师资培训形式和培训规模，是对现有本土师资教学能力和技能提升的有效方式。

汉语师资本土化还有很长一段路要走，需要我们的不断摸索和实践。陆俭明（2019c）指出：我们要根据各个国家开展汉语教学的不同情况来全盘规划本土汉语教师的培养和中国汉语教师的派出问题。这大致可分为三种情况：第一种情况，对于汉语教学基础很扎实的国家，基本上只采取着力培养当地汉语教师的策略；第二种情况，对于汉语教学有所开展但还不太成熟的国家，可以在着力培养本土汉语教师的同时，由中国派出适量的、有一定水平和经验的汉语教师，以帮助这些国家迅速发展汉语教学；第三种情况，对于从未开展过汉语教学的国家，需要我们先派出汉语教师，帮助这些国家建立汉语教学基础，而所派出的汉语教师必须是有水平、有经验的汉语教师，同时要思考如何逐步培养当地的汉语教师。

这种根据目的语国家的情况对派出教师和本土教师的思考体现了汉语国际教育所具有的国际理解的特性，我们尊重目的语国家的师资情况，有条件有步骤地采取有效措施，充分满足汉语教学在师资方面的客观需求。随着汉语国际教育的拓展与深化，本土教师在汉语国际教育中的主导地位将得到更进一步体现，这一方面是因为目的语国家对汉语学习的需求更为强烈，另一方面汉语教育也为本土师资的成长与发展带来更大更多的利益，这也从另一个侧面显示出汉语国际教育在促进国际理解，实现人类共同繁荣进步中作出的独特贡献。

三、教材

随着汉语国际教育的发展，汉语教材的数量有了质的飞跃。根据“全球汉语教材库”的统计，2004—2016 年出版的各类汉语教材高达 12 002 册，而 1995—2005 年间则仅有 5 440 册。根据对北京语言大学出版社等 5 家行业内规模较大的出版社出版的汉语教材的统计，2004—2014 年间合计共新出版各类汉语教材 685 种、2 332 册。而北京语言大学图书馆机检系统收集的各类汉语教材数据显示，1949—1999 年间共出版各类汉语教材 508 种，尚不如 2004—2014 出版的教材的总数（耿直，2018）。

汉语教材近年来在量上取了新的突破，但在结构和质量上还是存在不少的问题。吴应辉（2016）指出汉语教材存在“五多五少”的问题：一是中国视角多，本土视角少，以致跨文化交流问题多；二是翻译出版多，量身定制少，只顾解决有和无的问题，却忽略了国别针对性问题；三是闭门造车编写多，中外合作编写少，结果是所编写出版的教材与所在国教育制度、外语政策和语言接轨度低；四是反映中国传统文化多，展示中国现当代文明少，以致给学生学习汉语后对古代中国文化了解多，对当代中国最新发展成果了解少，留下“博物馆化”的中国形象；五是中国出版多，国外就地出版少，导致产销渠道不畅。

“五多五少”的问题本质上也是国际理解的问题，目前教材还不能真正满足汉语国际教育多元化的学习需求，不能和海外汉语不同的教学环境相结合。我们从国际理解的视角讨论汉语教材编写的三个方面：教材的本土化、教材的编写者安排及教材内容的选择。

（一）教材的本土化

汉语教材的本土化是汉语走向世界，对外汉语教学向汉语国际教育过渡和转变的产物，它强调汉语教材与海外不同国家独特语言文化的结合，也可以理解为教材的国别化。原来根据国内对外汉语教学情况编写的教材无法适应海外汉语国际教育的复杂环境，汉语国际教育的本土化势在必行。

汉语国际教育的本土化需要一个过程，海外孔子学院的建立速度很快，最初针对海外不同目的语国家、不同学习者编写的本土化教材并不十分理想。正如张新生、李明芳（2018）所说，“本土化早期的汉语国际教育经典教材要么是原对外汉语教材的翻译版，要么就是原对外汉语教材的改写版。即使专门为汉语国际教育编写的汉语教材，考虑到的大都也只是海外学习对象的学习目的和时间等基本因素，对不同国家和地区的学制及目标要求、当地汉语学习者的学习特征等，则较少顾及。因此市面上汉语教材多，但适用的汉语教材少的情况并没有得到根本改变；另外，这些教材基本都是以对外汉语教学理念和经验为基础、以汉语语言和中国文化为本的原则编写的，编写者的主要教学经验和研究成果又大都来自中国国内的对外汉语教学活动，而国内的对外汉语教学活动相对较为整齐划一。所以这些教材难以顾及海外汉语学习的各种不同需求”。

对原有对外汉语教材的简单翻译或者仅仅根据学习群体和学习时制等浅层特点所作的本土化尝试仍然无法解决教材“水土不服”的问题。要真正做到教材的本土化，首先要做到的还是国际理解问题，充分理解目的语特点、目的语文化、目的语国家教育政策和学习者特点。

目前二语教材本土化的实现方式，主要体现在符合当地的社会文化习俗，考虑学习者母语特点，符合当地的教育制度等方面。如在社会文化习俗方面，教材需符合当地的社会文化习俗，体现在词汇选择、文化点选择、课文背景设置及课文话题选择等方面；在考虑学习者母语特点上，教材的编写应该突出学习者的学习难点，在吸收汉外语言对比和习得研究成果的基础上，对学习者较难习得的语音、词汇、语法和汉字进行有针对性的讲解和操练（周小兵等，2014）。

海外教学环境下的教材本土化是汉语教材在国际理解上的首要体现。在国外非目的语环境下使用的教材，内容上要恰当地结合国别文化以及当地学习者的学习环境和学习生活，进行国别化、当地化处理，更好地发挥教材的文化沟通作用，增强教材的针对性和实用性。

（二）编写人员的安排

教材的本土化离不开编写者对当地语言、文化、教育制度等的深入了解，目前汉语教材有一些是国内汉语教材的翻译版本，有一些是中外教师合作编写。就满足当地的教育体制要求和符合海外汉语学习者特征而言，更有针对性的汉语教材不少是来自现阶段当地的孔子学院/孔子课堂，或由孔子学院/孔子课堂的本地教师、学者编撰，或由孔子学院/孔子课堂里国内机构的教师（含外派教师）和当地教师合作编写。这些教材在本土化道路上比早期的更进了一步。在 2010 年第五届孔子学院表彰的 20 种优秀国际汉语教材中，就有 8 种是来自海外当地孔子学院/孔子课堂等机构的（张新生、李明芳，2018）。

来自海外孔子学院机构的教材的受欢迎反映了本地学者、教师编写或参与编写在教材本土化当中的巨大作用。他们具有国内学者、教师所不具备的独特优势，他们对当地语言、习俗、民族心理、价值观、教育体制有深刻的理解，对汉语和中国文化也有较好的了解或研究，能根据本国学习者的学习特点和学习需求灵活编写不同类型的教材。中国学者或者教师固然有汉语及汉语文化优势，想要充分了解海外如此多国家的语言和文化是非常困难也是不切合实际的。教材的编写还要有相应的教育理念作支撑，不同国家的教育理念也存在着较大的差异，如美国重视平等、自由、个性、做中学等理念，而缅甸则盛行“师道尊严”，泰国倡导寓教于乐（吴应辉，2016），这些不同的教育理念都应该在教材中得到体现，不了解这些教育理念的差别，编写的教材很难取得良好的教学效果。

汉语教材的本土化或者国别化任务只能由本土学者和教师来承担。正如文秋芳（2019）所说：“国别化教材应主要由当地学者负责编写，我国学者或出版社不应越俎代庖。”“每个国家都有自己的国情、社情、学情、教情，作为长期生活在中国的汉语教材编写者，无论作出何种努力，都难以满足当地学习者的语言背景、文化背景等方面的需求。”李泉（2015）也指出：“……从汉语教材编写与研究的顶层设计和长远发展趋势来看，‘国别化’的理念和导向很可能会‘更改’汉语教材应有的多元化即常态化发展进程，并‘错位’性承担了更多的由有关国家自己去完成的国别型教材编写任务。”

由于现在汉语国际教育还处于发展初期，海外汉语教学工作主要由我们国家推广开展，本土化教师和学者并未广泛地参与到汉语教材的编写工作中来。海外开展汉语教学的情况也千差万别，完全由本土学者或教师完成汉语教材的编写任务还不太现实。

在我们看来，国家层面鼓励本土师资参与或主动承担汉语教材编写任务的做法，很有启发意义，而且中外合作编写教材项目已经开始启动并取得卓越成效。事实上，我们还需要充分重视海外从事汉语教学和研究的华侨华人，他们既有汉语的母语背景，又在当地工作和生活，国家可以设立部分基金项目吸引、支持他们编写当地的国际汉语本土化教材，这也能鼓励他们吸纳更多的本地教师参与进来。

（三）教材内容的选定

教材建设中教材内容的选定至关重要。是否符合当地教育理念、是否符合学习者特点、是否受学习者欢迎都是教材编写中首先需要考虑的因素。这也是国际理解在汉语教材内容上的一个重要体现。

就教材的文化内容而言，学习者更多的是对当代中国和中国文化感兴趣，而不是古代历史和古代文化。周小兵等（2010）考察了 9 部文化教材，指出“不少教材古代知识文化的比例太大”，“历史文化内容太多是中国文化教材的通病”。国际汉语教材中的文化内容应该秉承“古今兼顾、以今为主”的原则，不能只谈古不论今。事实上，说古是为了论今，即“古为今用”，意在向汉语学习者介绍当代中国的文化和习俗，展示一个鲜活生动、发展变化的当代中国的形象。同时也是为了让外国汉语学习者近距离看中国，看到一个真实的中国。因为无论从理论上还是从实际上看，绝大多数外国汉语学习者想了解的是当代的中国，想跟当下的中国人打交道，而不是想了解古代的中国，了解古代中国的历史和文化是为了更好地了解和理解当代的中国、中国文化和中国人。这一点应该是文化课教学和文化教材编写必须首先明确的（李泉等，2017）。

在海外，汉语教材文化内容是否能促进双向平等交流、增进国际理解是另一个需要关注的问题。在教材本土化进程中，教材中的文化内容一方面要介绍中国和中国文化，另一方面要注重引入当地国情、社会、人文、历史、民族心理、价值心理等内容，让学习者用比较的眼光正确看待不同文化间的异同，学会尊重彼此间的文化差异，实现文化交流与对话。

与此同时，我们已经进入一个全球化时代，人类共同面临着一系列需要共同解决的问题，如气候问题、环保问题、反恐问题、传染病流行问题、跨国犯罪问题以及全球性金融危机问题等（陆俭明，2019c）。国家与国家需要加强了解，相互沟通，合作应对。这些新的时代命题都应当以恰当的方式在汉语教材中得到体现，为学习者树立国际相互依存观、共同利益观、可持续发展观和全球治理观，为促成国际理解，建设人类命运共同体提供了基本的价值观基础。

四、教法

汉语国际教育史上出现过多种不同的教学法，如翻译法、直接法、听说法、模仿—记忆法、认知法、沉浸法、任务型交际法、综合法等，各种教学法都是不同教学理念的具体呈现，它们都有各自的教学目的和教学方法。要真正实现汉语国际教育目的，促成国际理解，我们无须信守或执着于某一种或几种教学方法，应根据教学时代、教学对象、教学环境采取灵活多样的教学手段。

（一）与时俱进，转变教学理念

由于信息化时代的发展，人们对语言文字的使用方式发生了很大的变化。原来的书面语的纸笔书写变成了键盘输入，很多人提笔忘字，书写能力正在逐步下降，由此催生的是各种以拼音、笔画、字形为基础的电脑输入法，以满足不同人群在电脑和手机输入方面的需要。

在这样的时代背景下的汉语国际教育的教学理念也应该有所变化。比如汉字手写机会越来越少，而拼音使用机会越来越多。正如李泉（2020）所说："当今语言文字生活的实际状况是，拼音的功用在提升、使用几率在增多，汉字书写的机会在减少、书写能力在下降，换言之，在键盘时代，汉字的书写教学应占何种地位，达到何种要求？是把更多的精力花在笔画、笔顺的正确和书写字形美观上，还是花在教授打字和选字上？"如果汉字的书写教学不再在汉字教学中占据重要位置，是否应该扩大拼音的教学功能。"手机微信、电脑打字基本上离不开拼音的支持，虚拟空间的信息交流过程中，汉字是通过拼音的提取而呈现的，拼音成了虚拟世界人们的‘首选的文字’，汉字成了‘提取的文字’。”

李宇明（2006）指出：“汉语拼音在汉语国际传播中的作用，应引起足够重视。实事求是讲，外国人掌握汉字有相当大的困难。只是汉族人在国内交流，仅有汉字也许就够了。如果要汉语走向世界，如果要汉语帮助国家走向世界，只有汉字恐怕不够。”在汉语国际教育的教学实践中，我们也发现没有汉字学习需求的学习者有用拼音书写的强烈愿望，除了课堂上被要求书写汉字，日常生活中输入拼音然后就可以选择目标汉字，汉字的识别难度大大低于书写难度，学习者的畏难情绪在一定程度上得以缓解。拼音功能的释放是信息和智能时代的客观要求。

（二）特殊时期，采取应对措施

汉语国际教育在信息和智能时代释放拼音功能是国际理解教育的体现，在特殊时期，汉语国际教育能采用独特的教学手段和方法满足汉语学习者的需求更是国际理解教育的体现。

自2019年底新型冠状病毒在全球暴发以来，汉语国际教育事业遇到严峻挑战，但孔子学院及其他教学机构迎难而上，转变思路，采取有效措施解决教学困难，取得了较好的教学效果。在这个特殊时期，为了方便全球各地喜爱中文及中国文化的学生更好地学习汉语，孔子学院及时推出了免费精品在线课程，让大家足不出户就能顺利地学习汉语。教师和学生们登录网络孔子学院网站（www. chinesecio. com）注册成为用户后，点击“汉语教学”版块进入“全球孔子学院慕课平台”，选择相关课程即可开始学习。

疫情期间，各地孔子学院也陆续推出在线课程。如孔子学院在线发布职业汉语课程《到中国，学技术》、法国诺欧商学院商务孔子学院开设中华武术网络课程等，在线课程的发布让疫情期间的汉语国际教育得以继续开展。在此期间，为了实现良好的师生互动效果，孔子学院和国内高校积极采用在线教学平台，开展丰富多样的课堂活动。如自2020年3月西班牙阿拉贡大区实行停课政令以来，萨拉戈萨大学孔子学院在外方院长拉法·德·米盖尔（Rafael de Miguel）与中方院长崔予文的部署下，调整教学模式，从线下授课转为网络教学。孔子学院利用Zoom和Google Classroom平台，实现教学模式的师生互动。在Google Classroom在线平台，教师们不仅提供了丰富有趣的中文资料与视频，也布置了形式生动的手工作业及中文歌曲练习。在课堂上，学生们争先恐后地展示自己的各类作品。

（三）根据学生特点，创新教学手段

新的时代、新的环境下，汉语国际教育必然面临各种新的挑战。跟国内对外汉语教学对象主要为成年人不同，海外汉语国际教育的学习者呈现多样化的特点。

近年来，汉语国际教育的学习者呈现低龄化趋势，由于少年儿童凭兴趣习得语言，最易建立语感和语言感情，甚至产生跨文化认同。而以往的汉语国际教育体系多是为成人准备的，这已成为汉语国际教育发展新阶段的一个极大挑战。汉语国际教育亟须进行全方位的适应，更新理念，制订新的汉语国际教育规划，积极开展适合低龄化的教学研究。

少年儿童处于语言学习的关键期，语言学习更适合采用活动和游戏的方式。在这方面，海外孔子学院作了很多有益的探索和实践。如瓦努阿图南太平洋大学艾玛芦校区有个班有 6 名 5 到 7 岁的学生，4 名母语为中文，2 名学生第一语言为英语，他们学习中文的时长也不相同。在一个动物词汇教学课堂中，教师制定了“循环往复，螺旋上升”的教学原则。教学内容依据话题展开，设计多种任务，通过活动和游戏加强师生互动、生生互动。鉴于孩子年龄，课程往往需要结合视频、演示文稿、白板、图片、字卡等多种教学工具，使孩子们手、脑、眼、耳、口并用。手工活动用于辅助语言学习和调节课堂气氛，很受孩子喜爱。

除了儿童的汉语教学，某些孔子学院还针对老年人设计了汉语和中国文化教学活动。俄罗斯布拉戈维申斯克国立师范大学孔子学院开设老年汉语班，2010 年，布拉戈维申斯克国立师范大学孔子学院首次与该市的老年协会合作，开设“汉语及中国文化学习中心”。迄今为止已走过 9 个年头，现招生已超过 300 人次，学员一般是从 55 岁到 80 岁的退休人员和老战士。他们对中国和中国人民饱含着深厚的感情，对中国文化充满着浓厚的兴趣。孔子学院每个学期都会选派教学经验丰富的汉语教师到老年汉语班开展情景教学。每周三次，包括日常交际课和中国文化体验课。学员们和老师一起学习太极拳，欣赏中国茶艺，唱中国歌，跳广场舞，学做中国菜等，内容丰富多彩。根据学员们的年龄特点，老年大学的语言学习以交际练习为主。

孔子学院对不同年龄层次的学习者进行的汉语教育的实践充分考虑学习者的特点，为其设计合理的教学方案，充分体现了汉语国际教育中国际理解的理念。

五、结语

在构建人类命运共同体的新的时代命题中，汉语国际教育理应站在国际理解的视角，不断寻求新的发展与创新。我们主要探讨如何在国际理解视角下重新认识并解决汉语国际教育的“三教”问题。

师资队伍的培养需建立在了解和尊重汉语国际教育教师需求现状的基础上，重视多层次培养，强调教师国际理解意识、全球意识和跨文化意识的培养，并处理好志愿者教师和本土教师的配置模式问题。汉语教材结构和质量的突破关键在于对汉语教材多元化需求的理解，需要重视海外教学环境下的教材本土化，鼓励本土师资参与或主动承当汉语教材编写任务，吸纳海外从事汉语教学和研究的华人华侨参与教材编写，教材内容应符合当地教育理念和学习对象的特点。在教法上，应该积极顺应信息化和智能化时代需求，转变教学理念，特殊时期采用独特教学方法满足学习者需求，能根据幼儿、老年人等不同年龄层次的学习群体的不同特点创新教学手段。

参考文献

[1] 崔希亮. 汉语国际教育“三教”问题的核心与基础 [J]. 世界汉语教学，2010 (1).

[2] 崔希亮. 汉语国际教育的若干问题 [J]. 语言教学与研究，2018 (1).

[3] 耿直. “构建人类命运共同体”对国际汉语教材建设的新挑战 [J]. 云南师范大学学报（对外汉语教学与研究版），2018 (5).

[4] 胡范铸，刘毓民，胡玉华. 汉语国际教育的根本目标与核心理念 [J]. 华东师范大学学报（哲学社会科学版），2014 (2).

[5] 李泉. 汉语教材的“国别化”问题探讨 [J]. 世界汉语教学，2015 (4).

[6] 李泉，丁秋怀. 中国文化教学与传播：当代视角与内涵 [J]. 语言文字应用，2017 (2).

[7] 李泉. 新时代对外汉语教学研究：取向与问题 [J]. 语言教学与研究，2020 (1).

[8] 李宇明. 中国的话语权问题 [J]. 河北大学学报（哲学社会科学版），2006 (6).

[9] 陆俭明. 要在汉语国际教育的学科性质和一些基本理念上取得一致认识 [J]. 世界汉语教学，2019 (2).

[10] 陆俭明. 汉语国际传播方略之我见 [J]. 汉语应用语言学研究，2019 (1).

[11] 陆俭明. 汉语二语教学要为构建人类命运共同体出力做贡献 [J]. 国际汉语教学研究，2019 (4).

[12] 文秋芳. 从英语国际教育到汉语国际教育：反思与建议 [J]. 世界汉语教学，2019 (3).

[13] 吴应辉. 汉语国际教育面临的若干理论与实践问题 [J]. 云南师范大学学报（哲学社会科学版），2016 (1).

［14］张新生，李明芳．汉语国际教育的终极目标与本土化［J］．语言战略研究，2018（6）．

［15］周小兵，陈楠．“一版多本”与海外教材的本土化研究［J］．世界汉语教学，2013（2）．

［16］周小兵，陈楠，梁珊珊．汉语教材本土化方式及分级研究［J］．华南师范大学学报（社会科学版），2014（5）．

［17］周小兵，罗宇，张丽．基于中外对比的汉语文化教材系统考察［J］．语言教学与研究，2010（5）．

论大众外交中的语言手段

王文豪[①]

摘　要：本文结合时事热点，梳理语言外交概念出现的过程，尝试定义语言外交，阐明语言与外交的关系，探讨语言手段在大众外交中的重要性。结合社会需要，拓展应用语言学的研究视野，讨论语言学研究该如何适应社会需要，汉语如何进一步走向世界。

关键词：语言手段；大众外交；汉语

一、引言

受中国国家主席习近平邀请，2017 年 11 月 8 日下午，美国总统唐纳德·特朗普抵达北京，开始对中国进行国事访问。特朗普此次访华，带来了一个跟语言学研究相关的新名词——“语言外交”。

两国元首会晤期间，特朗普向习近平夫妇展示其孙辈演唱中文歌曲、背《三字经》和古诗的视频，这些视频还专门在欢迎晚宴播放。这一系列外交举动引起社会广泛关注和讨论。王辉（2017）评论指出，从 70 年代中美之间的乒乓外交联想到当下，特朗普总统拉近和中国人民的距离的方式可以称为语言外交，并且指出“秀中文在中美最高领导人会晤时发挥独特而奇妙的作用，使中美外交在严肃的政治之外，多了趣味性和文艺范”。

我们通常认为语言是交际工具、思维工具，而该事件反映出，语言其实也是一种政治工具、外交工具。语言在外交活动中不仅发挥着交际沟通的功用，还能在大众外交中发挥拉近与民众距离的作用。本文将重新认识语言外交，探讨语言与外交的关系，讨论如何发挥语言手段在大众外交中的作用，并进一步反观语言学研究，拓宽应用语言学研究视野。

二、语言外交的定义

电视剧《宰相刘罗锅》中有一片段，皇帝举行殿试时，巧遇俄尔鲁国

---

① 作者简介：王文豪，广州大学人文学院讲师，国家语委国家语言服务与粤港澳大湾区语言研究中心研究员。

使臣下战书，准备和大清国动武。新科状元刘墉精通俄尔鲁语，用俄尔鲁语辩服使臣，得到皇帝青睐。此轶闻意在说明语言在外交中的重要作用，语言实际上是一种交际媒介，是一种能够在关键时刻沟通彼此的工具，谁掌握了语言，谁就会在外交中占据优势，这体现了语言在外交中的重要性。隋唐时期，日本派遣了大量使者来中国学习汉语，进一步学习中国当时的政治制度、经济制度和文化。当时的日本想要学习中国先进的制度，而他们必须先学会汉语，才能跟中国展开外交，展开学习和合作。上述故事都突出了语言在外交中的交际工具性。可以看出，外交活动离不开语言的参与。

语言具有交际工具性，外交需要语言充当媒介。具体实现形式是，通过高级语言翻译，使用不同语言的国家实现政治、经济、文化交流。特朗普多次介绍自己孙辈学习汉语的事实，并不是为了突出他的外孙女以后可以成为好的语言翻译。他的根本目的是，以美国第一家庭学习汉语热情高涨的事实，来侧面反映汉语传播的广泛性，进一步反映汉语背后的中国在世界上的重要分量，拉近和中国人民的距离。在这个过程中，语言对于外交不再是一种单纯的交际工具，而成为一种政治工具，或者更进一步称为外交工具。在 20 世纪 70 年代的“乒乓外交”中，乒乓球不再是一种单纯的体育运动，而被赋予了政治使命，乒乓球因此成为一种外交工具，开启了中美建交大幕。今天，语言也成为一种外交工具。语言外交，实际上是指将语言作为一种外交工具，发挥语言在大众外交中拉近与民众距离的作用，从而实现更深层次的政治目的。

把语言作为一种外交手段，并不是特朗普的创举，语言注定和外交分不开。到一个国家访问，简单地使用对方的语言，甚至使用对方的语言进行演讲，是一种特别的拉近彼此距离的外交方式。1998 年 6 月 27 日晚，江泽民主席在人民大会堂举行盛大宴会，欢迎来访的美国总统克林顿。宴会伊始，江泽民主席和克林顿总统发表了热情洋溢的祝酒词。克林顿讲话结束前，特意用颇为标准的汉语道一声“干杯”，这一举动和他学会使用筷子一样，得到了中国人的好感。外国领袖使用简单汉语表达某种感情，某种意义上是对中国的尊重，语言在这种场景里发挥的作用，不仅仅是交流，更是一种有效的外交手段，可以为两国其他领域合作奠定感情基础。近代史上，中国一直受到西方列强的压迫，没有所谓平等的外交，这让那时的中国深刻体会到了弱国无外交的苦痛。我们在红色报刊档案数据库中搜索“汉语”发现，当时的报纸会经常报道外国使节使用汉语的新闻，如表 1 所示①：

---

① 数据来自红色报刊档案数据库。

表 1　红色报刊档案数据库“汉语”相关内容数量

报纸	新华日报	解放日报	群众	八路军军政杂志
篇数	17	23	18	4

这些新闻内容大多是英国、美国、法国、德国等强国的外交使节使用汉语问候、演讲或者发表文章等。报纸突出外国使节使用汉语的行为，体现了中国人期盼外国使节使用汉语。中国人民把外国人使用汉语当成中国国际地位的体现。当时，在贫穷落后的中国，外国人使用汉语，让中国人心里得到一丝安慰。这一数据也从侧面反映了语言对于外交的多重意义。

三、语言与大众外交的关系

语言是一种资源，近年来得到了各界的广泛认可（郭熙，2017）。在国家层面，国家语委积极倡导开展方言保护工程，保护方言资源；在社会层面，语言培训班如雨后春笋般涌现，越来越多的人学习外语，希望掌握外语资源；在高新科技层面，语言智能软件的开发也是如火如荼，科大讯飞的语音识别、百度翻译官的灵活翻译等，都是在挖掘语言资源的经济属性。这些现象实质都是将语言看成一种资源，进行开发利用。同样，语言之于外交，是一种优质政治资源。语言对外交具有重要的意义，外交同样也会影响语言的传播和发展。

语言外交的实质是综合国力的较量，是大国外交博弈的缩影。语言作为国家的文化软实力，得到国家领导人的重视。国家领导人看重的是软实力背后的国家硬实力。中国现在是世界上最大的发展中国家，是第二大经济体，2016 年，中美双边贸易额超过 5 500 亿美元，双向投资超过 2 000 亿美元，中美经贸关系直接或间接支持了 260 万个美国就业岗位，在华投资的美国企业 2015 年利润达到 362 亿美元。中国对于美国发展的战略重要性日益凸显，这是中国在外交中硬实力的体现。硬实力的刚性需求需要软实力来体现。所以，特朗普总统“机智”地将外孙女阿拉贝拉学习汉语作为突破口，表达了以美国第一家庭为代表的美国人民喜欢汉语，喜欢中华文化，美国人乐意掌握了解中国的工具——汉语，美国人愿意和中国人成为朋友。语言作为外交手段，在实现硬实力层面互相合作过程中，起到了黏合剂和润滑剂的作用。我们不能否认，国与国之间的外交关系实质是国家之间利益之间的较量，语言无法改变国家的利益诉求的冲突。后来，特朗普政府的反中操作，使得中美关系波折不断，也证明了这一点。但是语言可以加深国与国之间的感情，特别是与大众的感情，可以增进彼此的战略互信，可以促进其他方面合作向更大规模、更高水平、更宽领域迈进。“一带一路”倡议要想得到世界各国的广泛参与，建立新型的外交关系，语言必须发挥作用。

语言促进了外交的发展，外交也对语言的传播和发展产生了深刻影响。外交会影响语言的输入和输出。一方面，因为外交的需要，我们会输入某种语言。比如，在中华人民共和国成立之初，中国奉行“一边倒”外交政策，全面学习苏联，社会各界掀起学习俄语的大潮。另一方面，外交上的发展，也利于我们的语言输出到全世界。随着中国经济的快速增长，中文在世界上越来越受到欢迎。《中国语言生活状况报告（2021）》显示，当前，在中外双方的共同努力下，2020 年孔子学院布局大体稳定：已建立了 541 所学院和 1 170 个课堂。中外专兼职教师达 4.6 万人，各类学员达 210 万人，各类文化活动的参与者达 1 300 万人。已有 61 个国家和欧盟将汉语教学纳入国民教育体系，全球学习汉语的人数越来越多。世界范围内掀起了“汉语热”，让孩子学汉语是很多外国家庭的选择。

“汉语热”的背后实质是“中国热”。2017 年 11 月 10 日，华尔街金融巨头吉姆·罗杰斯在网络上分享女儿背诵古诗的视频迅速走红。在香港举行的亚洲金融科技发展论坛上，吉姆·罗杰斯说，无论他在什么地方，特别是在西方做演讲，他都会告诉听众，当他们有了孩子，应当让孩子们学习中文，因为中文将是他们余生最重要的语言。在接受访问时他称，他计划让女儿到中国上大学，并说“到耶鲁上大学已经是过去式了，大家要向前看”。他强调，“19 世纪是属于英国的，20 世纪是属于美国的，无论我们愿意与否，21 世纪将是属于中国的”（汤先营，2017）。“这个新时代……是我国日益走近世界舞台中央、不断为人类作出更大贡献的时代。”中国积极推动全球化发展，提出了“一带一路”倡议、推动建设亚洲基础设施投资银行和金砖国家新开发银行等。学习和研究“中国方案”“中国智慧”，必须学习汉语。

外交影响语言的输入和输出，进一步影响语言接触，影响语言自身的变化和发展。语言接触是指不同群体由于社会生活中发生接触而引起的语言接触。外交作为一种社会因素，通过改变语言的输入和输出关系，改变语言接触关系，从而影响语言演变。20 世纪 50 年代，在大规模学习俄语的社会背景下，大量的俄语词汇进入汉语，如“布拉吉”“拖拉机”等。现在全球范围的“汉语热”，汉语输出到世界各地，其他语言也大量借入汉语词汇，比如“Loong”“Kongfu”“doufu”“jiaozi”等，进入英语词汇系统。当然，汉语因为和世界上其他语言的接触，必然也会借用其他语言的词汇，表现最突出的就是借入英语词汇，“拜拜”“沙发”“咖啡”等已经成了我们生活中不可缺少的语言成分。

外交还会影响语言输入的态度，新时代，中国的发展得到世界的认可，世界迫切地想了解和学习中国文化，自然会在学习汉语的过程中抱着乐意接受的态度，这样有利于汉语的传播和学习，也会影响语言的接触。比如，现在在国外社区，外国人都以会说汉语为一种时尚。例如，硅谷地区有人打出高薪招聘中文保姆。据英国广播公司报道，美国对于母语是汉语的保姆需求量开始迅速增加。一些精英或者富裕家庭为了给孩子营造一个中英双语的家庭环境，往往不惜重金为孩子寻找中文老师或保姆。美国保姆的平均年薪是4.7万美元，而中英双语保姆的年薪为5万至8万美元。这些都从侧面反映了中国成就促进了外交上的胜利，外交又影响了汉语向世界的传播。

四、语言外交与应用语言学新课题

语言与大众外交之间关系密切。原来，学界强调语言在外交中的交际工具作用，这也导致关于语言与外交的研究集中体现在外交话语体系研究和翻译技巧研究，其实质都是对外交语言的研究。学者们都很关注外交语言的特点、新词新语的翻译、古诗词翻译和外交谈判话语分析等。这些研究很有必要，充分的研究能更好地发挥语言在外交中的交际工具作用。李宇明（2015）指出，保持国家语言交际通畅很有必要，是宏观层面语言生活研究的重要部分。上述研究属于为了保持国家语言交际通畅而进行的研究。当下，语言不仅是外交中的交际工具，而且成为一种大众外交手段。语言学者特别是应用语言学和社会语言学相关领域的学者，应该及时转型，从语言外交新内涵出发，采取新思路，研究恰当的语言手段，发挥其在大众外交中的作用。

语言外交研究是语言生活研究的重要部分，研究语言外交可以从侧面提升国家语言能力。当下，中国社会高速发展，语言作为社会生活中的重要组成部分，也要开启研究新常态。语言外交研究是社会生活的变化为语言学者带来的新课题。国家语言能力与国家国际地位对称性得到学者的关注，中国的语言能力还不能满足中国发展的新需求。提升国家语言能力已为当论之事、当务之急（李宇明，2012）。语言外交策略是国家语言能力的组成部分。特朗普的语言外交战术，是智囊团为其量身打造的外交策略。我们同样也需要研究语言外交策略。应用语言学研究应该在语言规划层面重视对语言外交策略的研究。关注语言外交事实，总结语言外交特点，梳理语言与外交的互动关系等。

语言外交与语言传播关系密切。上文已经提到，外交事业的发展能促进语言的传播。因为外交的需要，国家会调整语言输入策略。外交的发展也会促进本国语言走出国门。2015 年，习近平主席访问英国期间，在英国约克公爵安德鲁王子陪同下抵达开幕式现场，共同参观了全英孔子学院和孔子课堂成果图片展，并观看孔子学院和孔子课堂学生汇报演出。习近平主席在致辞中强调，语言是了解一个国家最好的钥匙，孔子学院是世界认识中国的一个重要平台。在外交中，推动语言传播，对语言的输出产生积极影响。我们暂时还没有看到外交上的不顺利导致的语言传播失利的案例，这其实也体现了语言本身的资源性，语言是全世界共同拥有的，汉语不仅仅是中国的，更是世界的。这也提示我们，语言生活的研究，不应该只关注国内的情况，也应该关注与世界的互动情况。

华文教育研究也是语言外交研究的应有之义。华文教育是一种语言传承教育，是华侨华人离开祖籍国在域外开展的祖语教育。郭熙（2018）指出，域外汉语学习者中不少是华裔，他们的中文学习在很大程度上具有祖语传承的意义，而不同于一般的中文学习者，如何适应祖语生的学习需求，也是祖语国有关方面应该充分考虑的。现在我们强调语言在外交中的作用，那么华文教育作为语言传承的重要方式，应该被纳入语言外交的研究领域。在语言与外交互动关系视角下，重新看待华文教育的性质。华文教育不仅仅是一种传承语教育，也是一种语言外交策略。华文教育作为留根工程，有利于保持海外华人的中华儿女的身份认同感和对祖籍国的依赖感。华人自然也会在与中国的外交关系中发挥积极作用。1967 年，印度尼西亚与中国中断外交关系，1990 年，印尼华人从中斡旋，才促成了两国重新恢复外交关系①。正是因为华文教育，维系了海外华人的拳拳爱国之心，才会进一步影响外交。

五、结语

语言外交是个新名词。本文梳理了语言外交概念的出现，阐述了语言与外交的关系，探讨了大众外交中语言手段的重要性。语言与外交的相互关系，实际上也是语言与社会关系的一种体现。语言是社会有机体的组成部分。离开社会研究，语言便是无根之木，社会的发展也为语言研究带来了新课题、新动力。语言外交研究是社会语言学、应用语言学、国际关系学等多学科共同关心的话题，需要进一步细化研究语言手段如何更好地为

---

① 感谢郭熙老师提供材料。

大众外交服务，语言又该如何搭上外交事业发展的快车。

参考文献

［1］戴庆厦．社会语言学概论［M］．北京：商务印书馆，2004.

［2］郭熙．论祖语与祖语传承［J］．语言战略研究，2017（3）：10－19.

［3］郭熙．中国社会语言学［M］．3 版．北京：商务印书馆，2013.

［4］李宇明．当代中国语言生活中的问题［J］．中国社会科学，2012（9）：150－156.

［5］李宇明．论语言生活的层级［J］．语言教学和研究，2012（5）：1－10.

［6］刘延东．牢记使命，开拓进取，全面推动语言文字事业创新发展［M］//郭熙．中国语言生活状况报告 2017．北京：商务印书馆，2017：3－8.

［7］汤先营．美国“汉语热”背后的“中国热”［N］．光明日报，2017－12－19（10）.

［8］惠天罡，梁德惠．国际中文教育：2020［M］//郭熙．中国语言生活状况报告 2021．北京：商务印书馆，2021：126.

［9］习近平．决胜全面建成小康社会，夺取新时代中国特色社会主义伟大胜利［R］．北京：人民出版社，2017.

古籍英译失当举隅

——以马瑞志英译《世说新语》为例*

龚　波①

摘　要：本文以马瑞志英译《世说新语》为例，探讨古籍英译过程中常见的几种失当类型及其成因。主要包括：多义词致误、口语词致误、不明构词法致误、不明通假致误、不明句法致误及文化类语词致误六类。

关键词：古籍英译；失当；马瑞志；世说新语

古籍英译是一项艰难的工作。译者首先必须是一个语言学家，他应当通晓至少汉英两种语言，这种通晓不能是一般意义上的了解和懂得，而必须是耳濡目染数十载，对两种语言都有深刻的感悟，都有母语者的那种熟练和自信。由于翻译的是古籍，他还应该是一个古汉语方面的专家。他应当熟知汉语从先秦（甚至远至商代）到现代的演变过程，无论是对汉语的语音、词汇还是语法都要有透彻深刻的理解。同时，他最好对他所翻译的那一本书所处的时代的汉语做过专门的研究，以便处理翻译过程中遇到的种种语言文字问题。他还必须具有文献学的知识，懂得版本、校雠和目录之学。他必须是一个比较文化学家，对中西方文化的异同具有敏锐的辨识。他必须考虑一个重要的问题：如何将一本本深刻浸染着中华民族血液，融入了中华民族性格的古籍转换成英文。在转换的过程中，既不能让本民族文化性格缺失，又要让具有迥异文化背景的异域读者能够比较容易地感知。他必须是一个作家，具有丰富的想象力和创造力，能够在句法、篇章和风格等各个方面就原文和译文的种种细微之处进行比较，作出恰当的选择。

理想的古籍翻译者必须是一个专家、一个语言文字学和文化学的专家；他又必须是一个杂家，他的工作至少涉及语言学、文献学、文化学、民俗学、社会学、写作学等多种学问。他的性格必须有一点偏执，对翻译过程中的任何一点瑕疵都会有骨鲠在喉的感觉，为翻译一本书，他应当呕心沥血，付出毕生的精力。

---

* 本文原刊于《西南大学学报（社会科学版）》2018 年第 2 期。

① 作者简介：龚波，博士，广州大学人文学院副教授，研究方向为汉语历史语法。

这样的天才的翻译家似乎很难见到。从马瑞志英译的《世说新语》来看[①]，他已经很接近这个最高的标准了。然而，理想的翻译并不存在。我们所能做的，只能是无限地趋近理想。笔者从不吝惜对马瑞志英译《世说新语》的赞美之辞，但由于翻译古籍的涉及面实在太广，翻译过程中的挂一漏万之处在所难免。本文试图通过对马译《世说新语》中的各种失当之处进行归纳和整理，探讨古籍英译过程中的常见失当类型及其成因，以资古籍翻译工作者参考[②]。

一、多义词致误

古代汉语中的一词多义现象十分普遍。对于多义词，如果在翻译过程中不能恰当地选择义项，那么很有可能发生理解上的偏差。例如：

（一）劝

“劝”在古代汉语中有两个容易混淆的意思：一个是鼓励、勉励的意思，相当于英语的“urge”；另一个是劝导、劝说的意思，相当于英语的“persuade”[③]。相比较而言，第一个意思在古代汉语中更常用，但在现代汉语中保存下来的却是第二个意思。当我们在古籍翻译过程中碰到“劝”字时，应当仔细分辨其在上下文中使用的是哪一个意义。

《言语》54 注引《晋阳秋》曰：“充之卒，议者谓太后父裒宜秉朝政。裒自丹徒入朝，吏部尚书刘遐劝裒曰：‘会稽王令德，国之周公也，足下宜以大政付之。’裒长史王胡之亦劝归藩，于是固辞归京。”从上下文来看，褚裒是有心秉持朝政的，刘遐和王胡之则劝他让贤于会稽王司马昱。这两个“劝”的意思都是劝说。马译将两个“劝”都译作“urge”，不正确，当改为“persuade”。

（二）息

“息”在古代除了有停止、止息的意思（这个意思现代汉语常用）之外，还有孳息、生长的意思[④]。《周易·革》：“水火相息。”王弼注：“息

① 关于马瑞志英译《世说新语》的介绍请参看周一良、王伊同（1990），张永言（1994）及范子烨（1998）。

② 本文的目的不在于对马译提出商榷，而在于通过归纳马译的疏失之处，寻找其中的规律性原因。因此对商榷例证的使用不避前贤已探讨之例，凡前贤已涉及者，行文过程中均详细注明。

③ 参看《汉语大字典：九卷本》（第二版）第 416 页“勸”字条。汉语大字典编辑委员会·汉语大字典：九卷本［M］. 2 版. 成都：四川辞书出版社，2010。

④ 参看上引《汉语大字典：九卷本》第 2453 页“息”字条。

者，生变之谓也。”孔颖达疏：“息，生也。”“水火相息”的意思是水与火互相生长、互相转化。《集韵·职韵》：“息，生也。”“息”的停止、止息之义与孳息、生长之义恰好相反，如果不注意分辨就会把文句的意思弄反。

《言语》99：“王曰：‘卿识见有余，何故为苻坚所制？’答曰：‘阳消阴息，故天步屯蹇，否剥成象，岂足多讥？’”这里“阳消阴息”中的“息”的意思是孳息、生长。张万起、刘尚慈（2009）将此段翻译为：“王坦之说：‘你很有见识，为什么会被苻坚控制呢？’回答说：‘阳道消弱，阴道增长，所以国运艰难，割裂之象形成，难道这也值得讥讽？’”张万起、刘尚慈（2009）的理解是对的。马瑞志则将此句译作：“The Positive Force（Yang）was dissipated，and the Negative Force（Yin）had come to rest.”将“息”译作“come to rest”是将“息”理解为停止、止息之意。从上下文来看，这个理解不正确。

（三）犬马之齿

“犬马”可用作谦称，指自己，“齿”可指年龄，“犬马之齿”用于谦称自己的年龄①。《汉书·赵充国传》：“臣位至上卿，爵为列侯，犬马之齿七十六，为明诏填沟壑，死骨不朽，亡所顾念。”杨万里《答张子仪尚书》：“今兹犬马之齿，七十有六矣。”

《言语》47 刘孝标注引《晋书》载陶侃临终表言：“臣年垂八十，位极人臣，启手启足，当复何恨？犹冀犬马之齿，尚可少延，欲为陛下北吞石虎，西诛李雄。”陶侃的意思是：我希望自己还能活得更久些，我想要为陛下在北边消灭石虎，在南边诛杀李雄。马瑞志将此译作：“I had hoped that my teeth，like those of a dog or horse，might last a little longer，so that they might for the sake of Your Majesty gulp down Shih Hu（the Hsiung-nu conqueror）in the north and kill Li Hsiung（the rebel warlord of Shu）in the west.”

回译过来的意思叫人忍俊不禁：我希望我的那些像狗的或者像马的牙齿，能够再延长一些，这样我就可以用它们来为您在北边吞掉石虎，南边诛杀李雄了。“犬马之齿”本指年龄，按照马氏的翻译却成了杀人的利器了。很显然，马氏误解了这句话的意思。究其原因是没有弄明白“犬马之齿”的隐含意义，错把字面义当成了隐含义。

---

① 参看《汉语大词典》“犬”字条下“犬马齿”条。罗竹风．汉语大词典［M］．上海：汉语大词典出版社，1986.

二、口语词致误

《世说新语》在汉语史研究过程中具有极其重要的地位，主要原因是它保存了大量的六朝时期的口语词，代表了六朝汉语的真实面貌。这些口语词带有鲜明的时代性，当时人易读易解，后人却极易理解错误。在翻译的过程中，必须高度重视口语词的释义。在这方面，需要广泛吸收前人的研究成果。例如：

（一）觉损

《言语》62：“谢太傅语王右军曰：‘中年伤于哀乐，与亲友别，辄作数日恶。’王曰：‘年在桑榆，自然至此，正赖丝竹陶写，恒恐儿辈觉损欣乐之趣。’”郭在贻（1992）指出：“其中的‘觉损’二字应该连读。觉者，减也，差也；损也有减差的意思，‘觉损’是同意并列复合词。‘觉’有差、减之意，前人及时贤多已言之，而‘觉损’之为同义复词不可分拆，则诸家均未察及。”

马瑞志将“恒恐儿辈觉损欣乐之趣”译作：“But the continual fear lest the younger generation will find out about it spoiled my zest for this pleasure.”意思是：因为经常都怕被孩子们发现，这种担心损毁了我的欢乐的情趣。马氏是将觉和损拆开的，其句读为：“恒恐儿辈觉，损欣乐之趣。”这个解释未明“觉损”之义，不如郭在贻（1992）之说妥帖。

（二）初

“初”在六朝时期可用作否定副词，用于加强否定语气，相当于“丝毫”“从来”，后接否定词形成“不”“无”，形成“初不”“初无”格式①。这种用法的“初”在六朝时期极普遍，据张万起（1993）的统计，这种用法仅在《世说新语》一书中就出现了17次，其中“初不”17次，“初无”4次。

马瑞志在翻译时对一部分“初”的处理是恰当的。例如：

《赏誉》21：“此人初不肯以谈自居。”马译：“This man had never been willing to place himself in the position of being a conversationalist.”

《品藻》71：“先辈初不臧贬七贤。”马译：“The older generation never used to praise or criticize the Seven Worthies.”

《品藻》70：“先辈初无论。”马译：“The older generation never used to

① 参看张万起（1993）第264页“初”字条。

discuss them."

《规箴》19："罗既至，初不问郡事。"马译："After Lo arrived, he asked no questions whatever about affairs in the commandery."

但马氏有时又将此类用法的"初"译作 from the start; at first; from the first; beforehand 等。例如：

《德行》36："那得初不见君教儿。"马译："How comes it that from the start I've never once seen you instructing your sons?"①

《政事》4："贺太傅作吴郡，初不出门。"马译："At first he did not go outside the gate."

《方正》16："雄后为黄门郎，刘为侍中，初不交言。"马译："At first they did not speak to each other."

《方正》38："中丞初不视。"马译："K'ung Ch'ün from the first never look at him."

《任诞》22："初不告家。"马译："Chang had not notified his family beforehand."

《简傲》13："初不答。"马译："Wang at first made no answer."

《排调》58："初不交言。"马译："From the first Hsieh exchanged words with no one."

这些句子中的"初"都被理解为表示时间的副词，不确。

三、不明构词法致误

英汉语言的差异体现在语音、词汇和语法的各个方面。在构词法上，英汉之间存在诸多的差别。就对古籍英译的影响而言，有几种汉语特殊的构词法是需要特别留意的：一是同义复合；二是连绵词；三是偏义复合词。兹各举一二例为证。

（一）同义复合致误

所谓同义连用是指两个或两个以上意义相同或相近的语素并列连在一起，表达一个相对完整的意义的语言现象。这种语言现象的产生与汉语双音节化的趋势有关②。由于英语不存在双音节化的趋势，因此很少以同义连用的方法来构造新词。如果不了解英汉之间的这一差异，在翻译过程中

---

① 张永言（1994）已指出马译此条之误，然马译修订版一仍其旧。

② 关于汉语双音节化的趋势，前贤已有诸多论述，请参看王力（1980）和朱庆之（1992）等。

极有可能将汉语的同义连用拆开，从而导致错误。张永言（1994）说："把汉语复合词的语素分别以单词对译是西方汉学家的一个通病（prevalent disease），马译也常有此弊，例如'整饰'（Ⅱ/93）、'杀戮'（Ⅲ/44）、'忽略'（Ⅳ/97），等等。"张先生的意见无疑是正确的。此外，除了已经凝结成词的复合词不宜拆开翻译之外，一些临时组合在一起的同义并列结构也不宜拆开翻译。例如：

1. 开美

《赏誉》145："郗超与袁虎书云：'子思求良朋，托好足下，勿以开美求之。'世目袁为'开美'，故子敬诗曰：'袁生开美度。'"此处三个"开美"，马译均作"bringing out the excellence"，是将"开"理解为动词，其后带宾语"美"。《汉语大词典》收录"开美"一词，释为"气度豁达"；张万起、刘尚慈（1998）则释为"开朗美好"。比较而言，《汉语大词典》和张万起、刘尚慈（1998）的解释更通达，马氏似未得确诂。

2. 重异

《方正》3注引华峤《谱叙》曰："魏受禅，朝臣三公以下，并受爵位。华歆以形色忤时，徙为司空，不进爵。文帝久不怿，以问尚书令陈群曰：'我应天受命，百辟莫不说喜，形于声色；而相国及公独有不怡者，何邪？'群起离席长跪曰：'臣与相国曾事汉朝，心虽说喜，义干其色，亦惧陛下，实应见憎。'帝大说，叹息良久，遂重异之。"其中，"重异之"中的"重"和"异"是同义连用，都是看重、推崇的意思。它们的这个意思都是从意动用法发展来的。即从"以……为重"和"以……为异"发展为看重、推崇之意。"重""异"连用，共同的宾语是"之"。马瑞志翻译为"doubly honored"，将"重"译为"doubly"，认为它是修饰"异"（honor）的，不确。"重异"同义连用，只需译为"honor"即可。

（二）连绵词致误

连绵词又叫连绵字，是两个或两个以上的音节连缀成义而不能分割的词。连绵词有三个特点：一是两个音节之间往往有双声、叠韵的关系；二是不能分训；三是字形不定（王力，1985；竺家宁，1999）。连绵词的两个或多个音节之间更多的是一种语音上的联系，整个词语的意义并不是其构成成分意义的加合。因此在解释和翻译连绵词的时候切忌将它们拆开来理解。

狼抗

"狼抗"亦作"狼伉"或"狼亢"。意思是狂妄自大。词义本身与其中的两个音节"狼"和"抗"都没有关系，它们的作用仅是记音。

《识鉴》14："嵩性狼抗，亦不容于世"，意思是周嵩秉性狂妄自大，不被世俗所容。马瑞志在翻译的时候为了将词义同字义联系起来，将"狼抗"译为"wolfish and brusque"。殊不知这样逐字对译正犯了解释连绵词的大忌。应将"狼抗"译作"extremely conceited"。

（三）偏义复合词致误

偏义复合词是意义相关或相反的两个词根组合成词后，只有一个词根的意义在起作用，另一个词根的意义基本甚至完全消失，只起陪衬作用。偏义复合词在古代汉语和现代汉语中都客观存在，是一种特殊的词汇现象，它以一个复合词的结构表现一个单纯词的意义。它的存在与汉语双音节化的趋势有关。（马庆株，2010）在偏义复合词的构成成分中，只有一个词根表义，另一个词根是没有意义的。在翻译的过程中要注意不要把不表义的那个构词成分翻译出来。

1. 同异

《识鉴》15："江州当人强盛时，能抗同异，此非常人所能行。"其中的"抗同异"是指不畏权势，坚持自己的意见，坚决与跟自己意见相左的人抗争。"同异"一词虽然字面上包含"同"和"异"两个方面，实则偏指"异"，"同"不表义。马瑞志将此句译作："Wang Pin is capable of standing up to him, whether he agrees with him or not."此译不正确，笔者试改译作："Wang Pin is capable of standing up to him, when he disagrees with him."

又《豪爽》7："及季坚作相，忌兵畏祸，与稺公历同异者久之。""历同异"意谓与之意见相左，也是偏指"异"，而"同"不表义。马氏将此译作："His difference of opinion with Yu I on this score went on for some time。"不误。

2. 异同得失

《德行》39："王子敬病笃，道家上章，应首过，问子敬：'由来有何异同得失?'""首过"的意思是陈述自己的过失，类似于忏悔。"异同得失"中的"异同"偏向于"异"，"同"不表义；"得失"偏向于"失"，"得"不表义。马瑞志将"异同得失"译为"unusual events or successes and failures"，将"异同"译为"unusual events"是可以的，但将"得失"译为"successes and failures"则不确，可删掉"successes"，仅译为"failures"。

四、不明通假致误

通假是古书用字中的常见现象。指的是古人在使用文字时，不用表示这个词义的本字，而借用一个与它音同或音近的字来代替。在通假中，替用的字叫作通假字，被替用的字叫作本字，又叫作正字[①]。在古籍英译过程中，如果不明通假，误以通假字为正字，难免出现错误。

常（尝）

《识鉴》23："（谢）玄闻之，甚忿，常于众中厉色曰：'丈夫提千兵入死地，以事君亲故发，不得复云为名。'"其中的"常"通"尝"，是曾经之义，不应理解为经常。马译此处作："When Hsüan learned of this, he was extremely angry, and whenever he was in crowd, he would say with a severe expression."马氏将"常"理解为经常，与情理不符。究其原因，是不明通假。

《世说》中，"常"多处通"尝"。马氏的翻译得失互见。例如：

《言语》63："支道林常养数匹马。"马译："The monk Chih Tun always kept several horses."以"always"译"常"，误。

《赏誉》62："常聚集"，马译："One time at a gathering."以"one time"译"常"，无误。

《术解》10："（郗愔）常患腹内恶。"马译："Once he was suffering from an ailment in his bowels."以"once"译"常"，甚确。

由上可见，马氏并非不知道"常"可通"尝"，只是在具体判定的时候偶有疏失。

五、不明句法致误

古代汉语自有其独立的语法系统，这个语法系统与现代汉语有联系，但并不完全等同。在翻译古籍的过程中，对古代汉语中一些特殊的语法现象要特别注意，否则极有可能出错。古汉语中的特殊句法现象多种多样，难以穷举，以下试以较常见的宾语前置和主语省略为例略作说明[②]。

1. 宾语前置

《德行》43刘孝标注引《中兴书》："今日死生是同，愿少见待。"意思是："今天，不管是生还是死，我都要和你在一起，希望你等我一会儿。"在"死生是同"中，"同"是谓语，"死生"是宾语，"是"是指示代词，复指宾语，起到把宾语提前的作用。这种宾语前置的现象在古汉语

---

① 参看王力（1981）、郭锡良等（1999）。

② 本小节所引"宾语前置"及"主语省略"之例证在龚波（2014）中有更详细的讨论，可参看。

语法中是极其常见的[1]。“愿少见待”中的“少”是稍微、略微之义，这也是古汉语中的常见用法[2]。

马氏将此句译作：“Today it’s all the same if I live or die. Please don’t wait any longer.”回译过来的意思是：今天，生和死都是一样的，请你不要再等（我）了。这个翻译恰好把意思弄反了。马译此条之误，周一良（1990）业已指出。但马氏在修订版中并没有采纳周先生的意见，译文一仍其旧。这大概是因为周先生未将此句之特殊句法详细阐明，故未能说服马氏。此句当据周先生改译作：“Today I shall die or live together with you. Please wait for me for a while.”

2. 主语省略

汉语的主语经常省略，这一点与英语大不相同。在翻译过程中，省掉的主语需根据上下文补出。

《方正》29：顾孟著尝以酒劝周伯仁，伯仁不受，顾因移劝柱，而语柱曰：“讵可便作栋梁自遇!”周得之欣然，遂为衿契。马氏将“讵可便作栋梁自遇”译作：“How do you suppose he considers himself to be a pillar of state?”照马氏的理解，顾孟著是问柱子：你认为他（周伯仁）为什么要自视为栋梁呢？其实顾孟著是在问柱子：你（指柱子）怎么可以自视为栋梁呢？顾借问柱而讽谏周，因此周“得之欣然”，而与顾成为好朋友。顾氏的讽谏委婉而有趣，因此周伯仁能欣然接受。汉语句子的主语通常省略，此句省略了主语，导致了理解的分歧。

《赏誉》4 注引邴原别传：“原字根矩，东关朱虚人。少孤，数岁时，过书舍而泣。师问曰：‘童子何泣也?’原曰：‘凡得学者，有亲也。一则愿其不孤，二则羡其得学，中心感伤，故泣耳。”邴原说的话的意思是：能在这里学习的人，是因为他们有父母，一方面，（我）希望他们不要（像我一样）失去父母，另一方面，（我）羡慕他们能够学习。（我）心中感伤，因此哭泣。

马氏将此译作：“Usually a person who gets to study has relatives who in the first place won’t let him be an orphan, and in the second place help him get to study.”回译过来的意思是：一个人之所以能够学习是因为他有这样的亲戚：一方面不想让他成为孤儿，另一方面帮助他去学习。这个翻译有两个问题：一是“亲”的意思不是亲戚，而是指父母；二是搞错了“一则愿其不孤，二则羡其得学”的主语，其的主语应当是“我”而不是“亲”。似可改译作：“Usually a person who gets to study because of he has parents. In

---

① 如“唯你是问”“惟余马首是瞻”等皆是。参看王力（1981）、郭锡良等（1999）。

② 例如《庄子·徐无鬼》：“今予病少痊，予又且复游于六合之外。”《汉书·贾山传》：“臣不敢以久远谕，愿借秦以为谕，唯陛下少加意焉。”（引自《汉语大词典》）

the first place I hope they would not to be orphans, and in the second place I envy them can get to study. So I wept. ”

六、文化类语词致误

文化类语词是翻译过程中的难点。这类语词的翻译要求译者具有深厚的传统文化功底，对传统文化中的天文、历法、历史、地理及文学典故等都要有所了解。在这方面稍有不慎就有可能产生讹误。兹举数例如下：

1. 冬至

“冬至”是我国传统的二十四节气之一。“至”的意思是顶点、极致。《史记·春申君列传》：“臣闻物至则反，冬夏是也。”张守节正义解释说：“至，极也，极则反也。冬至，阴之极；夏至，阳之极。”冬至日在十二月二十二日前后。这一天太阳经过冬至点，北半球白天最短，夜间最长，也是一年中最冷的时节。

《方正》18 刘孝标注引《孔氏志怪》中有“充先冬至一日出家西猎”一语，马瑞志翻译为：“One day before the arrival of winter H'ung went out of his home toward the west to hunt. ”其中将“冬至”译为“arrival of winter”（冬天到来），显然不正确。“冬至”应译作“the winter solstice”。

2. 自宫①

但凡读过一点古籍的中国人，大概都知道“自宫”是什么意思。“宫刑”是中国古代的五刑之一，指阉割男子的生殖器或破坏女子的生殖机能的刑罚。这种刑罚由来已久。《尚书·吕刑》即有“宫辟疑赦”的说法。孔安国注曰：“宫，淫刑也。男子割势，妇人幽闭，次死之刑。”“自宫”就是自己对自己施宫刑，一般指男子自己割掉自己的生殖器。

马氏在翻译这样一个颇具东方文化特色的词语时闹了一个不大不小的笑话。《言语》48 刘孝标注引《吕氏春秋》曰：“管仲病，桓公问曰：‘子如不讳，谁代子相者？竖刁何如？’管仲曰：‘自宫以事君，非人情，必不可用。’后果乱齐。”马氏将管仲之言译作“to take a man from the palace apartment to serve his ruler is contrary to human sensibilities”。意为：将一个人从宫中带来侍奉他的主子是很不人道的。马氏显然误解了“自宫”的意思，将“自”理解成了一个介词，将“宫”理解成了皇宫，把“自宫”看成了一个介词短语。“自宫”可译作“castrate oneself”，此句可译作“for a man to castrate himself to serve his ruler is contrary to human sensibilities”②。

---

① 此条又见于龚波（2014）。

② 周一良（1990）已指出此条之误，惜马译修订版未予纠正，特为申述如次。

3. 吾子

“子”是古代对男子的尊称或美称，也可用作第二人称代词，相当于“您”，是一种敬称①。在此基础上产生的“吾子”是一个比“子”更为亲切的敬称。《左传·隐公三年》：“吾子其无废先君之功。”《仪礼·士冠礼》：“某有子某，将加布于其首，愿吾子之教之也。”郑玄注：“吾子，相亲之辞。吾，我也；子，男子之美称。”

《赏誉》19 注引《褚氏家传》：“司空张华与陶书曰：‘二陆龙跃于江、汉，彦先凤鸣于朝阳，自此以来，常恐南金已尽，而复得之于吾子。”其中的“吾子”也是表示亲切的敬称。马氏将其译作“my child”，甚误。

4. 盗名字者

中国传统的儒家思想注重名实相副，痛恨欺世盗名之辈。孔子强调以等级名分教化社会，认为为政首要之务在于“正名”，在于“君君，臣臣，父父，子子”。西汉大儒董仲舒提倡审查名号、教化万民。魏晋时期将儒教称为“名教”盖本于此。若不了解这一文化背景，翻译过程中就有可能出现错误。

《言语》35 注引《东观汉记》：“（马援）后见光武，曰：‘天下反覆，盗名字者不可胜数。”其中“盗名字者不可胜数”的意思是那些欺世盗名之辈数也数不清。马氏将“盗名字者”译作“the names of rebels”，意思是“那些强盗的名字”。这个翻译不对，未能揭示“盗名字者”的内涵。“盗名字者”似可直译作“the name-stealer”，且应加注说明其文化背景②。

七、小结

以上我们以马译《世说新语》为例，将古籍翻译过程中容易产生的错误大致归为六类。其中第一至三类（多义词致误、口语词致误和不明构词法致误）属词法问题，第四类（不明通假致误）涉及语音问题，第五类（不明句法致误）是语法问题，第六类（文化类语词致误）涉及文化问题。这仅是就其荦荦大端而言，事实上古籍英译中的失当之处还远不止这些。比较常见的如句读致误（古籍没有标点，在翻译过程中有可能因为句读问题而导致错误）、语气语调致误、校勘致误等等。限于篇幅，容另文讨论。

翻译是一门大学问。做好这门大学问的首要的工作是准确理解原文。原文理解是翻译的第一步，只有先理解了原文的意思，才能谈得上后续的

---

① 参看 P193 脚注②所引《汉语大词典》“吾子”条。

② 张永言（1994）认为“盗名字者”可以译作“those who have assumed illegitimate titles。”

其他工作。这个道理不言自明。但在实际的翻译工作中，因误解原文意思而导致的翻译错误却俯拾皆是。这既与翻译者的古汉语和古文化素养有关，也与翻译界对这个问题的重视程度有关。马瑞志是著名的汉学家，其对中国古代语言和文化的熟知程度是现代的很多翻译家们难以望其项背的。马氏在翻译过程中尚且难免出现各种偏误，其他人就更不必说了。拿目前比较权威的大中华文库来说，单就原文理解这一点而言，不论是与国外的还是国内的译者相比，马氏都可谓其中的佼佼者。马氏的译本尚未能尽善尽美，遑论其他？我们认为，在典籍外译的过程中，要想真正切实提高译文的质量，汉语言文字学者参与其中是必不可少的。我们愿意在这方面进行更多的探索。有人或许认为我们这是吹毛求疵，然而，矫枉必须过正，要想切实提高典籍外译的质量水平，吹毛求疵的批评恰恰不可或缺。

参考文献

[1] 龚波．马译《世说新语》考辨［M］//浙江大学汉语史研究中心．汉语史学报：第14辑．上海：上海教育出版社，2014.

[2] 龚波．马译《世说新语》考辨：二［M］// 浙江大学汉语史研究中心．汉语史学报：第16辑．上海：上海教育出版社，2016.

[3] 郭在贻．《世说新语》词语考释［M］//郭在贻. 郭在贻语言文学论稿．杭州：浙江古籍出版社，1992.

[4] 范子烨．马瑞志的英文译注本《世说新语》［J］. 文献，1998（3）.

[5] 马庆株．现代汉语［M］. 北京：社会科学出版社，2010.

[6] 郭锡良，唐作藩，何九盈，等．古代汉语［M］. 北京：商务印书馆，1999.

[7] 王力．中国语法理论［M］. 上海：商务印书馆，1955.

[8] 王力．汉语史稿［M］. 北京：中华书局，1980.

[9] 王力．古代汉语：修订本［M］. 北京：中华书局，1981.

[10] 张万起．世说新语词典［M］. 北京：商务印书馆，1993.

[11] 张万起，刘尚慈．《世说新语》译注［M］. 北京：中华书局，1998.

[12] 张永言．马译《世说新语》商兑续貂：一［J］. 古汉语研究，1994（4）.

[13] 张永言．马译《世说新语》商兑续貂：二［J］. 古汉语研究，1995（1）.

[14] 周一良，王伊同．马译《世说新语》商兑［J］. 清华学报，1990（2）.

[15] 周一良．马译《世说新语》商兑之余［M］// 袁行霈．国学研究：第一卷．北京：北京大学出版社，1993.

[16] 竺家宁．汉语词汇学［M］. 台北：五南图书出版有限公司，1999.

[17] 朱庆之．佛典与中古汉语词汇研究［M］. 台北：文津出版社，1992.

[18] I－CH'ING L. A New Account of Tales of the World［M］. 2 ed. Ann Arbor: University of Michigan Press, 2002.

社会用语对传统精神文化的传承

戴仲平①

摘　要：社会用语与民族文化关系密切，社会用语是传承民族文化的重要载体。论文从三个方面探讨了社会用语对精神文化的传承：一是社会用语对忠孝节义、尊老爱幼、诚实守信等伦理道德观念的传承；二是社会用语对重家恋家、趋吉祈福的民族心理的传承；三是社会用语对佛教文化和道教文化的传承。

关键词：社会用语；精神文化；传承

语言在社会上的公开运用被称为社会语用，社会语用的结果和成品就是社会用语。社会用语对文化具有重要的传承作用。文化一般可分为物质文化、制度文化、精神文化三类。社会用语对这三种类型的文化都有传承。本文主要探讨社会用语对精神文化的传承。精神文化是一种深层次的隐性文化，它包括人们的思维方式、道德观念、审美情趣、宗教信仰、社会心态、习俗心理等。它是在物质文化与制度文化基础上形成的有关意识形态方面的文化。社会用语中渗透着精神文化，不同时期的社会用语承载着不同时期的精神文化。今天的社会用语既可以传承传统的精神文化，又可以传播现代的精神文化。

一、社会用语对伦理道德观念的传承

（一）忠孝节义观念

中国封建社会把“忠孝节义”作为道德标准。忠，即对君主、国家尽忠。孝，即对父母、长辈尽孝，家庭成员要敬重、服从父母、长辈。节，包含几层含义：一是指民族气节，即对祖国忠诚不二；二是指个人气节，即不畏强权、不为富贵所惑、坚守志向的个人气节；三是指妇女对丈夫守节。义，一是指追求和维护公义、正义、道义；二是指对朋友尽义，讲义气。这些封建时代崇尚的观念如今仍保留在一些固定的社会用语中。有谚语，如“忠臣不事二君”“忠孝不能两全”“忠不忘君，孝不忘母”“忠臣不怕死，怕死不忠臣”“忠孝的享荣昌，叛逆的受灾殃”“君要臣死，臣不

---

①　作者简介：戴仲平，博士，广州大学人文学院副教授，主要研究方向为语言学及应用语言学。

敢不死”“君教臣死，臣不死不忠；父教子亡，子不亡不孝”“孝为百行先”“不孝有三，无后为大”“孝顺心是人间海上方”“士气不可辱，民意不可欺”“士穷见节义，世乱识忠臣”“守身如执玉”“烈女不嫁二夫”“为臣当忠，交友当义”等；有成语，如“忠君爱国”“忠君报国”“忠孝两全”“尽忠报国”“士可杀不可辱”“人有志，竹有节”“宁为玉碎，不为瓦全”“守身如玉”“饿死事小，失节事大”“见义勇为”“义无反顾”“义不容辞”“舍生取义”“仗义执言”等。

忠孝节义的道德观念在现代社会用语中仍然有所继承，但其内涵已经发生了很大变化。忠，今天主要是指忠于祖国、热爱祖国，忠于人民、热爱人民，忠于党、热爱党，忠于集体、热爱集体。它剔除了封建社会中忠于封建君主的“愚忠”内容。孝，今天主要是指在平等的基础上，子女孝敬父母，晚辈孝敬长辈，即晚辈在生活上和情感上要关心和照顾长辈。它剔除了封建社会中长辈要求晚辈绝对服从的内容。节，今天仍大力提倡民族气节和个人气节。至于妇女守节这一男尊女卑的婚姻制度下所形成的道德观念，今天已被视为落后的道德观念，取而代之的是夫妻双方互相尊重、互相信任、互相忠诚的观念。义，今天既指社会正义，也指朋友间的义气。社会正义是指公正的、有利于人民的道理。伸张正义、主持正义，今天仍是每个公民应具有的道德素质。今天的义气指为朋友的正当合法利益而甘于承担风险或牺牲自己的利益，它剔除了旧社会“哥们义气”观念中的非理性、不合法的成分，既要尽到朋友的义务和责任，又不能因为朋友“义气”而损害国家、社会及他人的利益。这些新的道德观念在今天的社会用语中得到了广泛的传播，如宣传用语“为振兴中华而读书”“报名参军，立志报国”“忠于祖国，忠于人民”“忠于革命，忠于党”“忠诚党的教育事业”等。

（二）尊老爱幼的观念

中华民族历来有尊老爱幼的传统。封建社会一方面建立了“君臣、父子、夫妻、长幼”的等级差别，讲究“尊卑有序、长幼有序”，强调的是等级秩序，突出的是尊者对卑者所具有的特权，如“君为臣纲，父为子纲，夫为妻纲”。这固然反映了封建专制统治的思想。但另一方面封建社会又提倡“父慈子孝”“兄爱弟敬”“尊长爱幼”等。《礼记・礼运》：“何谓人义？父慈，子孝，兄良，弟悌，夫义，妇听，长惠，幼顺，君仁，臣忠。”这说明封建制度不仅规定了尊者长者所拥有的权利，还指出其所应尽的义务。儒家还把这种尊老爱幼的思想从家庭扩展到整个社会。孟子主张：“老吾老，以及人之老；幼吾幼，以及人之幼。”（《孟子・梁惠王上》）这样就使整个社会形成了一种尊老爱幼的风气。这种观念保存在大量的谚语、俗语中，如谚语“父不疼，子不孝”“父不慈则子不孝”“父慈子孝，兄友弟恭”“兄宽弟忍，夫唱妇随”“母慈，儿孝顺”“敬了父母不怕天”“敬重爹娘敬重福”“敬老慈幼，恤贫济孤”“敬亲者不敢慢于人”“敬父别忘叔，敬母别忘舅”，成语“爱老慈幼”“敬老怜贫”“敬老得福”“尊老敬贤”等。今天那种“君君、臣臣、父父、子子”的封建等级制度已不复存在，但“尊老爱幼”这一优良传统却被继承了下来。我国《公民道德建设实施纲要》就将“尊老爱幼”列为家庭美德建设的内容之一。在家庭里，我们要讲亲情、爱情，父母要承担抚养和教育未成年子女的职责，子女要尽到赡养和敬重年老父母的义务。在社会上，敬老爱幼是美德，帮助“孤寡、老弱、病残、幼小”的人是公民的义务。这些观念是社会用语宣传的重要内容。如宣传用语“敬老爱老表爱心，护幼爱幼献真情”“尊老爱幼、助残扶弱是中华民族的传统美德”等。

（三）诚实守信的观念

诚实守信是中华民族传统道德的重要内容之一，是为人的根本，是处理好人际关系的基本准则。孔子及其弟子曾多次论及“诚信”，如《论语·学而》：“曾子曰：‘吾日三省吾身：为人谋而不忠乎？与朋友交而不信乎？传不习乎？’”“子夏曰：‘贤贤易色；事父母能竭其力；事君能致其身；与朋友交而有信。虽曰未学，吾谓之学矣。’”《论语·为政》：“子曰：‘人而无信，不知其可也。大车无輗，小车无軏，其何以行之哉？’”《论语·子路》：“子曰：‘言必信，行必果’。”《论语·卫灵公》：“子曰：言忠信，行笃敬，虽蛮貊之帮，行矣。言不忠信，行不笃敬，虽州里，行乎哉？”这些论述都论及为人诚信的重要性。诚实守信的观念也反映在固定用语中，如成语“老老实实”，谚语“人心要诚，火心要空”“诚招天下客，誉从信中来”“人将信义为先”“奸诈是万恶之端，忠诚是百善之源”等。诚实守信在现代社会仍然是做人的一条非常重要的道德准则。我国《公民道德建设实施纲要》已将“诚实守信”列为职业道德建设的主要内容之一。“诚信”也是社会主义核心价值观的重要内容，它仍是现代社会用语宣传的主要内容。如宣传用语“爱国敬业，诚实守信”“诚实守信人之本，热心公益人上人”“诚实是无价之宝，热心是快乐之源”“诚信为本，依法理财”“诚信纳税，利国利民，有了你的纳税，才有共和国的繁荣”，广告用语“财务稳健，信守一生”（保险公司广告）、“守信如节，情深似海，太平洋保险保太平”（保险公司广告）等。

二、社会用语对民族心理的传承

（一）重家恋家的情结

中国传统非常重视家庭。重视家庭的观念来源于封建社会自给自足的小农经济。小农经济以家庭为生产单位，自耕、自给、自食，一个家庭的生活可以不依赖外界。家庭内不断繁衍后代，于是家庭就扩展成为家族。一个家族往往住在同一个区域里，并以家族姓氏为居住地命名，如“王村”“冼村”“李庄”“石家庄”“张家堡”“赵家坪”等。同姓家族修建祠堂，供奉共同的祖先，制定族谱，选举族长，制定族规。家族是扩大了的家庭。同姓的人被称为“本家”。家是一个人生存的根基，一个人离开了家庭、家族，将难以生存，而留在家中，就可以得到物质生活的保障和感情上的关怀。因此，家庭、家族对一个封建时代的人来说是非常重要的。所谓“狗不嫌家贫，子不嫌母丑”“穷家难舍，故土难离”，说明封建时代的人们对家庭的依恋。封建时代的人一般不会轻易出外谋生。即使离开家乡去他乡生活，不论经过多少年，不论离家有多远，人们也总是想着落叶归根，不顾千里万里也要回到祖国，回到故乡，甚至死后也要托人将遗体归葬故土。这些恋家情结反映在大量的固定的社会用语——熟语中。如成语“故土难离、叶落归根、亲如手足、情同手足、情同骨肉、骨肉团圆、背井离乡、望穿秋水、颠沛流离、流离失所、客死他乡”，俗语“月是故乡明”“思亲得故，思麻织布”“树高千丈，叶落归根”，谚语“人不亲土亲，河不亲水亲”“人有思乡之念，马有恋主之情”“人行千里恋故乡，水流千里归大海”“人奔家乡马奔草，喜鹊只爱自己巢”“亲不亲，故乡人；美不美，乡中水”“亲不亲，姓上分，打着骨头连着筋”“在家千日好，出外一时难”“在家事事有，出门事事难”“老乡见老乡，两眼泪汪汪”“他乡虽好，终非久留之地”等，反映了人们对故土、家园的依恋，对离开家园的漂泊生活的无奈。

今天，随着市场经济的发展和城市化、国际化步伐的加快，人们在物质上对故土、家庭的依赖程度逐渐减低，自愿离开故土去他乡工作、生活的人越来越多，很多人把所工作和生活的地方称为“第二故乡”。不离故土的观念有了很大的变化。但是，中国人对故土、对家庭的情感依恋依然保留。这是因为家仍是中国社会最基本的单位，家庭维系着人们的情感，人们可以离开故土、家园，却难以割舍乡情、亲情。广告用语“月是广州明，饼表思乡情”（中秋月饼邮寄速递广告），对身处海外、身处他乡的中国人和海外华人来说，这则广告确实能勾起他们的思乡之情，也很好地宣传了企业的产品和服务。广告用语“儿行千里母担忧，想家就打200”（电信广告）则是面向出外工作的人，融消费者想家恋家的情感于电信产品广告中，满足了消费者的情感需求，对产品的推销非常有利。

家庭、家族成员因血缘、姻缘而形成天然的亲情关系，加上封建礼教所规定的父子、夫妻、兄弟的纲常伦理，使家庭、家族成员之间长幼有序、尊卑有序，关系始终比较稳定有序。因此，一方面，因家庭成员之间的良好关系，家庭称谓被推广到非家庭、非家族 成员，把邻居、朋友都纳入了家的范围，目的是希望能与家庭、家族外的人也建立像家庭成员一样的关系。根据年龄等特征，邻居、朋友也要论一论辈份，互相以亲属称谓称呼对方，如对家族外的邻居、朋友根据对方年龄、性别可以有“爷爷、奶奶、大爷、大妈、大娘、大伯、大叔、阿叔、阿姨、大哥、兄、弟、大兄弟、大姐、姐姐、妹妹、小弟弟、小妹妹”等多种称谓。出外谋事的人还以“四海为家”，主张“四海之内皆兄弟”。另一方面，家庭的组织模式也常常扩大到社会其他组织，如传统手工业招收学徒，学徒管传授手艺的人叫“师父”，其妻叫“师母”，学徒之间互称“师兄弟”。犯了错误，也比照“家规”“家法”处置。家庭观念扩大的极限是“家天下”，封建帝王常常把天下当作自己的家来治理，“普天之下，莫非王土；率土之滨，莫非王臣”。封建帝王被称为“君父”，老百姓是其家中的“子民”，地方官是“父母官”。因此，家国同构，国叫“国家”。儒家所提倡的“修身、齐家、治国、平天下”，即治理好家庭，才能治理好国家，就是认为治国如治家。

在现代社会，中国传统的这种家庭扩大的观念，剔除其封建糟粕，可以增强人们之间的亲切感和向心力，增强民族的凝聚力，因而大量出现在现代社会用语中。如宣传用语“祖国大家庭”“中华大家庭”“社会主义大家庭”“五十六个民族是一家”“军民团结一家亲”“以厂为家”“爱厂如家”“文明城市是我家，清洁卫生靠大家”，社会组织命名“老年之家”“青工之家”“旅客之家”等。

（二）趋吉避凶、祈福求利的心态

中华民族自古以来就有趋吉避凶、祈福求利的心态。为了满足这种心态，人们主要选取了神灵崇拜（包括宗教信仰、灵物崇拜）和语言崇拜两种方式。神灵崇拜是人们希望通过神灵崇拜来祈求神灵降福，并能逢凶化吉。神灵崇拜至今还部分地保留在一些人的行为和意识之中，如宗教信仰。语言崇拜是人们认为语言本身会给人们带来祸福，说吉祥话会带来好运，说不吉利的话会带来厄运，因此对语言产生崇拜。语言崇拜在社会用语方面具有广泛的表现：

1. 社会交往中的祝福语

古代中国人基于说祝福语、吉祥话能给人带来幸福吉祥的认识，用这种方式表达对他人的良好祝愿。现代中国人虽然已大都不相信语言崇拜，但说祝福语作为表达对他人的良好祝愿的方式仍然保留在社会交往中。中国人在亲朋好友结婚、生孩子、过生日、升学、毕业、开张营业等喜庆日子要前去道喜祝贺，逢年过节时要互致祝福语。如结婚祝福语：喜结良缘、龙凤呈祥、比翼双飞、恩恩爱爱、百年好合、早生贵子、白头偕老、天长地久等；生育祝福语：母子平安、喜得千金、喜添贵子等；寿诞、生日祝福语：健康长寿、祝您永康、长命百岁、鹤寿松年、延年益寿、福禄双全、福寿绵绵、福寿齐天、福如东海、寿比南山等；升学祝福语：学业进步、学业有成等；毕业祝福语：鹏程万里、前程似锦等；开张营业祝福语：开业大吉、开张大吉、财源茂盛、财源广进、生意兴隆、宏图大展等；春节祝福语：春节快乐、新春大吉、年年有余、人寿年丰、步步高升、恭喜发财、五福临门、吉星高照、吉祥如意、万事如意等。

2. 社会命名中的趋吉祈福

从中国的地名、人名、店名、企业名称、产品名称、商标名称中，可以看出中国人的趋吉祈福心态。中国各地的省名、市名、县名、乡镇村名有许多选用了福、禄、寿、金、银、祥、和、吉、康、泰、富、贵、昌、盛、惠、宝、平、安、宁、顺、德、清、兴、华等字，因为这些用字含有幸福安康、富贵吉祥、和平稳定、兴旺发达、繁荣昌盛等积极意义。如吉林、辽宁、贵州、福建、宁夏等省（自治区）名，西安、西宁、西昌、南昌、南宁、福州、银川、长春、延安、延吉、抚顺、保定、济宁、宝鸡、金昌、安康、康定、乐山、西昌、宜昌、常德、惠州、宁波、清远、泰安、安庆、安顺、福清、福安、南平、宁德、吉安、顺德、顺义、大兴、嘉兴等县市名，这些地名寄托了人民求安宁、求福寿、求吉祥的美好愿望。

汉民族长辈给晚辈取名也传承了趋吉祈福的社会心态。人名用字多取吉、祥、福、禄、寿、喜、康、泰、富、贵、兴、隆、盛、茂、裕、旺、发、达、德、庆、佳、平、安、长等字，这些人名用字寄托了长辈对晚辈一生平安、富贵、吉祥、长寿、发达的愿望。

工商行业的店、厂、公司、产品、商标命名，也反映了中华民族的趋吉祈福心态。如店名用语“建安、兴发、亨达、道亨、伟达、嘉华、安荣、福隆、宏泰、丰盈、福海、聚金源、富利华、裕泉阁”等，寄托了人们祈求富贵平安、兴旺发达的愿望。又如厂名、公司名用语“惠通、四通、四达、发达、旭通、宏达、凯歌、金源、强生、金成、佳信、华宝、中意、金利来、万家乐、万利佳、好又多”等，传递了经营者希望企业兴旺发达、财源茂盛的理想。又如商品名用语“福星、福乐、福田、富达、万宝、康佳、如意、鸿运、幸福、超顺、金六福、喜临门、红双喜、希尔康、娃哈哈、高上高、登喜来”等，既寄托了经营者对自身一帆风顺、幸福如意的愿望，也表达了对消费者的良好祝愿，顺应了消费者趋吉祈福的心态。

3. 社会用语中的以吉代凶

中国古代人基于说不吉利的话会给人带来厄运的心理，一般尽量避免在正式和公开场合说不吉利的话，也尽量不直接提及一些人们不愿意不希望看到和听到的事情。不得已要说时，则采取委婉的方式，或是以吉代凶的方式。现代中国人大都已不相信凶语会带来凶事，但趋吉避凶的心态还普遍存在。如在人们交往中，一般要说吉利话，如遇到不幸的事，尽量不提及，非提不可，则用吉利语代替。与死有关的事物是人们不愿听到和看到的，非表达不可时，就用吉利语替代。例如，以“驾鹤归西”代指“死亡”，以“寿木”“长生木”代指“棺材”，以“太平间”代指“停尸房”（医院）等。商人忌讳折本，如粤语把“猪舌”说成“猪脷”，是因为“舌”与“蚀”同音，说之不吉利，而“脷”与“利”同音，这样一改称，就变得吉利了；粤语还把供出售出租的空房说成“吉屋”，也是因为“空”与“凶”近音，说之不吉利而改用吉利的说法的。

三、社会用语对宗教信仰文化的传承

（一）社会用语对佛教信仰文化的传承

佛教起源于公元前 6 世纪到 5 世纪的古代印度，创始人是释迦牟尼。佛教在东汉时传入中国，魏晋时代开始流行，隋唐时期达到了鼎盛，宋、元、明、清继续得到发展，至今仍有许多人信奉佛教。佛教传入中国后，与中国传统文化相互渗透，并成为中国传统文化的一个重要组成部分。佛教对中国文化影响广泛，并影响到中国人生活的方方面面。同样，佛教对社会用语也有着深远的影响。与佛教信仰有关的内容大量地反映在固定社会用语——熟语中。如成语“一尘不染、大彻大悟、大慈大悲、大显神通、不二法门、开山祖师、五体投地、见性成佛、六根清净、功德无量、功德圆满、生死有命、立地成佛、百灵百念、耳根清净、极乐世界、西方净土、在劫难逃、当头棒喝、因果报应、佛法广大、佛眼佛心、佛脸婆心、佛口蛇心、佛眼相看、改恶从善、苦海无边、回头是岸、呵佛骂祖、法海无边、法力无边、神通广大、善有善报、恶有恶报、借花献佛、晨钟暮鼓、清规戒律、超度众生、菩萨心肠、普济众生、善男信女、慈悲为本、放下屠刀、立地成佛”等。又如俗语“千年道行只一佛”“千座菩萨一炉香”“千年道法，经不起一禅杖”“近处菩萨远处香”“酒肉穿肠过，佛祖心中留”“进了三宝殿，都是烧香人”“无事不登三宝殿”“远来和尚好看经”“菩萨是远来的灵”“不看僧面看佛面”“不见真佛不烧香”“和尚无儿孝子多”“不入佛门不受戒”“不到西天，不知佛大小”等。还有如谚语“人要衣装，佛要金装”“佛争一炉香，人争一口气”“不修今生修来世”“今世便修来世福”“今生已受前生佛，再结来生不了缘”“今生不与人方便，念尽弥陀总是空”“千世修来同船坐，万世修来共枕眠”“救人一命，胜造七级浮屠”等。再如歇后语“千臂菩萨，多面手”“千手观音，块块抓”“千年的石佛像，老石（实）人”“万事到头终有报，只争来早与来迟”“丈二和尚，摸不着头脑”“老和尚撞钟，得过且过”“老和尚念经，千篇一律”“观世音菩萨，有求必应”“观音菩萨下凡，救苦救难”“观音菩萨发善心，大慈大悲”等。这些熟语以其固定结构在人们的社会用语活动中得到广泛运用，具有很强的大众性。

（二）社会用语对道教文化的传承

道教是中国本土宗教，它是在中国古代鬼神崇拜、神仙方术的基础上，吸收了老子的哲学思想以及阴阳五行学说而形成的。东汉时期张道陵所倡导的五斗米道，标志着道教的形成，后来逐渐发展、完善，流传至今。道教的教义是道家学说的继承和衍化，并吸收了某些儒家、佛教的思想，对人们的思想、生活产生了广泛而深远的影响。这种影响自然会反映到社会用语上。道教将老子所说的“道”神秘化，认为人通过修炼得到了“道”就能与“道”同在，成为长生不老、无所不能的神仙。道教是一种以生为乐，贵生恶死，追求长生不死的宗教。道教的宗教目的的核心就是成仙。得道成仙以后就可以“返老还童、长生不老、超凡出世、出凡入胜”，可以住在“仙山琼阁、瑶池阆苑、洞天福地”，就可以体会到“山中方七日，世上已千年”的感觉。道教认为得道成仙的途径是修炼。所以要“修心炼性、修身养性”，修炼要掌握正确的呼气和吸气方法，修炼时要做到“心平气和、清静寡欲、清心寡欲、聚精会神”。得道成仙的另一途径是炼丹服药。成语“灵丹妙药、金丹妙方”等与此有关。

与道教有关的固定用语成语、谚语、歇后语至今仍频繁出现在人们的社会用语中。同时道教的仙文化还在非固定的社会用语中得到广泛传承。如广告用语“天上蟠桃园，人间康乐园”（公司广告）、“客上天然居，居然天上客”（茶楼广告）、“人间仙境，绝无仅有”（房地产广告），社会命名用语“聚八仙酒楼”“天仙阁公园”等，这些广告和命名都是利用人们对仙文化的喜爱，借道教仙文化来宣传组织的产品和服务的。

参考文献

[1] 常敬宇. 汉语词汇与文化 [M]. 北京：北京大学出版社，1995.

[2] 黎运汉. 汉语风格学 [M]. 广州：广东教育出版社，2002.

[3] 林宝卿. 汉语与中国文化 [M]. 北京：科学出版社，2000.

[4] 鲁宝元. 汉语与中国文化：汉日对照本 [M]. 神里常雄，译. 北京：华语教学出版社，2002.

[5] 邢福义. 文化语言学 [M]. 武汉：湖北教育出版社，2000.

[6] 许光华. 中国文化概要 [M]. 上海：汉语大词典出版社，2002.

[7] 周碧晴. 中华民魂 [M]. 上海：第二军医大学出版社，2002.

客家山歌词曲特点与传承传播

邓永红　聂晓君①

摘　要：语言和文化有着密切的关系，方言学产生的一个重要原因就是方便记录各地歌谣戏曲。方言文化调查有一个重要作用，即对非物质文化遗产如各地歌谣进行记录和保护，传承中华优秀传统文化。本文以客家山歌为对象，以广东南雄客家山歌和湖南桂东客家山歌为语料，对客家山歌传承传播和开发应用问题进行探讨。本文探讨了客家山歌的词曲特点，针对原始山歌曲调比较单一的特点和山歌传承出现断层的现象，给出三点传承传播建议：一是广泛征集词曲改编，出新丰富山歌词曲；二是歌剧戏剧线下观赏，音频视频线上传播；三是学校教育代际传承，文化旅游助力传播。

关键词：客家山歌；口头文化；传承；传播

一、引言

党的十八大以来，习近平主席多次强调文化自信问题，在党的十九大报告中 79 次提到“文化”，其中专门提到“没有高度的文化自信，没有文化的繁荣兴盛，就没有中华民族的伟大复兴”。语言文化是语言资源的重要组成部分。本文以客家山歌为例，拟对客家山歌传承传播和开发利用谈一些想法。

客家山歌是口头文学、民间文化。长期以来，客家山歌都是口传心授，鲜少文字记载，一来因为没有受到文人的重视；二来正如黄遵宪所说，山歌“往往搜索枯肠，半日不成一字”“苟不谙土俗，即不知其妙；笔之于书，殊不易耳”。清末民初以后，因文人学者的重视，客家山歌的记录研究工作几度掀起高潮。随着科技的进步，客家山歌的记录也从传统的口传心授、笔之于书向数字化和网络化方向发展。然而，随着生存环境消逝和传统艺人逝世，客家山歌传承艰难。此外，受到推行普通话政策和强势经济地区方言的影响，客家方言的使用范围被压缩，越来越多的客家后裔听不懂客家方言，客家山歌的传承面临断层的困境。

为了客家山歌的传承，我们搜集了湖南桂东客家山歌和广东南雄客家

①　作者简介：邓永红，广州大学人文学院讲师。聂晓君，广州大学人文学院 2019 届本科毕业生。

山歌。2017 年，我们到湖南郴州桂东县进行语保工程调查，对郴州市级非物质文化遗产项目客家采茶调传承人陈永根先生进行了两天拍摄，在外景录制了 11 首客家山歌、2 首采茶戏。2019 年初，我们主要通过田野调查，搜集到广东省韶关市南雄市客家山歌 79 首。下文例句如无另外说明，均为南雄市客家山歌。

二、客家山歌词曲特点

客家山歌的传承主要表现在歌词和乐曲两个方面。清末梅县学者黄遵宪在其著作《山歌・题记之二》中总结了客家山歌歌词的艺术特点："山歌每以方言设喻，或以作韵，苟不谙土俗，即不知其妙。"客家山歌虽然用方言设喻押韵，但因为客家方言在词汇、语法上的一致性较高，所以客家话内部歌词的差异性并不明显。

（一）客家山歌歌词特点

句式上，客家山歌多为七言四句体；押韵方面，偶句押韵，首句一般入韵；修辞方面，多使用赋比兴手法。

1. 多为七言四句体

客家山歌中比较常见的是七言四句体，但也不乏连句体和以二句体、三句体、五句体为代表的杂言体。七言四句体有四句一首式，也有多首构成一篇式。连句体是采用六句以上的偶句联句形式。如：

（1）我请山歌做媒人，只爱庄稼种田人。
桑树头上出绸缎，大山里头出茯苓。
一阵日头一阵雨，一阵狂风进竹林。
稻棵头上出黄金，不贪富贵不嫌贫。
山歌打动姐的心，我请山歌做媒人。（《我请山歌做媒人》）

杂言体既有增句减句的情况，也有增字减字的情况。

增减句形式繁多，有二句体。如：

（2）山歌唔要唱嘎明，唱得明来得气人。（嘎：那么）

有三句体。如：

（3）妹咧妹咧唔要叫，过了年来料。料到苦瓜茄咧丁当吊。（唔：不要；料：做客、玩）

还有五句体。如：

（4）一月跌苦是新年，亲戚朋友来拜年。
没颗糯米蒸缸酒，一把空壶在台前。跌苦实在好可怜。（跌苦：吃苦）

增减字情况亦比较复杂，规律较为难寻，减字如：

（5）奀当咧，好恶挫，食饭专食鱼头壳。
恶婆咧，好顾家，食饭单食鱼尾巴。（瘦小的人儿，却很霸道，吃饭就只吃鱼头；凶恶的女人，却很怜顾家里，吃饭只吃鱼尾巴）

增字如：

（6）涯等今日来唱歌，莲花山歌唱一场。
十多莲花朵朵香，圆溜溜莲花闹开放。（涯等：我们）

受客家山歌七言四句句式的影响，客家山歌的节奏主要是“四三”型，也作“二二三”型。田野山歌主要是独唱或者对唱形式，其结构比较短小，即便有篇幅较长的情况，其内容也相对独立。

2. 偶句押韵，首句一般入韵

本文采用胡希张、胡耀南《客家山歌知识大全》的韵部分类，将客家方言分为二十五韵：茶花韵、波哥韵、来台韵、捱怀韵、苗条韵、由求韵、姑书韵、江阳韵、先天韵、生腾韵、寒专韵、庚南韵、春伦韵、人辰韵、心深韵、中东韵、衣妻韵、福竹韵、一滴韵、结节韵、驳角韵、八发韵、百尺韵、不出韵、刈脱韵。

客家山歌一般是第一、二、四句的末尾为同韵平声字，第三句末尾为别韵仄声字。而若是七言六句时，则偶句押韵；较长的山歌或不规则的杂体，有时会一韵到底，有时则会换韵，并无严格要求。如：

（7）十里长街老城墙，水南水西榕成行。

风调雨顺不思远，宝塔不见泪汪汪。

这首歌第一、二、四句的“墙”“行”“汪”都是“江阳韵”，三个字都是平声。第三句的“远”是“寒专韵”，是仄声字。又如：

（8）高岭埂咧一低柑，年年月月打几担。
哥哥有钱买一个，妹咧冇钱手弹弹。（埂咧：田埂；低柑：低矮的柑树；手弹弹：手抖的样子）

这首歌第一、二、四句的“柑”“担”“弹”都是“先天韵”，三个字都是平声。第三句的“个”是“波哥韵”，是仄声字。

当然，也有第四句末字押仄声的情况。如：

（9）日头落西黄又黄，妹是织女哥牛郎。
牛郎织女天上会，哥哥妹妹隔山望。

这首歌的第一、二、四句的“黄”“郎”“望”都是“江阳韵”，前两句是平声，末句是仄声。

客家山歌的押韵并不是特别严格，如第一句末字要求是平韵，但有时受内容限制，难以找到恰当的平声押韵字，也会用仄声字，或者不押韵。如：

（10）出门唱歌就要唱，唔怕屋下冇油盐，
唔怕屋下冇米煮，衣食风光度万年。（屋下：家里）

这首山歌的第二、四句末字“盐”“年”是“先天韵”，第一句末字“唱”是“江阳韵”仄声字，并没有遵循客家山歌常用的第一、二、四句押同韵平声的规则。

首句末字不押韵的如：

（11）寻哥哪怕山崖险，寻哥哪怕溪涧深。
走断双脚涯唔停，唔见情哥唔死心。

这首山歌的第二、三、四句末字“深”“停”“心”都是“心深韵”，首句末字“险”是“先天韵”，很明显，首句并不押韵。

客家山歌也不乏打破常规押韵规则的山歌，反其道而行之，专押仄韵的，叫“仄韵山歌”。这种山歌的第三句平仄不论，以押平韵较为跌宕。如：

（12）唱歌唱到大门角，人要标致嘴要薄。
哪个哥哥莲下倒，好比胡椒与八角。（莲下倒：倒在倾慕女孩的石榴裙下）

这首山歌的第一、二、四句押“驳角韵”，仄声韵。仄韵字比较少，仄声山歌的创作难度较大，所以并不常见。仄声哀怨短促，擅长表现凌厉、尖刻、冷峻、凄怆、诙谐等特点。这首山歌就给人以诙谐的感觉。

有时为了押韵方便，创作者也会借助末句同字来押韵。如：

（13）你唱山歌涯会来，等涯去转食饱来。
单单今日食老饭，软手软脚唱唔来。
你唱山歌涯会来，等涯搬凳坐下来。
哥哥你唱梁山伯，妹妹涯唱祝英台。

这首山歌有点类似“尾驳尾”山歌，但“尾驳尾”山歌是首尾相连。这首山歌是“头接头”，即“你唱山歌涯会来”成为每段山歌的起句，其末字押的是“来台韵”。而借助末字同字的押韵方式也常常出现在尾驳尾山歌里。

在有些山歌里，由于内容较长，山歌有时候会有一韵到底的情况，例（13）《你唱山歌涯会来》便是如此，但也常常出现换韵的情况。如：

（14）唱歌唔系贪风流，唱歌本为解忧愁。
唱得忧愁随水去，唱到云开见日头。
唱歌唔系考秀才，好好歹歹唱等来。
人人都有忧愁事，山歌一唱心就开。

这首山歌的第一段押的是“由求韵”，第二段押的是“来台韵”。

3. 多用赋比兴手法

客家山歌被一些学者认为是《诗经》遗韵，又吸收借鉴了唐诗律绝和竹枝词的精华，修辞手法丰富多样，从常见的赋比兴、对偶、比拟到双关、夸张、反复、顶真等应有尽有。

赋比兴是《诗经》的表现手法，所谓赋就是铺陈直叙，其特点是叙事性强；比即比喻或比拟；兴即托物起兴，先言他物以引起所咏之辞。如《新嫁娘》：

（15）（男）门前燕子叫喳喳，卖田卖地对亲家。
一心讨个有钱女，打开箱柜没布纱。
（女）门前燕子翼嘻嘻，你卖田地涯唔知。
好仔唔要爷田地，好女唔要嫁连衣。
（男）门前燕子叫喳喳，有女唔嫁穷人家。
为你欠下一身债，旧债新债债加债。
（女）门前燕子翼嘻嘻，父母之命苦难违。
哥妹二人庚对庚，砍柴卖木也甘心。①

这首山歌主要使用了赋和兴两种修辞手法。歌曲借门前燕子的叫声、形态起兴，将男子为娶亲变卖家当、欠下债款，但娶回家的女子嫁妆却少得可怜，因而颇生嫌隙的故事一一道来。面对丈夫的不满，女子不紧不慢地讲述自己的不知情和愿共患难。整首歌平铺直叙，没有华丽语言，男女用一对一唱的形式将整个故事娓娓道来。

比即比喻，有明喻、暗喻、借喻，比喻在客家山歌中的运用非常普遍，且常与其他修辞手法结合使用。如：

（16）牛郎石壁种辣椒，辣椒打花冇几高。
细细辣椒还较辣，细细老妹还较刁。

南雄市是个山区小城，常常是开门见山。由于当地气候较为潮湿，所以当地人嗜辣，门前屋后，即使是石块累累，也要种上那么几株辣椒。这首山歌将女主角比作辣椒，通过细细小小但辣劲十足的辣椒作比，一位个子不高但性格泼辣的女子便跃然纸上。

又如：

（17）割草爱割老草头，做屋爱砌石檐头。
嫁郎爱嫁老实伯，唔会贪花到处游。

---

① “庚对庚”即需婚嫁的男女要互传庚书。在客家婚嫁习俗中，男女双方婚嫁要进行一系列的程序，其中一道便是男女双方要通过媒人将双方的庚书交换，庚书上主要有姓名与出生日期。

这首山歌反映的是客家女子嫁人更喜欢善良老实的男性。第一、二句的句意是割草要割草根繁茂的草，建房要用扎实的石料修屋檐，如此才能更实用、长久。整首歌借割草、建房之事起兴，也将嫁人比作这两件事物一般，只有嫁老实人日子才能长久，因为他们不会贪恋外面女子的美貌。第四句中的“贪花”也暗喻漂亮的女子。

（二）客家山歌曲调特点

客家山歌曲调总的特点是：简练淳朴，高亢开阔，旋律悠扬婉转，平稳流畅，起伏不大；音区高而音域窄，级进多而跳进少；节奏自由，节拍多样，常见多种节拍混合。

1. 二句式单段体及四句式单段体

客家山歌常见两个乐句组成的二句式单段体和四个乐句组成的四句式单段体。二句式单段体一般是由上、下两个乐句组成，两句之间是重复型结构，乐句上、下句的小节数可以相同，也可以不同。四句式单段体可以是起承转合乐段（即 abcd），也可以是复合乐段，如 abab，还可以在四句中重复某一句，如 aabc、abbc、abcc 等，甚至可以连续地变化重复第一句，形成 $aa^1a^2a^3$的变奏形式。

2. 五调俱全，徵调居多

客家山歌宫商角徵羽五种调式俱全，以徵调式居多，其次是羽、宫调式，角、商调式较少。沙汉昆（1990）分析了 45 首兴宁客家山歌，认为客家山歌音域比较狭小，五度音域居多，四度、八度音域为次。音阶上以四声音阶为主，其次为五声、三声音阶。结构比较短小，多为对比并置型的四句体结构。没有调式交替、转调以及乐段扩充或其他大型的结构。他认为这些是客家山歌的特点也可以说是客家山歌的局限。他在文中试着从音阶、音域结构和调式几个方面对客家山歌的发展进行了初步探讨，并认为还可以运用近现代的作曲技法如和声、复调、配器等手段进一步丰富客家山歌的表现力。

2017 年 6 月到 7 月，我们到湖南桂东县进行语保工程调查，录制了 11 首客家山歌、2 首采茶戏。这些客家山歌和采茶戏都是五声调式，曲调原始简单，节奏形式统一，除了《卖饺子》采茶戏是商调式以外，其余都是徵调式。

三、传承传播建议

客家山歌纳入国家级非物质文化遗产名录后，得到国内乃至国际更多的关注，但是客家山歌的保护和传承仍然面临着许多问题。保护和传承客家山歌面临的问题主要来自客家山歌生态环境的改变。胡希张先生（2013）认为：山歌是在一定的生态环境中发生的，并在一定的生态环境中发展着、变化着；生态环境变了，客家山歌的境遇也就随之发生变化，并将山歌的生态环境分为地理生态环境、人文生态环境、劳动生态环境、文化生态环境四个方面。

地理生态环境是指客家居民聚居的地方，在客家群落形成后，一直以来客家山歌存在的地理生态环境相对稳定。目前，客家山歌传承面临的问题主要来自人文生态环境、劳动生态环境、文化生态环境的改变。

人文生态环境方面，作为客家山歌的载体，客家方言的地位日益削弱和式微。长期以来，客家山歌都以方言俚语演唱，以口传心授的方式传承。然而，受到推行普通话政策和强势经济地区方言的影响，客家方言的使用范围被压缩，越来越多的客家后裔听不懂客家方言。

劳动生态环境方面，传统的农耕生产逐渐被工业化生产取代，客家山歌所依赖的山乡田野环境受到冲击，原始的生存环境逐渐萎缩乃至消失。失去劳动生态环境的客家山歌犹如无源之水、无本之木。

文化生态环境方面，农民的文化生活不断改善，文化样式日益多元。现代化生活的普及，使农民拥有更加多元化的选择。缺乏听山歌、唱山歌的文化环境，客家山歌失去年轻听众基础，传承艰难。

客家山歌是客家文化的灿烂一景，是世世代代的客家人在劳动生产中创造的精神财富。作为一门曲乐艺术，其特点便是“以声夺人”。因而，好听的音乐和雅俗兼具的歌词是其传承和创新过程的重要内容。客家山歌的传承和发展工作不应只依赖于政府或某一群体、个体，需要全民的共同参与。本节从声乐艺术、传承方式、传承主体这三方面对客家山歌的发展提出建议。

（一）广泛征集词曲改编　出新丰富山歌词曲

2015 年，教育部、国家语委启动语保工程。语保工程的开展推进了语言文化调查。2017 年，语言文化调查专项组出版了《中国语言文化典藏》丛书，典藏对各地区的方言文化现象采取抢救性调查记录和保存保护，书中部分方言文化活动和说唱表演的调查条目都添加了二维码，可通过扫描播放音频或视频，为“EP 同步版”。丛书在《中国语言文化典藏 · 连城卷》中记录了客家方言，采录了当地的客家山歌和客家戏曲，对客家地区而言，这个成果是非常宝贵的。

传统文化与现代科技的碰撞拓宽了文化的传播途径和影响力，数字化和网络化的传播途径则拉近了传统文化与现代年轻人的距离。曹志耘（2017）提出“语言保护的主体应当是社会大众，青少年是关键人群”。青少年人群中，高校学生是关键人群的核心，因为他们有较强的创新能力，更容易接受语言保护观念，而客家山歌创作活动既能满足学生情感需求，又能建设校园文化、服务社会，一举多得。

鉴于此，一些客家山歌类或者语言保护类微信公众号可以面向高等院校学生，征集他们对原始素材客家山歌进行再创作的作品，选取优秀作品给予奖励。此举既能扩大客家山歌在青少年群体中的影响力，又对客家山歌词曲进行了创新，促进传统文化在新时代的传承。

音乐方面，传统的客家山歌曲调单一，歌唱方式简单。相比于种类丰富、制作精细的现代音乐，传统的客家山歌在音乐上难以和现代音乐相媲美。因而，客家山歌的曲调必须有创新，在调式、调性、曲式、布局等方面出新。由无伴奏或单一伴奏改成多乐器伴奏。创新演唱形式，可由独唱、对唱发展为联唱、合唱、表演唱、山歌剧、歌舞剧等多种形式。山歌的传承与发展要与时俱进，发展群众喜闻乐见的音乐形式。但创新的同时也应当注意，不能盲目迎合，要保留自己的风格特点，越是乡土的，便越是现代的。

在客家山歌的传承创新中，我们以客家山歌公众号“鹤堂下”中的客家山歌视频《日头落岭》和《落雨唔要落咁大》为例。《日头落岭》是在赣南崇义拍摄，该视频点击量超过10万。先看歌词。

（18）（女）日头落岭（就）过了河，细声细气安置哥。
今晡日子冇几久（哦），约过日子到山坐。
（男）日头落岭过河背（哦），细声细气安置妹。
今晡日子冇几久（哦），约过日子到转来。
（女）日头落岭夜了哩，问哥样么打主意。
阿哥路头冇几远（哦），老妹路头几十里。
…………

歌词基本七言四句，括号内可以看成衬词，如果一句只有6字就补衬词，如“日头落岭夜了哩”，补充衬词“哩”构成七言一句。曲调主要为五声调式，但也出现了“fa”音，使曲调既没有失去传统山歌韵味，又显得委婉动听，富于变化。

《落雨唔要落咁大》也是“鹤堂下”点击量比较高的一首客家山歌。这首歌原作曲为赖广昌，收集整理为梁汝球，改编为黎林生，演唱为黎林生，此歌在 2004 年赣、粤、闽、湘四省客家山歌邀请赛中获一等奖。歌词如下：

（19）落雨唔要落咁大呀，就要落得米筛筛嘞。
细妹唔曾戴斗篷哎，漕湿这身会溻坏哦。

落雨就要落得细呀，阿哥有心送斗篷哟。
衫衣漕湿会晒燥啊，溻坏老婆冇钱医哟。

落雨落到岭子前呀（摇呀摇），阿哥同涯来接肩呀（摇呀摇）。
细妹放下千斤担呀（摇呀摇），轻轻松松似神仙（摇呀摇）。

落雨落到岭子前呀，涯同细妹来接肩。
细妹放下千斤担啊，轻轻松松似神仙（摇呀摇）。

落雨唔要落咁大呀，阿哥有心送斗篷哟。
衫衣漕湿会晒燥哇，溻病老婆冇钱医。

《落雨唔要落咁大》这首歌用了丰富的音乐处理方式。先让男声、女声分别慢起独唱第一段；接着男声合唱两遍第一段，速度加快，男声合唱第二遍时从降 b 调上移到 c 调，移调后显得情绪高昂。

第二段女声独唱再把调移回降 b，速度放慢，使音乐产生情绪色彩变化，由热烈变得抒情。

第三段又速度加快，由女声独唱，男生伴唱“摇呀摇”。第四段男声合唱，女声慢进伴唱。第五段女声独唱，速度放慢。最后男女合唱一句“落雨唔要落咁大呀”，速度渐慢，结束全曲。

整首歌根据男声浑厚高昂、女声抒情细腻的声调特点进行搭配，综合运用多种演唱技巧，进行多声部演唱，富于变化，情感细腻，让人百听不厌。

（二）歌剧戏剧线下观赏　音频视频线上传播

客家山歌剧的历史只有六十余载，于 1957 年成立的“梅县民间艺术团”是第一个专门演出客家山歌剧的专业剧团。1993 年《中国戏曲志 · 广东卷》将客家山歌剧正式归入戏曲范畴。

客家山歌剧以客家方言作为舞台语言，以客家地区的山歌、小调等民间曲乐为素材并加以改编。与传统戏剧比较，客家山歌剧融合了传统戏曲、歌剧、舞剧和话剧的表演形式，形式多样，更具现代性和可塑性，充分体现了新剧种的特性和优势。山歌剧无疑是客家山歌传承的一种新形式，是山歌的再生形态，并在传播方式上显示出了巨大的优越性。

客家山歌向山歌剧演变，使之具有故事情节，更具欣赏性，这种发展趋势是值得肯定的。首先，歌、舞、剧三者本为一体，联系紧密，民歌向戏曲方向的发展在中华人民共和国成立后的地方戏改造中已经取得了相当的成就。再者，山歌的内容相对简单，而戏曲、话剧有一定的故事情节，更能吸引听众。因此，山歌剧可以作为未来客家山歌传承发展的一种趋势。叶惠薇（2014）提到梅州山歌剧团的剧作家为演员量身创作了《等郎妹》《山魂》《桃花雨》等一批优秀剧目，培养出杨苑玲、潘倩、廖小娴等“中、青、少”几代的优秀舞台艺术人才，赋予传统山歌表演艺术新形态。在当代社会形态下，山歌走向戏曲舞台，观赏性增强，使传统文艺焕发出强大的生命力，这无疑是客家山歌现代化发展的一种重要传承方式。

随着我国对非物质文化遗产的重视，数字化记录非遗文化工作正逐渐普及。在互联网发达的今天，每一个人都能成为文化发声者，人民群众的创作力量更加充分地涌现，充分实现了客家山歌的群众化，让更多的互联网使用者成为客家山歌的传承者、创作者。

2016 年，中国语言资源保护研究中心联合北京语言大学、广东外语外贸大学举办了方言文化影视典藏志愿者活动，发动大学生志愿者利用假期用现代化方式采集方言山歌、拍摄纪录片等。目前已有 20 多家高校加入并成立方言文化影视典藏志愿者联盟，并计划在未来开展更大规模的语保志愿者行动。

当前，客家山歌的线上传播途径主要有音乐类 App、微信公众号和网站三种，多样化的传播途径将更有利于客家山歌的传承与发展。如网易云音乐 App 推出“云梯计划”，重点扶持基于网易云音乐平台的原创作者。原创作者可以通过云梯计划的广告分成、短视频现金激励、自助数字专辑售卖和虚拟货币云豆四项内容获得经济收益。许多音乐类 App 公司开发能力强，功能多元、创新，版本更新速度快，用户多，盈利性好，这将极大地刺激音乐人的创作，也为客家山歌培育了一定的听众基础。客家山歌公众号也具有一定的盈利性，其收益主要来源于广告收入，里面有很多客家山歌栏目。相比于盈利性的音乐类 App 和公众号，客家音乐网是公益的。目前，客家音乐网主要分为客家流行音乐、客家山歌、汉乐汉剧、客家微电影、其他客家文艺、客家音乐人、客家音乐资讯七个板块。其他客家文艺里包括客家民谣、小品、客家大锣鼓等。这些音乐和剧目绝大多数都是用客家话演唱和表演，对客家话生动传承起了很大的作用，是年轻人喜爱的方言推广和创新方式。

遵循传统曲艺“歌舞戏”的发展规律，这是客家山歌获得群众基础所必须坚持的原则。借助现代化的传播手段，这是客家山歌要获得新生的再生之路。

（三）学校教育代际传承　文化旅游助力传播

学校是传承和弘扬中华优秀传统文化的主要阵地，学校音乐教育对于传承民族民间音乐具有独特的优势。让客家山歌走进客家山歌所在地学校的音乐课堂，可以改变客家山歌传承人老龄化的传承局面，扩大年轻的传承群体。因而，客家地区中小学在不违背教学大纲的前提下，设置客家音乐课程是十分有必要的。

“非物质文化遗产传承人、梅州市山歌大师”汤明哲先生就经常在中小学、幼儿园不定期举办山歌培训班。2004 年，汤明哲被嘉应学院聘为客座教授，曾长期在大学授课并兼管山歌班的排练演出工作。他将山歌曲调加以压缩、简化，使其更适应中小学和幼儿园教唱。汤先生还把平时收集的山歌歌词、曲调等知识编成《客家山歌擂台斗歌基本常识》《演唱山歌的基本要领》等讲义，为学生整理出学习山歌的轮廓框架，并鼓舞许多年轻教育工作者自觉参与、主动承担客家山歌的传承。

客家地区经济发展受地形制约，但河谷山川又给了客家人优美的山水风光这一宝贵财富。梅州政府提出了“休闲到梅州，享受慢生活”等口号，以旅游城市为品牌形象进行宣传。客家地区是山歌的发源传承地，用客家山歌来发展本地旅游经济，以“原生形态”的客家山歌、采茶戏吸引游客。将保护山歌和满足人们对山野之音的消费需求有机结合，推动客家山歌及相关的文创产品持续开发是可行思路。在这个推崇个性的多极文化时代，越是个性的文化，越能受到青睐。人们不满足于一种音乐形态，欣赏品位越来越分化与小众化。忙碌的都市生活使人们回归自然的愿望变得强烈，乡村游受到人们喜爱，人们对音乐的追求由喧嚣转向自然。现在旅游者已不再满足于走马观花式的欣赏，从这点出发，客家山歌可从内容和形式上突出游客的参与性、体验性与趣味性。用客家山歌表演吸引游客观看，让游客与歌手对唱，选取大众较为熟悉的山歌作为对唱曲目，鼓励游客即兴发挥。让表演者、参与者和欣赏者融为一体，在欢快的氛围中体验山歌，体验民间文化，感受客家民俗风情。充分满足旅游者的需求，既可以提高游客对山歌的欣赏水平，又达到了传承和传播山歌的目的。

以南雄为例，南雄近几年正在致力于旅游城市的打造，发展项目众多，但文化品牌仍然缺乏。因而，借助文化旅游拓宽南雄市客家山歌的生态环境将是个不二选择。如在珠玑镇珠玑古巷的寻根之旅和老苏区革命县的红色记忆主题旅游增加听唱山歌的活动，这既能改善南雄市客家山歌的生存环境，又能丰富当地文化旅游项目。文化旅游的发展常常少不了文创产品的点缀，将客家山歌与文创产品相结合，这既能让更多的游客了解客家山歌，又能为文创产品的工作者创造收益，可谓一举两得。

四、结语

总之，客家山歌传承应立足于现实，遵循民歌曲艺的发展规律，通过多元化的传承方式和与时俱进的科学方法为改善山歌的生存环境而努力。用发展的眼光来看待客家山歌音乐的传承，培养出更多、更好、更年轻的歌手，定期在客家旅游地区举行山歌音乐文化节活动；请作词家、作曲家特别是客家地区的词曲家对客家山歌进行改编和再创作，创作上既保留山歌风味，又推陈出新，在编曲、配乐上下功夫，符合当代年轻人的音乐审美趣味，进而使客家山歌能被客家年轻人和所有年轻人喜爱传唱，真正做到代代传承。

参考文献

［1］曹志耘．跨越鸿沟：寻找语保最有效的方式［J］．语言文字应用，2017（2）．

［2］陈弦章．闽台客家山歌传承流变及客家语歌曲创新浅议［J］．龙岩学院学报，2016（1）．

［3］胡希张．客家山歌史研究［M］．广州：广东人民出版社，2013．

［4］胡希张，余耀南．客家山歌知识大全［M］．广州：花城出版社，1993．

［5］刘晓春，王维娜，揭英丽．客家山歌的当代传播与影响［M］．北京：北京大学出版社，2010．

［6］刘晓春，胡希张，温萍．客家山歌［M］．北京：文化艺术出版社，2015．

［7］宁勤亮．湘南汝城区域客家山歌的音乐文化特色［J］．湖南第一师范学院学报，2018（1）．

［8］沙汉昆．发展客家山歌的一些设想与实验［J］．星海音乐学院学报，1990（1）．

［9］王莉宁．语言资源保护与影视典藏［J］．语言文字应用，2017（2）．

［10］王维娜．传承与口头创作：地方知识体系中的客家山歌研究［M］．北京：中国社会科学出版社，2015．

［11］杨慧君．高校方言文化活动现状与思考［J］．贺州学院学报，2017（4）．

［12］叶惠薇．客家山歌的当代传承方式：以梅州市为对象［J］．音乐创作，2014（8）．

从东巴古籍看纳西先民丧葬习俗及社会功能

甘 露[①]

摘 要：纳西族的丧葬习俗是以灵魂不死的观念为基础的，在长期的社会生产、生活过程中，形成的独特的文化现象。本文对《纳西东巴古籍译注全集》中所收的与丧葬习俗有关的东巴经进行研究，从文化人类学的视角探索该民族丧葬习俗的社会功能，认为丧葬仪式承担了文化传承、人际交往和社会教育等重要的社会功能，对保持和发展其民俗文化具有重要的作用和意义。

关键词：纳西族；丧葬；社会功能

居住在我国西南滇、川、藏交界的丽江地区的纳西族，是一个历史悠久、传统文化丰富灿烂的民族。纳西族的丧葬习俗有其独特的文化内涵，本文对《纳西东巴古籍译注全集》中所收的与丧葬习俗有关的东巴经进行研究，探索纳西族丧葬习俗的源流及演变历程，研究纳西族丧葬习俗在社会生活中的功能。

一、丧葬方式

丧葬方式主要由人们生存的自然环境、生产方式、生活习惯、宗教信仰和意识形态决定。《淮南子·要略》记载禹之时"死陵者葬陵，死泽者葬泽"，闻一多曾说："在森林中狩猎的民族多实行树葬，亦称风葬；游牧民族有的实行野葬；滨水而居的一部分民族多实行水葬；有的民族以天葬最为洁净，碎尸让鸟食尽为吉祥；很多农业民族则实行土葬。"因而不同的民族都有自己传统的丧葬方式，纳西族的丧葬方式有火葬和土葬两种。

1. 火葬

纳西东巴文中有 "焚尸"一字，文字的下半部分 为火化场，上半部分为一具尸体，意为"焚尸"，即我们所说的火葬。纳西族是由西北的古羌人南迁而形成的。早在先秦时期，西北地区的游牧民族就已经实行火葬。传世典籍中有关于羌人火葬礼俗的记载，《墨子·节葬下》："秦之西有仪渠之国者，其亲戚死，聚柴薪而焚之，熏上，谓之登遐，然后成

---

① 作者简介：甘露，博士，广州大学人文学院、国家语委国家语言服务与粤港澳大湾区语言研究中心副教授，研究方向为民族古文字。

为孝子。”仪渠与秦国是近邻，是古代羌族的一支。《荀子·大略》：“氐羌之虏也，不忧其系垒也，而忧其不焚也。”从古羌人到纳西族，虽然时隔数千年，自然地理和社会人文环境均发生了巨大变化，但是祖先丧葬的传说和方法还是保留了下来。

纳西东巴经《献肉汤》和《俄依高勒的九个儿子的故事》均有记载：远古的时候，高勒趣有四个儿子，分别叫崩、俄、普、纳，他们的母亲死后，不会处理尸体，于是就把尸体分作四块，崩把他分的那块竖立在松林里；俄把他分的那块埋在地下；普把他分的那块吃了；纳（相传即今之纳西人之祖先）把他分得的那一块拿去，用绿麻秆来烧，结果，皮没有烧焦，血不能烧干，于是纳把尸体扔到水中，尸体被水冲走，冲到卢神和沈神那儿。于是卢神和沈神给纳传授了处理尸体的方法：男人死了用九筒柴来烧；妇人死了用七筒柴来烧；青年人死了用五筒柴来烧；小孩死了用三筒柴来烧；婴儿死了用两筒柴来烧。按照这个方法，尸体烧了才可以见白骨。纳遵从了二神的教导，此后便学会了火葬的方法。

《丽江府志略·礼俗略》记载：“土人亲死，既入棺，夜用土巫名刀巴（即东巴）者杀牛羊致祭，亲戚男女毕集，以醉为哀，次日，送郊外火化，不拾骸骨，至每年十一月初旬，凡死人之家，始诣焚所，拾灰烬余物，裹以松枝瘗之，复请刀巴念夷语彻夜，再祭以牛羊，名曰：葬骨。”这里记载的纳西族丧葬古俗实际分为开丧与超度两部分。

2. 土葬

东巴文中有 “棺”、 “埋”二字，前者从人置于棺中，后者从人埋于土中，均是土葬真实的写照。火葬这种古老的习俗在纳西族世代相传，直至清朝雍正元年（1723）改土归流，汉族流官认为焚烧先辈遗体，大逆不道，开始强制推行土葬。乾隆《丽江府志略·礼俗略》载：“改设（按即改土归流）后，屡经禁谕，土人尚惑刀巴（按即东巴）祸福之说，自束河社长和悰顺母死，殡殓如礼，择地阡葬，题主刻铭，人不见其有祸，此风乃渐革矣。”从清代中叶开始，纳西族逐渐由火葬改为土葬，但在边远地区，至今仍然保留着火葬的习俗。

二、丧葬习俗

纳西族的丧葬习俗因地域不同而有一定的差异，丽江由于地处坝区，受外界的影响较大，从清初以后，就由火葬改为土葬，且吸收了一些汉族的丧葬礼仪。而中甸一带处于山区，就保留了较多的古俗。随着时代的变迁，纳西族的葬丧程序已经从简，并且由于受汉俗的影响，有的习俗与汉人相同。

这里介绍丽江坝区的丧葬习俗。当人处于弥留之际时，家族中的所有近亲成员都要守候在病者身旁，因为在落气时，要把一个包有少许碎银、茶叶和米（男九粒，女七粒）的红纸包放入病人口中，这是为了使死者的“气”能持续下去，以促成家族繁荣，子孙兴旺。人断气后，即取出红纸包，放入一小红布袋，挂在死者胸前，表示这是给死者上路用的盘缠。接着是洗尸，孝子需执香和几枚铜钱到河边“买水”，然后洗尸（男用九碗，女用七碗）。洗毕，在尸体全身涂上酥油，换上干净衣服，在耳、鼻、眼角、嘴里塞些棉花，停在堂屋正中的床板上，头朝外，脚朝里，脸上盖一张阴阳白纸。灵前要放一张小方桌，摆放插有十字交叉筷子的一碗夹生米饭及茶、酒、肉、蛋等祭品，并点灯焚香，举行祭奠。

人死后一般停灵三日即可出殡。出殡前需完成凌晨鸡鸣祭、献餐、请素神、焚香祭祖、燃灯和宴请宾客等一系列开丧仪式。若是举行土葬，出殡日清晨就得派人去掘土，准备一些垒坟的石块。出殡前，死者亲属再次向亡灵叩头告别，接着由东巴念诵送魂开路经，念完后起灵。送葬行列由孝子扛“魂幡”在前引路，死者家属一路号哭抬棺到墓地。将棺椁放入墓穴后，先由孝子用后衣襟兜土从棺尾撒至棺头，然后其他人才开始盖土。盖完土后垒成长方形并砌好石块，再立上一方墓碑，将“魂幡”和祭品置于墓前，焚香磕头后离去。

要是举行火葬，则出殡前还须请东巴加做几项仪式，然后用一种不加盖的棺木将死者抬至火葬场。把棺木放置在已码放整齐的柴薪上后，孝子跪地哀哭，几位至亲再度为死者净身。然后，由送葬行列中三位最年长者手执火把，沿顺时针方向绕行九圈（女性七圈），将柴薪点燃，众人皆匍匐磕头。熊熊火焰燃起后，除留下几位死者至亲抛撒遗骨外，其他送葬的人便回村去丧家就餐。

按照纳西人的礼俗，无论是举行火葬还是土葬，葬仪举行后的三天内，家人仍须每天前去墓地或火葬场献祭。接下来还要举办“做七”“百日”等一系列祭吊亡灵的活动，得迎请东巴来家中诵经，直到人死满三周年时做“三年斋”，整个拜祭活动方可算告一段落。

三、丧葬习俗的社会功能

1. 继承传统文化的功能

纳西族有着自己悠久的历史和文化传统，这些传统往往通过生产活动、社交礼仪、文化娱乐活动以及日常行为规范而得以世代相传。丧事在纳西族人心目中是除婚事外的人生第二件大事，因而它在传播传统文化理念的过程中起着举足轻重的作用，通过对亡灵的祭奠，将纳西族传统文化中的道德意识、道德标准及人伦关系就无意识地灌输给了参与者，并通过参与者一代一代地传承下去。

纳西族是由西北迁徙到南方的，人们相信生命是轮回的，因而人死后一定得回到祖先的居住地。人死后，要请东巴来诵读送魂经，以便使死者的灵魂经过由东巴主持的引魂、送魂等仪式，回到祖先的发祥地。具体地说是从死者的家门一站站往北送到四川贡嘎山以北的方向，如永宁纳西族口诵经《软恩软昌》（超荐洗马经）中有："先从房头（祖房）送，后从房中（院屋）送，送到鲁古山凹口……莫住在这儿，莫歇在这里。……要走又长又累三天路；黑山口之村；前有三山口……赶快走过来，到了木楞叉房，要提防时之罗转鬼；来到司补阿纳瓦（祖先故地），一切超脱稳当了。"这段经文接连罗列了37个地名及途中的种种艰难，将亡灵送到祖先的发源地。再如《生离死别·送死者》这部经中，送魂路线从鲁甸的初柯崖，经太平塘、古都坞、四新、黄山等地，一直将亡灵送回到黑白交界的牟朵恩劳埔坡，途经86个地名。这种通过将亡灵送回祖先发祥地的方式，以魂归故里的强烈感情介绍了本民族的迁徙历史，歌颂了祖先艰苦卓绝的功绩，能激发起后代子孙对祖先的崇拜之情，形成民族共同的情感归宿。

2. 交际功能

任何民族的葬礼都有一个共同点，即将死者的亲属朋友都聚集起来，使得"死这专私的行为，任何人唯一最专私的行为，乃变成一项公共的事故，一项部落的事故"，因而从某种意义上讲，丧葬活动实际上成为死者亲朋好友的一种社交活动。

纳西族的葬礼一般举行三天，第一天是"悬白"与"燃灯"，表示办丧事为死者开路；第二天正式前行吊唁活动；第三天出殡。在这三天的丧葬活动中，死者的亲友会来参加吊丧、送葬、宴请、接受长辈教育、调解死者家庭矛盾、安排以后生产生活等活动。家庭恩怨、邻里纠纷，多能以办丧事之名得到解决，从而使家庭成员、家族、村社的关系更为密切。参加吊唁活动往往成为人们社交的好时机，平时难得聚会的亲朋好友在一起拉拉家常，交换信息，还可以商讨一些重大事情。陌生人也可因参加葬礼而认识，青年男女也可借机寻找心中的伴侣。因此葬礼是一个联络感情的纽带，是一种身份认同的形式。

值得注意的是，纳西族的葬礼常常具有浓厚的加强民族、宗族凝聚力的色彩。现在仍保留火葬习俗的地区，每一个"斯日"（宗族）都有专用的火葬场，丧礼事务主要由"斯日"成员承担。住在云南中甸东坝、白地一带的纳西支系阮可人，他们从东部方言区盐源一带迁来，已改说西部方言，一般法事都可由其他支系的东巴主持，唯祭天、开丧、超荐三种仪式，必须由阮可东巴主祭。纳西族现在交际普遍使用汉语汉字，但在写祭文时，则必须用纳西语，如果不会东巴文，则把汉字当作注音符号来标写。这些带有“排外”色彩的习俗，目的是增强同族同宗人群的凝聚力。

3. 教育功能

纳西族象形文字一般为东巴经师所掌握，东巴是纳西族古代文化知识的传播者和平民大众的教育者，东巴通过丧葬等民俗活动来宣传民族文化、家族历史、前辈业绩，教育族人尊老爱幼、团结和睦、努力奋斗，使丧葬活动具有明显的教育功能。

东巴用在丧葬仪式上的经书有 80 多本。这些经书中，《人类迁徙记》记述了纳西族先民的创世神话和祖先的业绩；《将帅功德颂》《将帅擒敌经》歌颂了先人英勇机智、克敌制胜的武功；《给牧者招魂》《饮食来历》《武器的出处与来历》《能工巧匠的来历》《崇仁潘迪找药》记载了古代纳西族在畜牧、农业、手工业、医药等方面的历程和经验；《讲述死者的业绩》追忆了死者的种种业绩；《孝顺》则教育子女要报答父母的养育之恩；《挽歌》通过三个女人买寿岁的故事，说明万物兴衰，皆出自然，以此安慰死者家属，表达了一种旷达的生死观。应该说，很多经书的内容与严格意义的丧葬关系不大，这实际上是纳西族历史上形成的一种借机对后人进行民族传统教育的方式而已。

在丧葬中，孝女或近亲中善于哭灵的妇女还会在灵前用生动的语言来哭数死者生前为人的好品德，如勤俭持家、辛勤抚育子女、为人处事豁达等，还要评说子孙在死者生前对他的态度，通过对死者生前的回忆，后代对长辈的思念会更加深切，从长辈的言行中找到自己做人的准则，并时时约束、规范自己的一言一行，以使家庭成员更加团结和睦。

参考文献

［1］闻一多．闻一多全集［M］．上海：开明书店，1948.

［2］方国瑜．纳西象形文字谱［M］．昆明：云南人民出版社，1995.

［3］《纳西东巴古籍译注全集》编委会．纳西东巴古籍译注全集［M］．昆明：云南人民出版社，1999.

［4］管学宣，万咸燕．丽江府志略［M］．丽江：丽江纳西族自治县县志编委会办公室，1991.

［5］郭大烈，和志武．纳西族史［M］．成都：四川民族出版社，1994.

［6］云南省民族事务委员会．纳西族文化大观［M］．昆明：云南民族出版社，1999.

[7]《国家民委民族问题五种丛书》云南省编辑组．纳西族社会历史调查：2 [M]．昆明：云南民族出版社，1986.

[8]《国家民委民族问题五种丛书》云南省编辑组．纳西族社会历史调查：3 [M]．昆明：云南民族出版社，1988.

[9] 和志武．中国原始宗教资料丛编·纳西族卷 [M]．上海：上海人民出版社，1993.

[10] 马林诺夫斯基．巫术科学宗教与神话 [M]．北京：中国民间文艺出版社，1986.

[11] 云南省社科院东巴文化研究室．滇川纳西族地区民俗和宗教调查 [M]．昆明：云南省社会科学院东巴文研究室，1990.

侨批的语言文化价值及保护

徐朝晖[①]

摘　要：本文通过梳理侨批的形成和发展，分析侨批亲属称谓、列字、隐语等语言文字的现象在研究侨批中的作用，探讨侨批的文化价值，包括为“海上丝绸之路”文献研究提供史料支持，为丰富侨乡文化和建立侨批档案作出贡献，为传承优秀家风和弘扬爱国情怀续写历史，并在此基础上提出了保护侨批的建议，旨在展现侨批历史作用和时代意义。

关键词：侨批；语言文化；价值；保护

2020 年 10 月中旬，习近平总书记在出席深圳经济特区建立 40 周年庆祝大会和视察广东期间，先后来到潮州广济桥、广济楼、牌坊街、汕头小公园开埠区等历史文化古迹，对潮绣、潮瓷、潮雕、潮塑、潮剧、工夫茶、潮州菜、侨批历史、潮汕华侨文化等发表了重要的讲话。10 月 13 日下午，习近平在广东省汕头市考察时说：“华侨一个最重要的特点就是爱国、爱乡、爱自己的家人。这就是中国人、中国文化、中国人的精神、中国心。中国的改革开放，中国的发展建设跟我们有这么一大批心系桑梓、心系祖国的华侨是分不开的。”研究侨批对推动侨批文献的宣传利用，加深新一代华侨群体的家国情怀具有重要意义。

一、侨批的形成和潮汕侨批

（一）侨批历史

侨批，专指海外华侨通过海内外民间机构汇寄至国内的汇款暨家书，是一种信、汇合一的特殊邮传载体，广泛分布在广东省潮汕地区、福建、海南等地。方言把书信叫“批”，潮汕、闽南华侨与家乡的书信往来便是“侨批”。福建、广东与海南三省是我国的著名侨乡，其分布在世界各地的侨胞有数千万之巨。三省侨胞主要集中在东南亚各国，而我国迄至清末，金融邮政机构尚未建立或极不完善，因此海外侨胞捎回家乡的款项和信

---

① 作者简介：徐朝晖，博士，广州大学人文学院副教授、硕士生导师，粤港澳大湾区语言服务与文化传承研究中心研究员，中国中文教学现代化学会（香港）理事，研究方向为国际中文教育，语言生活与服务等。

息，主要是经由“水客”“客头”及海内外的侨批馆递送。这种海外侨胞通过民间渠道及后来的金融邮政机构寄回国内的赡家汇款暨平安家书，就叫作“番批”或“银信”，清末有专门从事该行业的行郊，叫作“批郊”；民元以后，这类银信改称为“侨批”。

据有关史料记载，侨批大规模盛行于19世纪中叶，从19世纪中叶到20世纪70年代，侨批历经150多年历史，形成了独特的传统。侨批内容涉及政治、经济、文化、语言文字、风土人情等各个方面，各个时期的侨批档案实物反映了清代、民国时期及中华人民共和国成立至改革开放初期，社会各阶层真实的生活场景和发自内心的记录，有的反映了清代和民国时期民不聊生、风雨飘摇、灾害频仍的历史，有的见证了辛亥革命时期海外华人捐款捐物支持革命的爱国义举，有的记载了抗日战争时期海外华人抵御侵略、浴血抗战的悲壮事迹，还有很多记录了当时邮政历史的现状等。侨批记录着近一个半世纪社会变迁和中外文化的交流与融合，体现的是爱国爱乡的情怀，具有极高的历史和文化价值。

（二）潮汕侨批

广东省是近代中国海上贸易和移民出洋最早、最多的省份，侨乡文化是岭南文化的一大特色，广东省潮汕地区是中国的著名侨乡，其分布在世界各地的侨胞已逾千万。

1921年前，每年有几千万的侨批款进入广东省潮汕地区，1921年后，这个数字增长到1亿元，而1931年后，每年侨批款的数额已倍增到2亿元。这段时期，有40%～50%的潮汕家庭是靠侨批生活的，因此潮汕有“食侨批”“食番批”的说法。在侨批的发展过程中，水客、批脚、写批人等职业被催生，他们是侨批文化组成的重要纽带，在他们身上，我们看到了侨批文化蕴藏的精神内涵：“诚实守信、艰苦奋斗、勇于开拓、心系桑梓。”

历史上的潮汕侨批，以其独特的文化形式、丰富的文化内涵、强大的文化功能，将其在海外吸纳的文化源源不断地传递到潮汕侨乡，促进了侨乡文化的新构，丰富、加厚了侨乡文化，从而有力而有效地推动了潮汕华侨文化的形成与发展，并成为潮汕华侨文化一个极具鲜明特色的组成部分。汕头侨批文物馆于2004年4月24日在汕头市落成。作为全国首家以侨批为主题的文物馆，汕头侨批文物馆馆藏了约12万封侨批。内容包罗万象，大到日军侵华、海外局势，小到家乡善事、日常琐碎，还陈列部分侨批原件、送批用具等文物。潮汕侨批无疑是极具历史文化价值的世界记忆遗产，当之无愧地应该荣膺世界档案遗产。2013年6月“侨批档案”入选

《世界记忆名录》，成为人类共同的记忆遗产。在申报的16万件收藏量的“中国侨批”中，汕头侨批文物馆的收藏量占64%，为“中国侨批”成功申遗作出了重要贡献。入选世界记忆遗产名录的“侨批档案”，记载了老一辈海外侨胞艰难的创业史和浓厚的家国情怀，也是中华民族讲信誉、守承诺的重要体现。

二、侨批的语言文字

（一）侨批亲属称谓

侨批是“信款合一”的家书，其中涉及的亲属称谓众多，大部分侨批保留着传统旧体书信的书写格式和规范，在使用称谓语时，既采用传统书信的文雅称谓，同时又融入了不少地方特色，侨批中寄批人和收批人称谓关系的变化，呈现的是家庭乃至家族亲属间的无尽亲情，以侨批称谓多样化和个性化为例，父亲的称谓有“严亲、父亲、家父、爸爸、爹爹、父、叔”等，母亲的称谓有“慈亲、母亲、母、家慈”等，即使是相同的称谓对象，每封批信的称谓也可能会有所变化，如称呼妻子有“内助、内人、内拙、内荆、拙荆、荆妻、贤妻、妹”等，称呼丈夫有“夫、夫君、君、良人”等，而妻子自称“妾、贱妾”等。这些不仅展现了庞大的血缘亲情乃至族群的关系网，也呈现出特定社会背景下中华民族传统文化的继承和发展的动态过程，因此考察亲属称谓词具有语言和文化上的双重意义。

（二）侨批列字

不同批局对批封的列字方法有同有异，同一批局在不同时期的列字方法也不尽相同。侨批封上的各种列字、编号方法，对当时批局从业人员来说，可谓一看便知详情。然而时过境迁，今天我们看到的侨批封上的列字，由于缺乏相应的批局内部管理档案、账本等资料，往往只知其然，不知其所以然。因此，系统研究侨批封上的各种列字方法及规律，是侨批研究中的一个值得重视的课题。例如：批局名称文字的列字。新加坡的“鼎盛信局”及其后的“鼎盛祥记信局”，该批局收寄的侨批便只用“鼎”字。用批局名称文字及吉祥文作列字早。批局名称用字常见有“盛”“兴”“裕”“泰”“祥”“发”等。

（三）侨批隐语

侨批隐语是华侨群体自我保护的一种言语习俗，全国许多方言区大都存在有“乡土秘密语”现象。方言文化是民间隐语行话等民间文化的母体文化，进行抢救性的发掘和有效保护是有必要的。广泛分布在广东、福建、海南三省的侨批是发掘发现各地乡土性民间秘密语的主要文本资源，只有解读出这样混杂于侨批话语中的一些秘密语，才能读懂全信。两者互为表里，相辅相成，这也是民间秘密语之于侨批以及侨批隐语最根本的关系，侨批隐语研究可促进民俗语言类的文化遗产尽快被纳入规范的保护范畴。

三、侨批的文化价值

（一）为“海上丝绸之路”文献研究提供史料支持

侨批文献具有重大的历史文化价值，地域性、时代性及不可再生性，使其显得愈加珍贵。侨批文献主要集中在广东、福建、海南三省，这三省在古代海上丝绸之路中具有重要地位。侨批文献具有强烈的海洋属性，从历史角度来讲是海上丝绸之路的产物。从历史看，随着侨批数量的增多、市场的扩大，一批专门穿梭于寄批地与国内侨乡的“水客”开始涌现，他们以收揽和解付批款为职业，而后在“水客业”基础上产生了专门的侨汇民营机构——侨批局，进而形成近代以来兴盛一时的侨批业，大大促进了当时闽南地区、潮汕地区社会经济、文化的发展。因此，侨批文献不仅见证了海上丝绸之路的风云变幻、沧海桑田，也在一定程度上促进了海上丝绸之路的繁荣发展。从这个意义上讲，侨批既是一部华侨移民史，也是一部海上丝绸之路经济文化交流史。2013 年底，中国提出建设“21 世纪海上丝绸之路”，在华人族群人口迁移史、海上经济贸易史研究领域具有不可替代的史料价值，对侨批文献进行资源建设研究，能够为“海丝”倡议提供文献基础、信息基础及政府决策咨询，也能推动侨批文献的宣传利用。

（二）为丰富侨乡文化和建立侨批档案作出贡献

侨乡文化是岭南文化的重要组成部分，岭南文化是中华优秀传统文化中最具特色和活力的地域文化之一。侨批，不仅仅是一封简单的家书，更是一个特定时代的产物，它的发展趋势从侧面向我们展现了海外侨胞以及侨乡和中国的关系变迁，其背后也蕴含着许多有价值的文化内涵，值得我们去探究。例如：涉侨的民间口承文艺是华侨文化的重要内容之一。数以万计的侨批源源不断地从海外寄回家乡，因侨批而产生的涉侨的民歌、俗语、故事，大大丰富了华侨文化的内容，增添了华侨文化的厚度，扩大了华侨文化的领域，从而有力地推动了华侨文化的发展壮大。侨批档案是一部内容丰富、信息翔实的华侨史。2010 年侨批档案入选《中国档案文献遗产名录》，2012 年 5 月，侨批档案入选《世界记忆亚太地区名录》，2013 年“中国侨批”入选《世界记忆名录》。侨批档案是以华侨家书为主的历史档案，其数量巨大、内容丰富、草根性突出，对中国社会文化史和经济史等诸多内容有突出的研究价值。

（三）为传承优秀家风和弘扬爱国情怀续写历史

一封侨批就是一个故事，数以万封侨批记载了老一辈海外侨胞艰难的创业史和浓厚的家国情怀，保留中华民族节俭、好学、持家、朴实、诚实等良好的家风和优秀传统文化。侨批文化蕴藏的精神内涵概括为“诚实守信、艰苦奋斗、勇于开拓、心系桑梓”。传承中华好家风，正是习近平总书记强调的注重家庭、注重家教、注重家风。侨批，除记录了客家华侨在外生存状况和对家人的爱，还见证了华侨爱乡爱国的壮举。在辛亥革命期间，众多华侨通过侨批将钱捎回国内支持孙中山先生。在抗日战争期间，广大侨胞在海外踊跃参加各种抗日救亡活动，募集大批钱款，通过银行或侨批寄回祖国，支援抗日前线。每一封侨批都饱含着海外侨胞对祖国和亲人的无限深情。加强教育引导人们不忘老一辈侨胞艰难的创业史，引导和激励后人弘扬中华文化，具有重要的教育功能和时代意义。

四、侨批的保护建议

（一）“入遗”后侨批的保护策略

以往的侨批保护工作基本上只是局限在档案保护的范围内，侨批是我国特有的珍贵文献遗产，日益受到收藏界的重视，但由于收藏者兴趣不同，他们经常根据自己的兴趣分开收集邮票、邮戳、信封等，肢解了侨批文献遗产价值的整体性。如今侨批入选了《世界记忆名录》，使侨批档案及其蕴含的经济、文化内涵能够在全世界范围传播，从“中国记忆”扩展为“世界记忆”。我们建议从文献遗产的高度加强对侨批档案的研究、保护和开发。文献遗产保护是一门科学，技术在保护工作中起到举足轻重的作用，侨批保护工作要在整理和修复过程中积极引入先进技术，不断提升侨批保护的科学化。

（二）发挥侨批的学术研究价值

目前，侨批研究人员多是民间侨批爱好者和一些年长的侨批业经历者，他们将侨批作为特殊邮品对待，看重的只是其鉴赏标准，没有过多关注侨批的内涵，而后续的大部分研究只是停留在重复探讨侨批的收集、整理方法，间或追溯侨批产生的原因，缺乏相应的历史、经济和文化理论支撑。作为“世界记忆遗产”，侨批具有丰富的史料与学术研究价值，因此在对侨批收集、整理保护的基础上，还应该深入挖掘侨批史料，在语言文化方面开展学术研究。特别是针对侨批语言文化内容的深入研究还比较少，这一座巨大的宝库有待学者挖掘。

（三）加强侨批文献的合作、共建、共享

侨批文献主要集中在福建、广东、海南三个省份，尤其以闽南地区、潮汕地区为主，但是目前这些地方的侨批文献建设尚处于各自为政的状态，不同单位/个人的保存目的、保存条件、保存方式各不相同，对侨批文献的整体研究及管理利用不利。可以从以下两个方面入手开展侨批文献资源共建共享工作。一是要合作开展侨批文献研究，减少资源建设的重复性浪费。二是加强文献共享，成立侨批文献共享联盟，提高侨批的整体效益。相信各地通过广泛收集、共建共享等举措，必能更好地保护和管理侨批文献，在讲好侨批中的文化传承故事中，推动广大侨胞薪火相传，在讲好侨批中的拼搏奋斗故事的同时，推动广大侨胞建功立业。

参考文献

[1] 钱淑仪．“侨批档案”成功入选世界记忆名录［J］．广东档案，2013（3）．

[2] 许建平．文献学视角下的侨批文献研究［J］．图书馆理论与实践，2013（12）．

[3] 高勤．“一带一路”视域下的侨批文化探析［J］．文学教育，2018（12）．

[4] 李建伟．口述历史与客家侨批的文化传承［J］．嘉应学院学报，2018（8）．

[5] 吴二持．侨批文化内涵刍论［J］．汕头大学学报（人文社会科学版），2008（5）．